教育教学智慧拾零

刘东兴 著

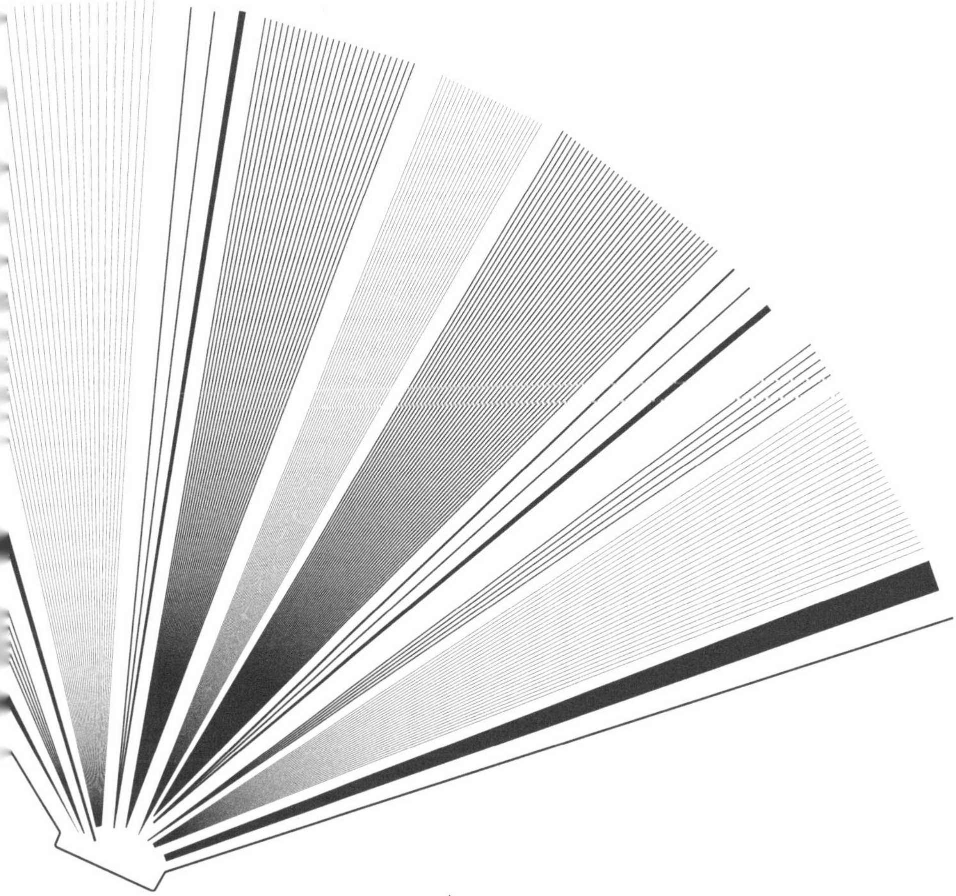

科学技术文献出版社

·北京·

图书在版编目（CIP）数据

教育教学智慧拾零 / 刘东兴著. -- 北京：科学技术文献出版社，2025. 5. -- ISBN 978-7-5235-2274-5

Ⅰ. G632.0

中国国家版本馆 CIP 数据核字第 2025U5K536 号

教育教学智慧拾零

| 策划编辑：胡　群 | 责任编辑：赵　斌　李　斌 | 责任校对：彭　玉 | 责任出版：张志平 |

出 版 者　科学技术文献出版社
地　　　址　北京市复兴路15号　邮编　100038
出 版 部　（010）58882909，58882087（传真）
发 行 部　（010）58882868，58882870（传真）
官方网址　www.stdp.com.cn
发 行 者　科学技术文献出版社发行　全国各地新华书店经销
印 刷 者　北京厚诚则铭印刷科技有限公司
版　　　次　2025年5月第1版　2025年5月第1次印刷
开　　　本　787×1092　1/16
字　　　数　311千
印　　　张　18　彩插4面
书　　　号　ISBN 978-7-5235-2274-5
定　　　价　72.00元

版权所有　违法必究

购买本社图书，凡字迹不清、缺页、倒页、脱页者，本社发行部负责调换

守望在教育的田园里
——读《教育教学智慧拾零》感怀

展读刘东兴老师的著作,有一种感动怦然涌起。他守望着心中的教育理想,用最质朴的理念唤醒人们对教育的敬畏和尊重。是啊,教育是既复杂而又重复的事情,复杂的事情简单办,简单的事情认真办,认真的事情重复办,重复的事情创造性办,以敬畏的心态做教育,坚毅痴情地守望着教育,静待花开,实乃可贵可敬。

《教育教学智慧拾零》,一个个教育的细节,一串串执着的脚印,书写着作者的初心、情怀与理想。其实,蕴藏在细节和脚印背后的是力量。古人说得好:泰山不拒细壤,故能成其高;江海不择细流,故能就其深。成就任何事业,都需要聚沙成塔,离不开细节的积累,教育更是如此。从细节中能明辨真相、从细节中能感受力量、从细节中能体悟魅力、从细节中能发现问题。教育是一种做的哲学,是一种细节文化,教育者的人格浓缩在细节里。36年的教育教学实践,刘老师精耕细作、悉心呵护,遵循教育和人才成长的规律,唤醒、激发和升华梦想,放飞学生们的希望。

展读《教育教学智慧拾零》,其中有关学生的教育、家长的引导、教师的理想、班级文化的创意等内容,我读出了刘老师是一个有教育思想、教育情怀、教育责任、教育诗意的教师。

——有思想的教师,是对教育有认识、有想法、有独立见解的教师。有思想的教师是一条永不干涸的河流,河的左岸写着"童心",永远年轻的心态可以使学生像鱼儿一样在其中遨游;河的右岸写着"激情",用心底潺潺的真诚和血脉中滚滚的力量充分享受着工作给自己带来的快乐,引领学生快乐地奔向梦想的远方。

——有情怀的教师,是挚爱教育、专注事业的教师。有人说,教育是一种事业,一种奉献的事业,一种智慧的事业,一种创新的事业,但刘老师认为教育更是一种修炼的事业、一种生活态度、一种精神信仰,教育者应该摒弃一切私心杂念,神清气正,爱教育爱到痴迷,让教育成为人生的全部。

——有责任的教师,是对学校有爱、对老师有爱、对学生有爱的教师。教育是一种责任,是一种使命,更是一种情怀。教育是阳光,播撒光明;教育是清泉,洗却污垢;教育是春风,涤荡心胸。做一名中学教师,便注定了与那稚嫩的情怀同悲喜、共成长,便注定年年岁岁要全身心地呵护那些鲜活的生命。的确,教育是一份清苦的差事,是一份留有遗憾的艺术,有时甚至是精神的涅槃。教育的每一段路径都浸濡着汗水、思考与寂寞,在这个容易向物质看齐的时代,我们难免有一些彷徨与困惑、躁动与浮躁。我们要学会仰望星空,把教育当成一种虔诚的信仰,要矢志不渝地去经营,要用心在教育的世界里不知疲倦地行走,修养教育情怀,缔造教育神话。像刘老师这样的教师多了,学校才能成为教育者坚守屹立的殿堂、传道授业的精神家园。

——有教育诗意的教师,是注重文化软实力、有文化学养的教师。教育的文化追求与文化建设,就是立足于教育者栖居的大地,仰望广袤无垠的星空,心怀对纯真、尊严、智慧、神圣、诗意的眷顾,超然物外,一往情深,于教育教学的细枝末节处凝聚文化的神韵,师生共同沐浴在道德、语言、艺术、科学等中华优秀传统文化的熠熠光辉里,耳濡目染,行以成之,这大概就是"文化育人"的神奇魅力了。

刘老师最喜欢的一句话是:一辈子做教师,一辈子学着做教师,一辈子学着做好老师。这种教师精神的追求,让我想起了爱因斯坦的话:不管时代的潮流和社会风尚怎样,人总是可以凭着自己高尚的品质,超越时代和社会,走自己正确的路,追求理想和真理,得到了内心的自由和安静。踏踏实实做教育的教师不正是这样吗!坚守与淡定是教师精神世界的信仰,闪耀出永恒光辉的是思想的笃定、信念的坚毅。做一个平静淡泊、精神高贵的真正知识分子,有乐教的境界、善教的智慧、仁教的情怀。

有首小诗写得很好:"如果学生是一条小鱼,那么教育就应该是浩渺之水;如果学生是一只小鸟,那么教育就应该是自由的天空;如果学生是一朵蓓蕾,那么教育就应该是吹面不寒的杨柳风。"教育不正像浩渺之水让学生尽情畅游,像自由天空让学生展翅翱翔,像杨柳春风让学生熏染抚慰吗,使学生在有滋味的氛围中快乐成长!

在教育工作中,我经常告诫自己换位思考这样的问题:"假如我是孩子,假如是我的孩子。"年龄上我们一天天老了,但是我们接触的每一批学生永远都是那个年龄段,所以我们心态不能老,要有一颗年轻的心,一颗不老的心,一颗进取的心。每天我们因为大量重复性的工作而感到有些厌倦,但是我们绝对不能停下脚步,因为孩子们的健康发展需要我们不断地思考，不断地研究和实践，不断地发现问题、研究问题、解决问题。教师就要以学生的发展为己任，以学校的不断发展为己任，不断发展自己、超越自己、成就自己，实现学生、教师和学校的全面、协调、可持续发展。因为我们是教师，我们付出影响着无数个孩子和家庭的幸福！我们要高扬教育理想的旗帜，做一个大气、内敛、自信、卓越的教师，做一个教育田园里的思想者、守望者。

掬水月在手，弄花香满衣。我深切地了解到，刘东兴老师是怀揣着虔诚、敬畏做人做事的老师，是离功利最远、离孩子最近的老师，是家长最想把孩子托付给的老师，是不管学生走多久走多远都会时常深情回望的老师……

好教师，读您千遍也不厌！

北京市第二十中学校长

2025 年 4 月

怀揣虔诚敬畏之心，做有信仰的教育
——读《教育教学智慧拾零》感言

在北京市第二十中学的校园里，有这样一位教师：他精神饱满，步履匆匆，每时每刻都和学生们在一起；他坚持30年写的一首首藏头诗，成为学生收藏的瑰宝和精神食粮；他始终不辍的坚持激励赏识教育探索，逐渐成长为省级先进教师、北京市教育系统教书育人先锋、北京市中小学紫金杯优秀班主任、北京市优秀德育工作者、北京市中学市级学科教学带头人和北京市中学市级骨干教师。他就是有着36年教龄和33年班主任经历的刘东兴老师。

前不久，读到了他写的《教育教学智慧拾零》，倍感亲切，更备受鼓舞，再多的溢美之词都显得过于单薄和苍白，但撞击我心底的感触、联想却翻涌不止。

一是他的教育信仰。细读文稿，让我联想起《三个工人砌墙的故事》。刘老师做教育，始终拥有着远大的理想和积极的心态，他没有把育人当成"搬砖式的服苦役"或"砌堵墙"，而是把教育当成寄托兴趣和情感的事业、探索和研究的科学、推陈和创新的艺术。他专心致志地沉浸在激励赏识教育中，含英咀华，除了身体的行走，还有思想在脑际上行走、激情在心弦上行走、笔尖在稿纸上行走、指尖在键盘上行走，谱写了一曲曲教育改革的乐章，守望着教育的美丽。

二是他的教育虔诚。一个人做一件事不是很难，难的是一辈子做好一件事。在他的教师生涯中，始终如一的站在课堂教学的一线，并且始终如一的站在教学改革的最前沿，并逐渐成为人人学习的教学改革先锋。通过他的心路历程，让我想起了一位钟表匠一眼能看出金字塔奥秘的故事，体会到了刘老师在工作中满怀快乐和幸福，饱蘸爱心和责任，用创造力和进取心战胜职业倦怠和焦虑，正是这样，他才不竭余力地构建起教育教学这座宏大而又精密的"金字塔"。这样的教师应该是充满虔诚之心，且又仰望星空的自由人。

三是他的教育敬畏意识。畏教书育人碌碌无为，有愧学生之望；畏业绩平庸，有负学校、家长之托；畏不能成为教书育人之优秀老师，有愧高尚职业之使命。有所畏则必有所敬，有所敬则必有所为，刘老师能从内心深处认识到这一点，这是他教育教学有所成就的精神源泉。

当今，"教师不仅是一种职业，更是一种事业"成为教育工作者的共识。教育不是饭碗，不是差事，甚至也不是职业，而应该是一项伟大的事业。教育不仅需要身体的投入，更需要精神生命的支撑。刘老师行走在教育教学前线的实践与思考，做到了脚下有地、命运融合、师生共长，用饱含真情的笔描绘了学生的未来前程；他头顶有天，有教育理想、有教育信念、有教育志向，有教育操守；他眼中有人，倾情服务于学生，与学生心心相印，做学生的领跑人。

通读《教育教学智慧拾零》的学习，我更加明晰了"经师易遇，人师难遭"这句话的寓意。刘老师就是集"经师"与"人师"于一身的好老师。

北京市第二十中学党委书记

2025 年 4 月

前 言

梦想之花芬芳在成长的路上

36年的教育旅程，流年似水，韶华已逝，尘封的记忆，不召自来。每每回望远去的岁月，脚印个个好清楚，不免心中油然升起逝者如斯的感喟和青春不再的感伤。

是啊，人的成长就像是一次跌宕起伏、不可复制的梦幻旅程。只要你播撒下梦想的种子，用勤勉与执着去悉心浇灌，用真情与善良去诚心培育，用真爱与热忱去倾心呵护，用磨砺与坚韧去凝心历练，用生命与情怀去潜心感悟，终有一天梦想会破茧成蝶，收获一个充满幸福、满足与踏实的教育人生。

幻梦之光——天生我材必有用

在物质生活匮乏，温饱难以解决的20世纪70年代初，六七岁的我每天唯一的精神享受就是晚上聆听父亲绘声绘色地讲《三国演义》《岳飞传》《封神演义》《东周列国志》《杨家将》《薛仁贵征西》等历史故事。白天在学校里，把父亲讲的历史故事摇头晃脑地再复述给同学。对历史的兴趣从此扎下了根，冥冥中也注定了以后教育旅程中与历史结下了不解之缘。

上高中我选择了文科，历史依然是我的最爱，老师让我当历史科代表，每次大大小小的考试，我的历史成绩都是年级第一名，每次考试结束后，同学们都迫不及待地追着我对答案，只要与我的答案相同，哪怕是错的，同学们就长长地松了一口气。清楚地记得，在历史张弘培老师讲"美国独立战争"课上，他在黑板上列出了美国独立战争的六件大事，然后让我以事件为线索，给同学们讲这场战争的来龙去脉。我在讲的时候不敢看同学，红着脸面向黑板，声音小得只有自己能听见。张老师看着我的窘态和蔼地说："将来你要是做老师不看学生只看黑板、声音这么小能讲好课吗？"在老师的鼓励下，我终于鼓起勇气，面向同学，大声完整地叙述了这段历史的基本线索。高考结束后填报志愿，父亲说"当老师光荣"，张老师说"你最适合当老师，就报师范大学历史系吧，毕业回来当历史老师"，父命难违，师命恭尊，就这样我读了师范大学的历史专业。

几十年过去了，虽然当时的选择是"媒妁之言"，但到今天我不仅没有后悔过，反而还心存庆幸。庆幸的是我懵懂之时幸运地拥有一个会讲历史故事的父亲，使我在年幼之时就饱受历史的滋养；更幸运的是，我遇到了专业成长道路上的第一位恩师，一个影响我未来前途和命运的张老师。正是恩师的潜移默化，使我更加喜爱上了历史学科，心中产生了将来也一定要成为像恩师那样有魅力的教师的梦想。

寻梦之惬——书山有路勤为径

回首当年冷凳寒窗恰少年之时，真有36年犹似昨天之感。20世纪80年代末，大街小巷、校园内外飘荡的是乐坛上流行的西北风，苍凉空旷的曲调与形单影只的我交织在一起，不会唱《黄土高坡》《我热恋的故乡》就没法追女生的我和心中有梦的同学一样，一头扎进大学的阶梯教室、阅览室、图书馆或校园幽静的树荫下，如饥似渴地汲取历史的养分，憧憬着美好的未来。一番发奋苦读终于使自己理解领悟了诸多高深莫测、纷繁复杂的史学理论，并把教授们所传授的史学思辨方法灵活运用于学习与现实生活中。中国通史、世界通史、国别史、断代史、史学典籍和古代汉语等专业课被自己一一攻破后，我感到了从未有过的充实与富足。记得教我们文献典籍的老师叫曹显征，在每次课上，他都让我翻译晦涩难懂的文言文，当时多少次不情愿甚至认为老师为难自己。这也倒逼自己在课前拼命地做足功课，增强古文的阅读理解翻译能力，当得到老师肯定赞许之时，心中又涌起了莫名的成就感。正是这样的锻炼，让我在日后给学生讲解史料时才显得游刃有余，甚至还能纠正学生在文言文课上对所学字词的不准确的理解。

除了学习专业课外，我还利用课余时间，参观博物馆、探寻历史遗迹和遗址、考察田野山间的历史遗存等。丰富多彩的社会实践活动为历史与现实架设了阶梯，我不仅了解了书本以外的世界，拓展了思维和眼界，而且丰富了学识和阅历，增强了适应社会的生存技能。田广林教授是研究辽史的专家，我曾跟随他北上内蒙古巴林左旗的辽上京寻古，到辽河流域、老哈河流域、西拉木伦河流域考察沿途的风土人情，登上红山之巅俯瞰养育契丹民族的那片热土。在田老师的悉心指导下，我的论文《契丹民族的起源和习俗》登载在历史学院的学报上，不仅自己窃喜，还引起了同学们的羡慕。多少有些遗憾的是，论文是飘着墨香的，距离变成铅印还有几年的路要走。在那个人人写诗的时代，凭借自己较好的文字功底，我写的多首诗发表在校刊上，其中有1首还曾被《辽宁青年》转载过。

大学期间学习积淀的过程虽然艰辛，但我确实收获了知识和视野、智慧和希望。近年来在给新毕业的大学生讲专业成长路径时，我每每都是以这样的一段话作为结尾："青年时代是色彩绚烂、如诗如画、充满梦想的时代，但同时也是稍纵即逝、如过眼云烟的时代，如何才能让我们的青春丰实无悔呢？就是用你手中的画笔，描绘青春的图画；你今天的努力付出就是你未来的生活积淀。"

天道酬勤，我以优异的成绩完成大学学业，回到了家乡，开始了在家乡14年的追梦之旅。

追梦之乐——愿将金针度与人

初登讲台，面对60多个比自己小不了几岁的学生，除了激动好奇外更多的是紧张。45分钟的课，有时用20分钟就讲完了，剩下的时间不知道干什么，我懊悔大学期间学的知识太少了。每周16节课后，除了无休止的备课、查找资料、撰写教案、判作业，还要引导一些轻视历史、厌恶历史或放弃学历史的学生，更可怕的是微薄的工资还经常拖欠。艰难的起步，我犹豫了，是坚守魅力教师梦还是放弃？正当我彷徨迷茫苦闷之时，我再一次得到了恩师的帮助，听一节恩师的课模仿一节，不断学习借鉴恩师的教学风格和特色并随时请恩师点评指导，同时不断吸纳同组老师们的建议，征求学生们的意见与反馈，渐渐地使自己游刃有余地行走在课堂上，逐步为自己的教学风格和特色奠定了基础：以文学的语言把历史生动化，以哲学的思维把历史的本真哲理化，以地理的触角把历史时空化。

初登讲台的几年里，我经常与学生谈心，分享自己的历史学习体会，调动学生们学习历史的积极性和主动性；引导学生掌握历史学习的基本技巧，指导学生织网串珠形成历史知识网络线索；激励学生通过编写歌诀等形式记忆历史知识；重视培养、训练学生学习历史的兴趣和历史思辨能力；鼓励学生用心感悟、理解历史知识和历史价值。在粉笔加黑板、刻钢板写蜡纸加油墨印制试题和试卷的"刀耕火种"年代，经过3年的探索实践，在1992年高考中，我的高考历史成绩名列全市11所中学的第一，这在当时学校其他学科排位都是八九不离十的名次中，历史学科的一枝独秀引起了不小的轰动，此后便一发不可收拾，连续三届高考成绩稳居榜首。取经的人来了，送经的我也走出去了，为自己为学校赢得了莫大的荣誉。1994年，全市的高考表彰会隆重召开，我作为历史科的代表在大会上做了《桃李园中勤耕耘，愿将碧血化丹心》的典型发言，市教委下发的《教研简报》上这样写道："刘东兴老师任教时间不长，但他肯于钻研、积极探索、善于总结、勇于进取的精神，在目前青年教师占有相当比例的情况下有一定的典型意义，特别是他运用系统论理论指导复习，对各个学科的复习都有一定的参考价值……"发言稿印发到全市的中学，我的经验起到了引领作用，这是成长路上一针重要的"加速剂"。同年，我被评为省级先进教师和"三育人"标兵。现在高考出榜后不允许宣传成绩、不排位次，可当年在应试教育的大环境中，排位次、宣传成绩、大会讲小会说是习以为常的事，可以想见，当时老师们的心理负担会有多重啊！

在披星戴月的高考备战中，我每天挤出一定的时间读书、思考、写作。1992年，我的论文《奴隶贸易的兴衰》在《中学文科参考资料》（现名为《中学文科》）上发表，自己的论文终于以铅印的形式面世了，这是学校几十年来第一位普通教师的文章在公开的刊物上发表，又一次引来了人们惊艳的目光，在大会上校长赞许有加，而且我还得到了50元的奖励，50元钱在20世纪末已经是不小的数目了。此后，我在教学的同时，笔耕不辍，在《中学历史教学参考》《中学历史教学》《历史教学》《历史学习》等刊物上发表了15篇文章，这只是海投稿件的十分之一啊！在没有电脑打字、网络搜索的年代，这些文字先查资料打草稿，然后工工整整地誊写在稿纸上，完全是"爬格子"爬出来的。《中学历史教学参考》至今保留着"征题精选"栏目，当年自己原创的模拟试题，多次被其征用，使自己的上课、备考更有方向性和针对性。在复习资料相对匮乏、教育手段相对落后的年代，为了减轻学生的负担，提高学习效率和效果，我精心为学生编写学案，使老师的"教"和学生的"学"有了切实的抓手。学案在今天很是普遍和平常，但在当时还是新鲜教学活动。后来，我把当年的学案进行梳理整合，编写成了《高中历史学案导学》一书，由出版社正式出版发行。

圆梦之盼——壮心不已再求索

曾经有那么几年，有的同行老师好心劝导我说："历史老师就是历史老师，不要越界越位，给学生讲什么文学、地理、政治呀！"在当时看来，我确实有点喧宾夺主、显摆张扬之嫌。在课余时间里，利用大学的功底和爱好，给学生讲唐诗宋词、元曲小说、《古文观止》和《笠翁对韵》等；给学生讲现实政治问题的历史解读；给学生讲地理上的主要国家。当时主要初衷是要开阔学生的视野，拓展学生的思维，培养学生的人文素养，真的与应试没有太大关系。如果当时学校像现在这样开设选修课就排除了老师们的嫌疑了，可惜当时学生没有自主选择权，只能在高考的指挥棒下啃教材做试题。后来证明这样越界越位的举动，对学生确实产生了潜移默化的引导作用，在学生走上社会走向工作岗位后，他们深深地感觉到当时"无用"的知识变得有用了。多年后的师生聚会简直变成了"赛诗会"，学生说老师讲的历史记忆大多都模糊了，而有些诗词歌赋还能信口背出来，这或许应了那句话"真正的教育是学生多年后仍能记得的内容"。对于我自己，从中也是受益匪浅，在政治、历史、地理合卷成文科综合的高考模式后，我不仅在课上能运用自如，在课下还经常给学生进行综合科目的辅导或讲座。

2003年，在人才引进的大潮中，我跨过长城来到了北京，站在首都教育大舞台上，更新教育新理念，编织教育新理想，梦想再次启程。在教学改革和考试改革不断向纵深发展的大背景下，在历史学科教学转向历史课程教学过程中，根据课程教学功能定位、指导思想、目标任务、教学过程的变化，我与时俱进，要求自己自觉构建起适应课程教学要求的课程观、知识观、教学观，提升课程教学专业能力，积极整合资源，开发校本和教本课程，以适应历史教学必须改变的大趋势，着力培养学生历史学科的核心素养。在此过程中，我既坚守又乘势而上，使历史课深邃并有诗意，既有厚度又有温度，从以前侧重于"教的过程"、着眼于解析知识结构与强化史实记忆的教学过程，转向关注自己"教的过程"与学生"学的过程"、着眼于探究历史问题与理解历史演变的教学过程，以实现教师"教的主体"与学生"学的主体"之间的协同共振，激荡生成新的教学效果。

在课程改革的涤荡之下，我秉持职业操守和事业追求，执着中有泛观博取地阅读、理性中有殚精竭虑地思考、勤勉中有坚持不懈地写作。不陷于技法、模式、课件的窠臼，对"闭关锁课"坚决说不；对陈旧落后、急功近利、浅薄庸俗甚至"穿新鞋走老路"的做法，要坚决摒弃。"旧瓶装新酒""皇帝的新衣"之类的噱头让人鄙视中带着愤恨。坚守自己的精神阵地，一心一意、专心致志地在课堂有限的时空范围内营造秉持科学、泽被学生的小天地。最为欣慰的是，每届毕业生中总有义无反顾地报考历史专业的人，我知道，这是坚定地追寻着老师的足迹，长大后要成为"我"。

自2004年起至今，我一直被评为市级骨干教师和学科带头人，每届骨干教师（学科带头人）培训中，我都被评为优秀学员，在北京教育学院和首都师范大学的教育科研项目中，我所做的科研课题和观摩课都被评为一等奖，课题成果《"诗言志，歌咏言：从〈诗经〉到唐诗"的设计与实践》《历史课堂要把学生感兴趣的知识讲清楚——

关于"陶片放逐法"几个问题的回答》《历史教学中核心概念的提炼与把握——以秦汉时期"小农经济"为例》都刊发在《中学历史教学参考》上。突出的教育教学业绩，使我被评为北京市优秀德育工作者和平谷区有突出贡献的引进人才，并在全区所有教师参加的师德标兵表彰大会上做了典型发言。

经年的耕耘几多沉淀，把自己的教育教学过程中的经验、感悟和反思一并进行梳理，2012年和2014年，光明日报出版社先后出版了我的个人教育教学专著《守望教育的花开——行走在教育教学前线的实践与思考》《岁月·滋味·印痕——守望教育的花开Ⅱ》。

在适应首都教育发展转变的过程中，我将继续探索与思考：好的课堂从哪里来？我应该教什么？我怎样成为学生的精神导师和学业规划师？怎样重新定位自己的教师角色？我的跨界课堂怎样更有魅力？……

"不敢妄为些子事，只因曾读数行书"是我的座右铭。过往所拥有过的眼睛一亮、心头一热甚至鼻子一酸的瞬间都铭刻于心，每个翩翩起舞的日子都是对教育生命的褒奖。一番刻骨铭心的追忆、一串探索梦想的足迹、一段锲而不舍的旅程、一路始终不渝的奋斗、一份发自肺腑的感怀，怎能诠释我三十多年来的"幻梦·寻梦·追梦·筑梦"的心路历程呢！好在我仍然有着壮心不已的情怀，心醉情痴地飞奔在教育梦想的路上，让最初的晨曦和最后的晚霞一样绚丽夺目。行文至此，纸短情长，以2024年写下的《从教三十五年感怀》聊以自励自策：

燕山脚下好读书，紫塞湖边教鞭舞。①
京东绿谷育桃李，②清河两岸举鸿鹄。③
木铎扬声杏坛路，功宏化育祈救赎。
三尺讲台卅五载，一领青衫几箱书。
诗意掬水月在手，师情弄花香满庐。
老骥自知桑榆晚，蹄疾步稳踏新途。

（注：①代指毕业后在家乡承德工作的14年；②代指在北京市平谷区工作的13年；③代指在北京市第二十中学工作的8年。）

刘东兴

2025年4月

目　录

第一部分　文哲相融蕴风骨　史政映趣生灵动——历史课堂的智慧 ……… 001

激发学生的无限潜能　创造鲜活的生命课堂 ……………………………………… 003
在常态课堂上落实学科核心素养的思考 …………………………………………… 007
关于历史课堂教学中"减负提质"的实践与思考 ………………………………… 011
大概念教学导向下的历史单元整体教学策略与实践 ……………………………… 016
关于史料实证的核心素养如何赋能中学历史课堂的思考 ………………………… 020
关于"陶片放逐法"的几个问题的回答 …………………………………………… 022
文明框架・文化立意・现实关怀——简析2015年高考北京卷第37题背后的文化立意 … 028
历史教学中核心概念的提炼和把握——以秦汉时期"小农经济"为例 ………… 032
依托史料实证之核心素养培养学生历史批判性思维能力的尝试——例谈汉武帝为什么
　要实行"中朝制度" ……………………………………………………………… 041
历史形象之史料实证——以秦始皇的历史形象为例 ……………………………… 049
文学形象中的历史——例谈用史料来实证学生在语文课上的三个疑惑 ………… 056
从《诗经》到唐诗的课堂设计 ……………………………………………………… 061
"世界多极化趋势"教学分析与案例 ……………………………………………… 068
"新中国的科技成就"教学案例 …………………………………………………… 086
3A精神放光芒，五彩青春我最棒——我们学习历史的一点感悟 ……………… 100

第二部分　弦歌浩荡写真爱　功宏化育杏坛暖——班主任工作艺术 ……… 109

师情诗意暖，笔底春风长 …………………………………………………………… 111
桃李不言，下自成蹊——记我们的班主任刘东兴老师 …………………………… 135
班级管理——34年教育路，我用鼓励助学生成才 ……………………………… 140
作业织纽带　寄语传真情——我的教育故事・特殊的作业寄语 ………………… 145
性格决定成败，习惯决定命运 ……………………………………………………… 148

家校齐心协力，共创孩子的美好明天 159
提高自身修养，做一个勤学守纪、文明礼貌、道德高尚之人 167
让你的高中生活充满阳光 170
放开眼界原无碍　种好心田自有收 178
飞驰吧，我们的高三 185
用真爱和宽容教育"问题学生" 192
慎把家长请到学校来 197
另一种伤害 200
QQ 洒下难忘情 203
我们的班训 206
我以我名荐成功——高考前的主题班会 209
桃李园中勤耕耘　愿将碧血化丹心 212

第三部分　文化引领育英才　精神追求绽奇葩——做教师价值的追求 217

栽桃育李闲逸少，滋兰树蕙辛劳多 219
耐心浇灌，静待花开 225
教课就是教师用生命在歌唱 227
教师不仅是一种职业，更是一种精神 235
守望教育的美丽 241
修炼教育事业的真性情，坚守教育真谛的高信仰 246
现代教师应具备的四种品质 254
立足小讲台，争做"大先生"——说说我的师父刘东兴老师 263

跋文 267

后记 269

第一部分

文哲相融蕴风骨　史政映趣生灵动
——历史课堂的智慧

教学艺术不在于传授，而在于激励、唤醒与鼓舞，让课堂"活"起来，学生"动"起来。聚焦课堂、优化课堂、和谐课堂、反思课堂、智慧课堂的本质要义，其实就是使课堂鲜活灵动，赋予课堂生命色彩。历史是沉睡的，但历史教师完全可以用文学的语言把历史生动化、用哲学的思维把历史的本真哲理化、用地理的触角把历史时空化，创建充满知识与情趣的高效课堂。

激发学生的无限潜能　创造鲜活的生命课堂

有生命力的课堂是能激发学生无限潜能的课堂，是时代的呼唤，是把核心素养落到实处的主阵地。

课堂应该是师生互动、心灵对话的舞台，而不仅仅是优秀教师展示授课技巧的表演场所；课堂应是师生共同创造奇迹、唤醒各自沉睡的潜能的时空，离开学生的主体活动，这个时空就会破碎；课堂应是向未知方向挺进的旅程，随时都有可能发现意外的通道和美丽的图景，一切都必须依据学情的行程；课堂应是向在场的每一颗心灵都敞开温情怀抱的场所，平等、民主、安全、愉悦是它显著的标志，没有人会被无情打击，更不会受到法庭式的"审判"；课堂应是点燃学生智慧的火把，而给予火把的是独具慧眼的老师提出的一个个问题，让学生走出教室，走入社会的时候，仍然面对问号怀抱好奇。

总之，如果要用一句话来概括，那就是：焕发出生命活力的课堂，才是理想的课堂。这样的课堂，也就是进行核心素养教育、培养适应信息时代人才所追求的课堂。

有生命力的课堂是在原来三维的目标的基础上，发展为核心素养的培养。把"知识与技能、过程与方法、情感态度与价值观"可以称之为"守正"，将核心素养的培养可以称之为"创新"，二者一脉相承，构建起课堂教学比较完整的目标体系，由以知识本位转向以学生的发展为本，真正对知识、能力、态度进行有机整合，体现对人的生命存在及其发展的整体关怀。有生命力的课堂应包蕴生活性、发展性和生命性三大理念。

进入 21 世纪之际，我国正逐渐由工业社会向信息社会迈进，知识经济方兴未艾，新世纪对教育提出了新的更高要求，如何培养学生自主学习、自我探索和创新能力，成为学校教育的重大课题。教育教学改革和素质教育的要求迫使我们必须对固有的陈旧的教学模式进行改革，才能适应经济与社会发展的需要。针对历史学科的特点与实际情况，结合课堂教学的实践，开展研究性学习、深度学习、单元学习、项目式学习等方式，构建新的现代历史教学模式已成为历史教育中一项迫切的任务。其中的研究性学习是打造有生命力课堂的重要方式之一。

"研究性学习"教学模式就是教师为实现一定的教学任务，根据教材的知识结构和学生的实际情况，对学生进行分组，引导学生在小组内或小组与小组之间开展研究性学习，合作探索、共同讨论，积极主动地获取知识的一种新型的教学组织形式和教学方法。

传统的教学中，教师以诠释教材为己任，自觉不自觉地把自己摆在主体地位。它以讲授知识、记忆知识为基本特征，重教轻学，重灌输轻启发，重学习内容轻学生学法指导，重教师"主导作用"轻学生主体地位作用。教师往往只考虑教的活动，而忽略学生学的活动，更缺少对学生学习方法的有效指导及研究，师生间的双向交流少，或者仅仅作为点缀。如此教学，即使教师"本事"再大，"教学艺术"再高，终究摆脱不出教师"唱独角戏"、一讲到底"满堂灌"的窠臼。而这种单向型、封闭性的教学方式带来的后果也显而易见：学生学习的主动性、积极性被严重抑制和挫伤，学生独立思考、解决问题的能力和创造性潜能的挖掘、发挥被严重限制，教师一厢情愿的教学效果也往往大打折扣。这种传统的教学模式和方法已不适应素质教育的需要，必须进行彻底改造。而尊重学生的主体地位，着力培养学生的能动性、自主性和创造性是素质教育区别于传统教育最显著、最根本的特征。这要求我们把研究学生的学习方法、培养学生的学习能力放在十分突出的地位，努力使学生作为发现者和探索者，充分发掘自己的最大潜力。为此，在历史教学中构建以学生自主学习为主的"协作探究"教学模式是十分必要的。

教师依据教材的知识结构，设置各类问题，根据问题将学生分成若干个小组，要求学生自主学习、共同探究、共同解决问题，激发学生学习的内驱力，把接受知识的过程变为学生主动探究知识的过程。将知识的传授与智能培养有效地结合起来，不仅使学生通晓基本概念、基本原理，学会搜集资料撰写历史小论文的历史学科能力，而且培养了学生的探究性思维能力、解决问题的能力及与他人合作的新世纪的公民素质和科研素质。在学习的过程中，教师把问题引向深入，通过精心指导，让学生在探索发现的过程中获得解决问题的成就感，从而产生极大的主动学习、主动合作、主动发现、主动发展的热情，形成良好的认知结构和新型师生关系，对学生的未来发展产生重要的影响。

根据社会发展的需要和现代化的要求，教育者通过启发、引导受教育者内在的教育需求，创设和谐、宽松、民主的教育环境，有目的、有计划地组织、规范各种教育活动，从而把学生培养成为能够自主地、能动地、创造性地进行认识和实践活动的社会主体。人的发展是一个由他律走向自律，即依赖性日益减弱、主体性日益强化，不断地扩大对现实的自由度的过程。自主性、能动性和创造性是人的各种潜能中最重要和最高层次的潜能，教育只有在尊重学生的主体性的基础上，激发学生的主体意识，培养学生的主体能力和主体人格，才会使学生实现由自在的主体向自为的主体的转变，积极参与自身的发展与建构，丰富、和谐的主体性才有形成的可能。学生主体性的发展正是他们作为主体参与自身全面发展的基础和前提，没有主体性的发展，学生的全面发展就无从谈起。

现代教学模式的时代特色是：强调学生在教学中的主体地位，强调教学着眼于发展学生的智能，必须树立"教为主导与学为主体统一""知识与智能统一"的现代教学观。教师的主导作用只有通过学生的主动学习才能实现，而学生学习的主体地位也只有在教师的指导下才能巩固。研究、推行全新的教学模式和方法，就要千方百计地调动和发挥学生、教师两个主体积极性，实现教与学的有机统一。这是课堂教学改革和素质教育必须遵循的原则。

学习积极性和主动性是学生在学习上的内在动力。激励、唤醒、调动学生的这个内在动力，是提高教学质量的关键。充分调动学生学习的积极性，使学生真正成为课堂教学的主体。必须大胆地给学生留足学习活动的时间、空间，最大限度地给学生创造良好的自学、思考、质疑、讨论的条件和机会，引导他们积极思考探讨，启发他们大胆发表自己的见解，使学生自己去创造性地获取知识，去主动地探求真理。唯有这样，才可保证学生学习的有效性，提高学习的质量，促进学生学习的良性循环。教育理论和教育实践告诉我们，学生是学习的主体，教师的"教"是为学生的"学"服务的。在高中历史教学中，发挥教师的主导作用，启发诱导学生的学习主动性和积极性，把蕴藏在学生身上的巨大学习潜能开发出来，是不断提高历史教学效率和教学质量的关键所在。在教育面向现代化，应试教育向素质教育转化，注重培养学生能力的今天，改变以往"教师讲学生听"的传统教法，把教学的重点转移到学生身上，创设和谐的教学环境，通过宽松民主的课堂教学，激发学生独立思考和创新意识，让学生感受、理解知识产生和发展的过程，培养学生的综合能力，以及科学、合作精神和创新思维习惯，使学生健康、活泼，积极主动地得到发展，乃是当务之急。

认真反思我们的课堂，汲取新型课堂的营养，给我们的课堂注入清新的空气。曾经有位诗人说：没有比脚更长的路，没有比人更高的山。直白的诗句表达着探索的激情，浅显的哲理蕴涵着攀登的欲望。每个有教育思想的老师都要在教育教学实践中，做勇往直前的攀行者。

　　也曾经有位记者问一位著名的登山家："人为什么要登山？"登山家凝视着远方的群山，静静地说："因为山在那里！"所有征服高山巅峰的豪言壮语在一句淡淡的"因为山在那里"面前显得黯然失色。或许这才是一个真正的登山家应有的心态和境界；或许只有拥有这样境界的登山者才可以称得上"家"。攀登核心素养教育的山峰，不折不扣可以称得上是"教育家"。因为"山"的存在，给人带来了一种诱惑，一种想要亲近的诱惑。理想的教育并非鼓励征服"山"的霸气，而是与"山"亲近的美好与意义。正是因为有了这种亲近感，老师才能把自己的智慧和心血融入自己的生命的课堂，浇灌出芬芳的桃李之花！

　　"绛帐春风培国本，杏坛花雨铸民魂。"带着对教育敬畏和课堂比天大的神圣，这首情真意切的《金缕曲·敬献人民教师》是最好的诠释。

　　不用天边觅，论英雄，教师队伍里眼前便是。历尽艰难曾不悔，只是许身孺子。堪回首，数年往事，无怨无尤吞折齿。捧丹心，默向红旗祭，忠与爱，无伦比！

　　幼苗茁壮园丁喜，几人知，平时辛苦，晚眠早起，燥湿寒温荣与悴，都在心头眼底。费尽了千方百计，他日良材承大厦，赖今朝血汗番番滴。光和热，无穷际！

在常态课堂上落实学科核心素养的思考

学科核心素养是学科教育教学的根基，落实学科核心素养是学科教育教学的目的。学科不同，核心素养的要求有别，但根本的宗旨和真谛是相同的，就是培养学生的学习能力、思维能力、判断能力、解决问题能力等各种能力的维度和品质。

常态课堂是相对公开课、研究课、示范课等课型而言的，是师生学习活动中最常见的课堂，它的朴素性、常态性、原始性与公开课、研究课和示范课的雕琢性、修饰性、预演性有着明显的不同。公开课、研究课和示范课的师生学习活动就好像排演一出剧目，在非常态的课堂上师生都像演员，浓妆淡抹，按照预定的环节"表演"剧情，下课了，就等于"剧目"落幕了，"演"好"唱"坏，无关根本，难伤大雅。常态课则不然，它关系着教育教学的质量和品质的好坏，关系着教育教学的目的能否实现，关系着学科核心素养能否常态化地落到实处。

学科核心素养的落地，不是在表演性的公开课、研究课和示范课的课堂上，而是在常态化的课堂上。常态化的课堂上，如何具体落实学科核心素养，有以下几点粗浅的思考。

一、课堂的灵魂是什么

无论是常态课，还是公开课、研究课和示范课，归根结底都是教育的不同形式和载体。要落实核心素养，首先要弄清楚课堂的灵魂是什么。如果这个问题弄不清楚，谈核心素养都是奢谈或妄谈。

如果我们的课堂不去关注学生，那就说明我们的课堂出了问题。教育的目的不是将人训练成为工具或机器，教育的目的是培养人，如果教育背离了这样的目的、宗旨和使命，就意味着教育的价值发生了扭曲。教育的价值观念决定了教师的教育行为，只有教师的行为模式发生转变，常态课堂的改革才能真正取得实效。另外，我们的教育不仅要关注学生的近期发展，还要关注学生的终身发展；不仅要使学生在学科知识与能力上达到优秀标准，还应引导学生学会正确对待生活、正确对待职业、正确对待社会、正确对待人生。这就是教育的终极目的，也是课堂的灵魂所在。

把我们的常态课上成高效且有效的课堂，因为高效的课堂就是好的课堂，有效的课堂就是好的课堂，好的课堂就是使学生各项能力得到开发的课堂。不要总是被教学的表面形式所困扰，无论是"满堂灌"的课、"满堂问"的课、"满堂练"的课、"满堂动"的课、"满堂学生讨论"的课，还是运用信息技术手段的课、一根粉笔上下来的课等等，都应围绕教学目标和目的，在不同的常态课上展现其真正价值，以实现教育教学的目标和目的为根本，以落实核心素养为导向，以打造课堂的灵魂为核心。

一定要把常态课堂上成学生喜欢的课堂，这样的课堂不仅要教知识、教方法，还要关注生活，提升人的精神境界。常态课教学要提升学生的境界，有境界的教师不会就事论事，不会就知识讲知识，不会仅仅关注学生的学习成绩。有境界的课堂教学会使学生感受到教师的超凡脱俗，从而在情感上对教师产生一个从依赖到依恋再到崇拜的过程，这就是"亲其师"的过程。这样的教师在学生眼中是神圣的，是富有魅力的，这样的教师的课堂会更加有效和高效。因为，一节好的常态课展现的不仅是教师的口才和处理教材的技巧，还有教师的思想、情感、精神追求和人格魅力。打造高效的常态课堂，关键在于教师的教育理念，取决于教师怎样理解教育规律和教育价值。

二、备好课是高效常态课堂的不二法则

如何将学科的核心素养落实在常态课堂上，其中关键问题是备好每一节课，这就是未雨绸缪的功效。因为，备课是将教师已有的素质变为现实的教学能力的过程，是教师内在素质的"外化"，是教师对教材进行钻研和处理的一次重新"编码"的过程。

①抱定"为学习而设计教学"的目标不放松。"为学习而设计教学"意味着不能仅仅考虑教师教得方便，教得精彩，教得舒畅，而是应把学习和学习者作为焦点，以教导学，以教促学。所以在备课中要始终把握自己备课的目的是让学生更好地学习，是为学生学习而准备，学生才是真正的主人，不是为自己好教而备。

②谨记让每一堂课充满活力，让每一个学生成为学习的主人这一常态课的重点。怎样设计才能让课堂充满活力呢？首先，要把教材内容结构化。要理解编者意图，明确教材内容的内在逻辑体系，按照教材体系设计教学环节。其次，要把教材内容问题化。巧妙的情景问题设置，常常会收到"一石激起千层浪"的效果。要多从学生的"兴趣"方面来设计问题，要做到三贴近，即"贴近学生、贴近生活、贴近实际"。再次，教材内容操作化。我们要科学地设计一些多样化的活动，根据学生现有条件，设

计一些情景或活动方案，通过学生的主动参与、积极实践，引导学生在"做中学""用中学"，帮助学生建构起有意义的知识体系。要注重教学设计的预设性与生成性的关系，对于课堂出现的新的教学资源要有教育机制，不能慌，不要急，必要时要留到课后处理。最后，把教材内容优化。要让学生对你的这一堂课始终有兴趣，不仅仅靠巧妙的问题设计，还要根据教学的目标任务、教材内容的特点及学生的实际情况，提炼出内容的精髓，用最恰当的教学设计，让学生的眼、耳、口、手、脑都协调起来，使学生能以最少的时间最大限度地掌握教学内容。激发学生获取知识的愉悦情感，从而保持住对这堂课的长久兴趣，形成教师自己的教学风格和特色。

三、寻回并发扬"工匠精神"，让常态课堂熠熠发光

"工匠精神"是一种情怀，是精雕细琢、精益求精的理念；"工匠精神"是一种素养，是"认真、敬业、执着、创新"的职业追求。发扬"工匠精神"，精雕细琢每一节课，让每节课都闪烁出教师智慧的光芒。每节课的内容、教学目标和目的不同，班级内学生接受能力各异，这就要求教师返璞归真，做"坊"中的"匠"而不是流水线上的"工程师"。

"工匠精神"如何在常态课堂上培育？第一，要从教育的内在规律要求出发，摒弃格式化标签化的制约，正确认识"工匠精神"对于教育的价值，从而为深化常态化课堂教育教学改革提供思想武器，奠定现实基础。第二，要将"工匠精神"贯穿于教育教学改革全过程，必须在课堂类型的设计、预想会出现什么问题、如何解决可能出现的问题等教学环节中加强理性的思考和判断，使得整个教学过程包含良好的核心素养的教育和学生能力持续发展教育的内容。第三，在师生共同成长的教育教学实践中，教师要以"工匠精神"为抓手和载体，给学生、教师建立一个密切互动、共同成长的机制，只有这样，才可能成为一个有机而又有效的、教与学统一的过程。所以"工匠精神"对所有教师，都是一次全新的教育改革、教育理念创新的挑战。

四、在常态课堂上，做一名"敢动"的教师

常态课堂上，把学科核心素养落地生根，还要求教师敢于行动，有"敢为人先"的胆识和勇气。在每一次课堂改革中，都会出现犹豫不决者、疑神疑鬼者、坐视旁观者，更多的是"赶"动或"感"动者，我们需要的是"敢"动者，同样都在"gan动"，但动的程度不同。

"赶"动，即校长"赶"着动，靠行政推动，是被动的。这类教师对课改半信半

疑，唯恐对学生考试成绩造成影响。在课改上瞻前顾后，缩手缩脚。老教法不中用还在用，新教法不会用就不用。他们总觉得老办法用起来比较放心，稳扎稳打，可以不变应万变。他们不从根本上想办法，只在体力上拼时间，九分耕耘，一分收获。课改只写在计划上，喊在嘴上，贴在墙上，就是落实不到行动上。校长一赶他就动，不赶他就不动。

"感"动，即有感而动，虽是主动，但很多时候只是心动或嘴动，可就是在自己的"责任田"上"不动"，公开教学临时改一点，平时教学还是老样子。

"敢"动，即敢于动，是行动，是全身心地投入行动。这类教师的教育教学观念发生了彻底转变，他们心系教育，相信学生，敢为人先，敢于担当，在充分"备教材备考纲备学生"的情况下，"成竹在胸"地行动。

"赶动"是被动，"感动"是心动，"敢动"才是行动。

我们不应该抱怨客观条件，而是从自身方面找原因，不只是口头上"为之震撼"地"感动"，抑或"隔靴搔痒"地"嘴动"。要在自己的"责任田"上"真枪实弹"地行动，自下而上地"闹革命"，每个人建立起"常态课堂的根据地"，把常态课的星星之火，形成燎原之势。朱永新教授曾说：关上教室的大门，教师就是国王。教师在自己力所能及的范围内进行"微改变"，这种自下而上的内在改变，可能不会有立竿见影的奇效，但久久为功，必将收获丰硕的教学成果。

关于历史课堂教学中"减负提质"的实践与思考

"减负"是当今国家教育改革的大政方针，也是教育发展到一个新阶段的必然要求。当"减负"成为社会上、教育理论界的热词后，作为一线的教师应该顺势而为，乘势而上，把热词化作教学过程中的"实词"，踏踏实实地将"减负提质"落实到教学过程中，达到既减负又提质的双赢的效果。课堂教学如何"减负提质"？老师还需从教学入手，深入了解学习本质，把握教学规律。减轻不必要的负担、提升教学质量是相辅相成的，因为二者有着同样的目的，就是让学生的学习变得更加科学、更为有效。面对高三历史教学的学情和教情，精准进行备考学习，"减负提质"更具有现实意义。在课堂教学的实践中，主要从以下几个方面进行了初步的探索与实践。

一、关注课程标准，科学地取舍，做到有的放矢

新的课程标准是教学的指南针，只有认真钻研其本质精髓和内涵要义，才能精准施策，避免繁文缛节徒增教师的"教"和学生的"学"的负担。

（一）将必修模块和选必模块有机融合打通，进行立体化的整合

高中历史课程标准必修专题与选修专题的设置，在一定程度上体现了新课程倡导的内容选择的基本理念，以模块为架构，以专题为单元，中外关联、古今贯通的学科内容的组织形式，形成了知识系统破碎，专业化和学术化趋势增强的局面，并造成了初高中历史学习的衔接困难。鉴于此，教师在授课过程中，整合知识体系，构建明晰的知识网络，显得尤为重要。比如，在讲必修世界史内容中的文艺复兴、宗教改革、启蒙运动、法国大革命等系列内容时，都涉及近代民族国家形成的问题，而在选必一的章节中，又有专门的内容讲近代民族国家的形成。如何把分散在不同章节中的内容整合在一起，形成一个清楚的知识体系，这就需要教师融会贯通，既减轻学生学习的负担，又达到课标要求的学习效果。具体知识体系的整合见下图。

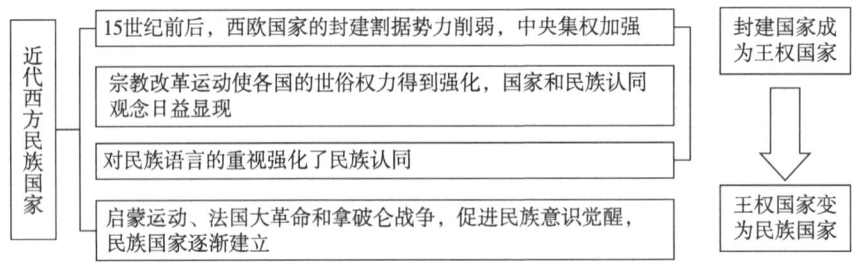

知识体系的整合

经过这样的整合，把烦琐化简单，把错综复杂化为一目了然，学生掌握和接受起来变得比较容易。

（二）体现历史核心价值，敢于取舍烦琐细碎的内容

根据新课标的要求，历史教学要突出核心价值观，培养学生正确的价值观。比如，关于商鞅变法，变法那么多内容，对任何一个学生来说要把内容逐条记忆下来都是很困难的事，对于这场最彻底的改革，培养学生的正确价值观是最重要的任务。变法者为秦国的强大作出了巨大贡献，最后却被车裂而死。对于改革者的悲惨命运，要引导学生探讨个人命运与时代命运紧密结合在一起，不能因为改革者悲剧的下场，而做时代的旁观者，更应让学生以更长远的视角去认识理解商鞅变法的影响：对商鞅本人车裂灭家、对秦民改变命运、对秦国国富兵强、对天下因秦统一走向强盛。可见，改革者在推动时代的车轮向前发展中形成了不可阻挡的力量。再比如，讲秦始皇暴政统治，都涉及修长城、建宫室陵墓等滥用民力的内容，那么，我们今天再讲长城的时候，还能用一句话说，这只是秦的暴政吗？显而易见是万万不能的了。中国古代的历朝历代，对于长城有过一些不同的评价，褒贬不一，有的观点认为长城阻挡了北方少数民族的南下，有利于边地的安宁；有的观点认为修筑长城耗费民力，导致秦朝的灭亡。事实是秦朝的社会矛盾激化和王朝的灭亡并不仅仅是因为修长城，而是秦始皇多方面的滥用民力和严刑酷法。明朝也大修长城，并没有造成社会问题，这也给学生提供了多维的思考空间。更应该明确地强调：长城有效地保卫了中原地区人民的生命财产安全和比较先进的经济文化，在军事上具有成功的战略战术作用。长城对于北方少数民族也具有积极意义，有效地减少民族间的战争，减少北方少数民族的生命财产损失；有利于中原农耕区域和北方游牧民族的经济文化交流，促进北方地区的社会进步，保护文化的多样性。长城是中华民族的民族气节和民族精神的象征。引导学生评价历史问题在不同的时代有不同的评价标准，一个"暴政"难以说服。不仅要淡化其暴政的体现，而且还要增强文物的保护意识，对历史文化遗产既敬畏又要肩负起必要的责任。

二、针对学生认知水平，精心编制练习题

避免无效低效负效的重复，在布置练习上体现得最明显。学生的负担重，重在作业多。如何既要练，又要精，还要提质呢？这就需要老师在量和质两方面下功夫。可以在作业布置上有几点尝试。

（一）利用课堂上限时练习，避免挤占课下学生的自主学习时间

由于课堂时间有限，在布置练习时，有的只要求写出提纲要点，不需要长篇大论地写；有的只要求写一个片段，适时训练学生的思维；有的不需要动笔写，打好腹稿后直接说出来，既锻炼学生的思维能力、快速反应能力，又锻炼学生的语言表达能力。

（二）分层布置作业

在学习开始，为了充分激活学生的旧知识，引出新知识，激发学生学习的自信心与内驱力，作业布置呈现由浅入深的分层，问题设计按难易层级划分。课堂提问中，可以设置难易程度不同的问题，简单的问题老师问学生随机答，活跃课堂氛围；较复杂的问题，小组合作，共同探讨；焦点的问题，进行探究回答，老师给建议、给批判。

（三）把试题的设计作为学生知识的拓展和延伸

不再纠结 ABCD 哪个是正确的，而是思考正确的为什么正确，错误的与什么知识相联系，变换一种问法错误的就变成正确的了。

（四）设置一些故事、情境，引导学生自主设计问题

比如，在讲文艺复兴时，给学生提供了这样的素材，让学生自己想问题：

①达·芬奇在绘画时常思考，一个人哭时看起来是什么样；笑的时候，身体内在的情形——肌肉、骨头和筋——又是什么样子。于是，他对人的遗体进行解剖和研究。这表明，达·芬奇：

②文艺复兴时期，但丁、彼特拉克、薄伽丘等以托斯卡方言进行写作。很多作家在作品中拥护中央集权、反对封建割据，写作语言也从拉丁文转向本民族语言。由此可以看出：

③在中世纪，绘画、雕塑通常被视为实用性和技术性的体力活动，艺术家也被看作手艺人。到文艺复兴时期，艺术家从卑微的手艺人上升为受人尊崇的"天才"。这种变化表明：

在讲宗教改革时：

①下图取材于德国著名画家卢卡斯·克拉纳赫的画作《从基督徒到反基督徒》（创作于 1521 年）。该漫画意在（　　）

② 1521年，德国维登堡一家作坊印制了很多幅对开木版画。其中一幅的左侧是基督跪在地上为门徒洗脚；右侧是高高在上的教皇伸出脚让跪在地上的信徒亲吻。这幅画意在（   ）

③ 16世纪，西班牙医生塞尔维特因解剖人体进行血液循环研究，被宗教裁判所处以火刑。而达尔文在19世纪中期相继发表《物种起源》《人类的由来》，虽遭教会激烈反对，但并未受到教会的人身迫害，其原因在于（   ）

以上的设计，既减轻了学生的课下作业负担，又提高了课堂的效果，真正实现了向课堂要效益的目的。

三、构建起必修与选必的知识网络，形成立体的知识架构

在新的课程体系下，老师苦恼的是课时不够，学生则抱怨的是知识内容太繁杂。减轻学生的负担，教师除了深入研究课程标准外，还要细细品读教材，把教材内容的要义和主旨分析明确，给学生搭建知识网络和体系。教师把很多繁杂的知识整合起来，清晰地呈现在学生面前，既方便学生记忆，又使学生形成历史阶段的特征。现举几个必修与选必相结合的例子：

① 必修与选必一"中国古代的法治与教化"，这课知识内容太繁杂，教师不妨这样给学生梳理，既清晰明了，又突出主干知识，真正做到了化繁为简。

习惯法 宗法制	成文法诞生 铸刑书成			完备法典 《唐律疏议》 确立中华法系	
夏商 西周	春秋战国	秦朝	汉	魏晋隋唐	宋元明清
礼制 时代	礼法对立 礼法之争 ①叔向VS 子产 ②儒家VS 法家	严刑酷法 焚书坑儒 《秦律》	外儒内法 礼法结合 ①"三纲"说 （将儒法结合） ②"春秋决狱" 以儒家精神指导刑法 断狱，以礼统法 ③罢黜百家，独尊儒术	礼法并用， 以礼入法 魏晋： 律令儒家化 唐朝法律： 孝道法治化	礼法合流 从家训到家法 从族规到乡约 理学在教化中发挥主导地位，以乡约形式面向百姓；乡约从道德教化逐渐转向宣讲"圣谕"；乡约由儒学士人发起到政府利用和推广（由道德自觉到逐渐形成强制力）；乡约与法律逐步合流

中国古代的法治与教化

② 必修与选必一"西方国家古代和近代政治制度的演变"——资产阶级代议制的形成与发展。

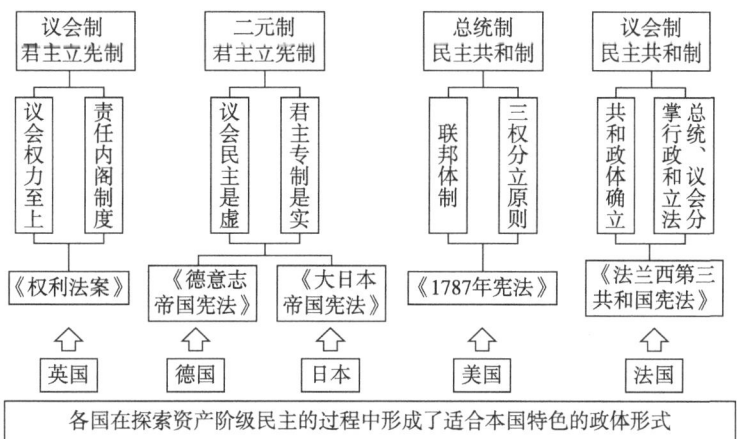

资产阶级代议制的形成与发展

③必修与选必一"中国古代货币制度的演变"(表 1-1)。

表 1-1 中国古代货币制度的演变

特点	标志
①自然货币→人工货币	(二里头文化)海贝→商铸铜币
②形制不一→统一形制	战国诸侯国货币多样→秦统一圆形方孔钱(一直到民国初期)
③地方铸币权→中央铸币权	汉初郡国自由铸钱→汉武帝时中央统一铸造
④文书重量→通宝、元宝	半两、五铢钱(24 铢为一两)→唐李渊开元通宝
⑤金属货币→纸币	铜钱、铁钱→北宋"交子"四川铸铁钱一贯 25.8 斤,买一匹丝织品要付 130 斤铁钱

"双减"背景下,课堂教学中带给我们的启发:第一,精准确定学习目标,减少不必要的损耗,让所有的教育教学目标都符合师生的成长规律。第二,不要把减负简单理解为少留作业或不留作业,必要的练习万不可缺少,学习过程的完整性万不可忽略,不能为减负而减负。选取、设计、改造精准的练习,快速达成教与学的目标,才是"减负"的正确道路。第三,发挥教师的主导权,搭建知识框架,敢于取舍、科学取舍、吃透课标精神而删减,减负的同时提升学生学习的效能。"双减"实施后的课堂教学,方法多样、途径丰富,不论采用何种方法,加强对学习本质的理解和重视,是解决问题的金钥匙。

大概念教学导向下的历史单元整体教学策略与实践

学科大概念是指具体学科知识背后的更为本质、更为核心的概念或思想，它反映学科的主要观点和思维方式，是学科结构的骨架和主干。素养导向的历史单元整体教学要根据大概念构建学习内容框架，设计教学过程及环节，组织和开展教学活动，引导学生在大任务、大问题的统领学习过程中构建合理的历史知识结构，掌握研究历史的方法和路径，确保历史教育的正确方向及立德树人根本任务的落实。结合高中《中外历史纲要》第七单元"中国共产党成立与新民主主义革命的兴起"教学，探讨"大概念"引领下的历史单元整体教学设计与实施。

一、提炼大概念，明确单元教学主题

大概念教学要突出素养导向，需要教师深度解读课程标准，并基于教材大单元编制特点，从单元整体教学高度，提炼符合单元知识逻辑和教学逻辑的大概念，让单元整体教学主题从模糊走向清晰。在宏观方面，解读课程标准。课程标准是课程教学的行动纲领，对高中历史单元整体教学具有宏观引领作用，对历史教学基本规范进行了明确，也明确了历史教学质量要求。教师在提炼单元整体教学主题时，应强化课程标准解读和引领意识，让大概念和单元教学主题符合课程标准理念和要求。《普通高中历史课程标准（2017年版2020年修订）》对"中国共产党成立和新民主主义革命的兴起"相关内容提出具体要求：认识五四爱国运动的历史意义，认识马克思主义在中国的传播与中国共产党成立对中国革命的深远影响；认识国共合作领导国民革命的历史作用；了解南京国民政府的成立；认识中国共产党开辟革命新道路的意义；认识红军长征的意义。对课程标准进行分析，可以提炼出两个关键词：新民主主义革命、中国共产党。从两者的逻辑关系分析，新文化运动解放了人们的思想，使马克思主义得以在中国传播，为中国共产党的诞生创造了条件；中国共产党的诞生又改变了中国革命的面貌，推动新民主主义革命不断走向深入。通过解读课程标准，从宏观上明确单元教学的主要内容和教学内容所在的知识体系，让单元教学逻辑得以清晰起来，为提炼大概念和单元教学主题提供方向引领，确保大概念和单元教学主题的准确性。在微观方面，挖掘教材内容。解读课程标准从宏观上明确大概念和教学主题提炼的方向。然而，大概念和教学主题要对单元整体教学发挥引领价值，需要从微观着力，深度挖掘教材内容，把握教材编制特点和目标，从而使大概念、单元教学主题与教材高度契合。从单元所在的知识体系分析，本单元内容是基于旧民主主义革命的不彻底性导致革命成果被窃取，从而引发五四运动，拉开新民主主义革命的序幕。本单元一共包括两课，分别是"五四运动与中国共产党的诞生"和"南京国民政府的统治和中国共产党开辟革命新道路"。把新文化运动的内容整合到这个单元主题中来，联系新文化运动掀起思想解放的潮流，在新思想推动下，爆发了五四运动，拉开新民主主义革命序幕，也使得中国共产党应运而生。因此，教材围绕"新民主主义革命"和"中国共产党诞生"核心内容，揭示了两者的历史逻辑。前者是后者诞生的历史背景，后者又推动前者走向深入，推动中国近代史新发展、大发展。基于课程标准和历史教材双重解读，形成本单元大概念的基本框架：新文化运动拉开了思想解放的闸门，触发了五四运动，宣告旧民主主义革命的结束和新民主主义革命的开始，加速了马克思主义的传播，中国共产党应运而生，改变中国革命面貌。教师可以基于单元大概念框架，提炼大概念，根据单元教学逻辑和单元题目，确立单元教学主题。

二、解构大概念，构建单元教学体系

大概念的提炼为单元整体教学提供方向引领，其对单元整体教学价值的实现还需要进行分解，构建符合大概念的单元整体教学体系，让课时分配更加适合教学内容，并完成基于课时的子项目设计。解构大概念，确立单元课时。单元整体教学应基于历史课时教学特点，对单元大概念进行解构，根据大概念教学需求形成科学的课时分配，形成结构化的课时体系。不同课时互相关联，共同肩负起单元教学任务，促进单元整体教学目标的实现。根据大概念基本框架，围绕新民主主义革命，从新思想到新民主主义革命，再到中国共产党诞生，形成本单元的三个核心概念。基于单元大概念基本框架，可以按照三个核心概念对单元大概念进行如下解构：新思想→新文化运动；新革命→五四运动；新政党→中国共产党的诞生。每一个部分安排一个课时，引领学生经历新思想革命→新民主主义革命→中国共产党领导下的革命。通过课时分配，让本单元整体教学聚焦"新民主主义革命"主轴，突出"新"字，帮助学生从新思想、新革命、新政党三个维度，循序渐进经历单元学习过程，了解基本历史事实，理解相应的历史意义。解构子课时，确立各课子目。在完成课时分配基础上，教师需要基于课时教学内容，对各个课时项目进行分解，让教学课时与教学内容有机对接。各课下的子目设计需要解读课时教学内容之间的逻辑关系，按照课时核心概念，让课时子目互相配合，形成结构化的内容体系。课时子目的设计将碎片化的知识点联结成整体性大概念进行阐释，以更好凸显课时内容各个知识点之间的关系，以达到单元整体教学的目的。围绕"新思想"，可以分为三个课时子目，分别是新思想的兴起、新思想的内涵、新思想的意义。三个课时子目按照历史逻辑环环相扣。"新革命"部分，可以设计"新革命的爆发""新革命的扩大""新革命的意义"三个部分。三个课时子目按照事件逻辑，从历史现象深入到历史意义。"新政党"部分，课时子目可以分为"新主义""新政党""新革命"三个部分，揭示马克思主义对中国人民思想的影响，了解中国共产党诞生的历史事实，再到中国共产党领导下的新革命和历史意义。通过解构子课时，不仅实现各个课时之间的有机关联，而且使课时内部历史知识点形成一个有机整体。历史教学内容按照知识点之间的逻辑关系呈现给学生，又与学生认知规律保持高度一致，实现历史教学逻辑和学生认知逻辑的高度一致，为大概念贯穿历史单元整体教学提供支持，也保证教学从传授历史知识、技能向培养历史素养转变。

三、贯穿大概念，推动单元深度学习

单元整体教学视域下，课堂学习实现质的飞跃，从浅层学习向深度学习升级。教师应基于单元整体教学和深度学习需要，坚持以大概念贯穿单元学习过程。创设情境，感受新民主之新。初中历史学科和其他学科不同，它以客观事件为依据。因此，基于大概念的单元整体教学应重视创设教学情境。通过直观的教学情境，丰富学生历史学习体验，引领学生由浅入深地经历学习过程，让历史学习存在于"历史现场"中，带给学生身临其境的感受。这样才能有效激发学生探究历史真相的热情，深度体会历史事件揭示的历史价值，如"新思想"部分，可以以一组图片和历史事实作为情境素材，展示陈独秀、蔡元培、鲁迅、胡适等人物，以及与人物相关的影视资料。基于收集的情境素材，再借助信息技术手段进行优化处理，按照时间主线呈现新文化运动推进的历史进程与新思潮。教学情境融图片和视频为一体，借助信息技术手段让一段历史呈现在学生面前。借助时间主线，新文化运动以动态化的形式呈现出来，为学生所感知、所体验。借助创设的教学情境，学生对新文化运动的认识更加立体，容易引起思想情感共鸣，真实感受新文化运动掀起的新思潮，以及对新民主主义革命的催生意义。任务驱动，因果关联促思考。历史学科教学往往借助于历史事实，引导学生分析历史事

件之间的关系，从而促进学生思维发展。基于大概念的单元整体教学，应坚持任务驱动，在明确学习任务的引领下，引导学生从现象进入本质，从历史事件的因果关系中积极思考，从而对历史事件形成深度认识，以历史思维发展为起点，促进学生核心素养协同发展。例如，"新政党"部分，可以设计这样一项驱动性任务：新民主主义革命时期，历史为什么选择了中国共产党？围绕这一驱动性任务，引领学生结合新文化运动和五四运动，探寻它们之间的因果关系。通过任务学习，学生认识到正是新文化运动解放了思想，引入了马克思主义，培育了一大批觉醒、先进的知识分子；随着马克思主义思想的传播，知识分子与工人阶级伟大力量结合起来，将马克思主义思想和中国革命实践有机结合起来，发动五四运动。如此，中国共产党的诞生就成为历史的必然。

四、深化大概念，优化单元整体学习评价

当前，以书面作业为主的评价形式已经难以适应大单元整体教学需求，需要教师基于大概念深化需要，对传统教学评价进行优化。实现评价任务化是一种有益的尝试，它将评价有机融合在项目任务中。通过任务活动，实现历史知识从碎片化走向结构化，从点状勾连成面。第四单元"新民主主义革命的开始"的学习评价，可以结合"建党百年"活动，围绕新民主主义革命设计这样一项评价任务："建党百年"策划组将开展庆祝活动，其中一个篇章是"新民主主义革命"。如果你是策划人，请设计一个策划方案。策划方案包括时代背景、重要人物、大事件、活动形式等。背景部分要突出中国共产党诞生的国内外时代背景，突出它对中国共产党诞生的意义；重要人物要选择新文化运动、五四运动和对中国共产党诞生具有深远影响的人物，简单阐述选择这些人物的原因；大事件部分要求选择具有重要历史意义的事件，对选择这些大事件的理由作简单阐述；活动形式部分可以根据各部分内容，选择合适的形式。评价融合于任务中，给单元整体教学评价提供有效抓手。评价任务促使学生积极运用知识积累和激发历史思维，也给教师评价学生提供依据。实施单元整体教学时，教师应统筹和安排单元核心知识，以整体渐进方式推进教学，促进有意义的历史学习的深度发生，促进知识整合、学生视野拓展和核心素养发展。

关于史料实证的核心素养如何赋能中学历史课堂的思考

一、史料实证课堂的教学方法和技巧

在史料实证课堂中，教师可以采用以下方法和技巧来引导学生进行有效的史料分析和实证研究。一是分析史料来源和可靠性。引导学生了解史料的来源，包括书面文献、口述记录、古代文物等。鼓励学生分析史料的可靠性，结合当时历史背景和作者身份等因素进行评估。提供学习材料和案例，让学生通过辨别真假史料来锻炼判断能力。二是运用多种史料分析工具。教授学生使用不同的史料分析工具，如时间轴、地图、图表、统计数据等。引导学生运用这些工具对史料进行整理、分类和展示，以便更好地理解历史事件和过程。鼓励学生将不同类型和来源的史料进行综合分析，形成全面的观点和结论。三是培养学生批判性思维能力。引导学生提出问题、发表异议，并就史料的真实性、客观性等问题展开思考和讨论。培养学生审视史料中的偏见和立场，培养辨别信息真伪的能力，避免盲目接受或片面理解史料。鼓励学生进行自主研究和深入调查，通过搜集更多的史料来验证和支持自己的观点。四是引导学生进行史料比较和对比研究。教授学生对不同史料之间的联系和相互影响进行比较和研究，以获得更全面的历史认识。引导学生对相同事件的不同史料进行对比，探究史料间的差异和可能的原因。激发学生对历史事件多元解读的意识，理解历史是多维度、多角度的。

二、史料实证课堂的挑战和建议

学生对史料实证的误解和困惑是史料实证课堂面临的一大挑战。许多学生可能会将史料实证简单地理解为背诵史料，或者接受史料中的观点而不加思考。为了克服这些问题，教师可以采用以下建议。一是向学生详细解释史料实证的真正含义，即通过对历史文献、物证等多种史料的分析和比较来追求真实的历史认识。让学生明白史料实证并非仅仅是验证某个观点是否正确，而是要客观、全面地研究史料，理解历史事件的发展和背后的复杂性。二是可以设计一系列的案例研究或角色扮演等活动，引导学生亲身参与到史料实证的过程中。通过实际操作，学生可以更好地理解史料实证的方法和技巧，并培养批判性思维能力。三是可以建立一个积极的学习环境，鼓励学生提出问题和讨论意见。教师应该倡导学生对不同史料观点进行对比，培养他们的自主研究能力和质疑精神。通过讨论和辩论，学生可以逐渐克服对史料实证的困惑，形成独立思考和判断的能力。在面对挑战时，教师应尽力与学生分享史料实证的方法和技巧，并通过积极的引导和实践活动来促进学生的参与和理解。只有通过不断地学习和实践，学生才能真正掌握史料实证的核心概念和方法，从而更深入地理解历史的真相。

三、强调对史料实证的重视与践行

史料实证在历史研究中占据至关重要的地位。它帮助我们了解过去事件的真实性，并为我们提供客观的历史证据。通过深入研究和分析史料，我们能够更准确地理解历史事件的发生原因、影响，以及其中的各种细节。史料实证可以消除盲目推测和主观臆断，使历史研究更加科学、严谨。因此，在教学中，我们应该高度重视史料实证，并将其贯穿于整个课程中。作为教师，我们应该在课堂中积极应用史料实证教学方法。通过多种渠道收集丰富的历史史料，包括书籍、文献、档案资料和互联网资源等。同时，我们应引导学生学会分析史料来源的可靠性，审查史料的真实性和完整性，并运用多种史料分析工具来研究史料。培养学生批判性思维能力，让他们能够自主思考并提出问题，进而深入探究史料背后的意义和价值。面对史料实证课堂中的挑战，如学生对史料实证的误解和困惑，可以通过建立良好的教学氛围和提供针对性的指导来帮助学生克服困难。鼓励学生进行史料对比研究，让他们从多个角度了解事件，提升他们的分析能力和判断能力。通过引导学生参与讨论和辩论，帮助他们更好地理解史料实证的重要性，并激发他们的兴趣和热情，积极投入到历史研究中。

关于"陶片放逐法"的几个问题的回答

在讲"雅典城邦的民主政治"这节时，我发现，学生最感兴趣的是"陶片放逐法"，但限于课时有限，第一次课后，学生对很多问题还存在疑惑，我觉得没有把问题讲透。为了激发学生探究历史知识的兴趣和解决学生的疑惑，我决定再上一次，这次我在课前布置学生查阅资料进而再提出疑问。整理了学生的疑问，筛选了以下几个问题：

①"选票"所使用的介质到底是"陶片"还是"贝壳"，抑或两者皆有？是否还有其他介质做成的"选票"？

②克里斯提尼改革中首创的"陶片放逐法"，为何没有立即付诸实施？

③投票选出的被逐者都是妨碍民主者吗？是否还有其他原因？

④陶片放逐投票中的6000票是指法定人数还是指参加投票的多数？

⑤"陶片放逐法"的使用，究竟怎样看待其利弊？……

带着这些问题，我重新设计了此课，把学生的疑问尽可能讲清楚。

一、是"陶片"还是"贝壳"？抑或其他的问题

"选票"所使用的介质到底是"陶片"还是"贝壳"，抑或两者皆有？是否还有其他材质做成"选票"的问题，提供了下面材料：

"陶片放逐法（Ostracism）"一词，希腊文意为"Óστραχισμόδ"，原由希腊文"Óστραχǒν"演变而来，"Óστραχǒν"一词原意即指贝壳。

故此，"陶片放逐法"在我国法律史学界大多被译为"贝壳放逐法"。那么，"选票"的介质究竟是"陶片"还是"贝壳"呢？

据记载，截至20世纪90年代，在雅典广场上发现了可以确认的1145片陶片，几乎囊括所有种类的陶器碎片，至于贝壳、甲壳之类的碎片则丝毫没有提及。

这一考古依据表明，雅典人是将碎陶片而非贝壳或甲壳作为投票介质的，所以"贝壳放逐法"是缺乏考古证据支持的。至于有的地方称之为"树叶放逐法"更缺乏有力的考古实证。下图为写有阿里斯提德（Aristeides）名字的陶片。

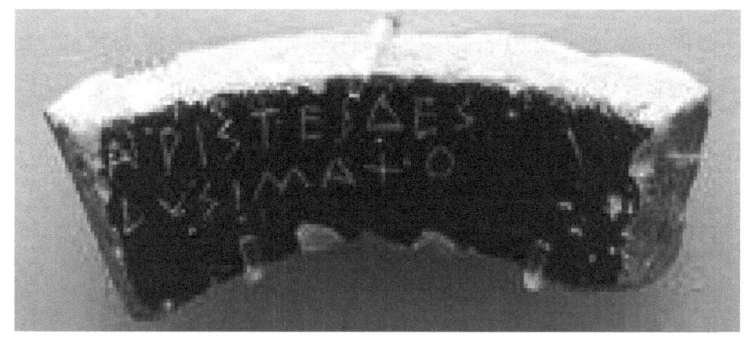

陶片

二、克里斯提尼改革中首创的"陶片放逐法"，为何没有立即付诸实施的问题

查阅资料的学生很细心，提出克里斯提尼民主改革中首创的"陶片放逐法"是在约公元前509年，而首次付诸实施该法是在约公元前487年，为何从首创到具体实施相差30多年呢？为了讲清"陶片放逐法"制定与实施时间相距较远的问题，我制作了表1-2。

表1-2 "陶片放逐法"制定与实施时间分析

会议	实施
时间：约公元前488年12月	时间：约公元前487年2月或3月
会议名称：雅典城邦公民大会第6次常务委员会	地点：雅典的阿哥拉（Agora）
地点：雅典	场地布置：阿哥拉中央用木板围出一个圆形场地，并留出10个入口，与雅典的10个部落相对应，以便同一部落的公民从同一入口进场
议题：常务委员会会询问公民大会是否需要进行陶片放逐投票，以使城邦摆脱影响力太大的人士	投票程序和规则：投票者在选票——陶罐碎片较为平坦处，刻上他认为的被放逐者的名字，投入本部落的投票箱。如果选票总数未达到6000，此次投票即宣告无效；如果超过6000，再按票上的名字将票分类，得票最多的人士即为当年放逐的人选，放逐期限为10年
结果：大会表决通过该提案	结果：前雅典僭主庇西特拉图（Peisistratus）的亲戚希帕科斯（Hipparchus）被放逐

根据古希腊哲学家亚里士多德在《雅典政制》中的记载，促使克里斯提尼创立放逐制度的直接原因是克里斯提尼与同为民主派领袖的毕达哥拉斯之间的权力斗争。为了孤立毕达哥拉斯，克里斯提尼采取了与前僭主势力希帕库斯合作的政治策略，同时创立陶片放逐法以制约希帕库斯及其政治集团。而希帕库斯集团在当时也的确接受了与克里斯提尼合作的提议，所以希帕库斯能在公元前496年成为执政官。但马拉松战役（公元前490—前489年）之后，雅典政权斗争纷起，希帕库斯所代表的前僭主势力对执政者地米斯托克利构成政治威胁，所以执政者地米斯托克利开始使用克里斯提尼所创立的陶片放逐法来对付自己的政敌希帕库斯，"陶片放逐法"就成为地米斯托克利施展政治恐吓的一种政治策略。

三、"陶片放逐法"实施中遭受放逐者的原因问题

从公元前487年"陶片放逐法"第一次实施开始，到最后一次公元前415年海柏波拉斯被逐之时的72年间，根据考古资料与文献记载相印证的结果，可以确定遭受放逐者共有12人。遭受放逐的原因仅仅都是因为妨碍民主吗？

"在'陶片放逐法'的实施历史上，因城邦内部权力斗争而被放逐的雅典政客不在少数，如希帕科斯就是作为前僭主势力而为民主派力量所放逐。此外，民主派内部的斗争也是雅典政客被放逐的原因之一，典型的如雅典政治家桑西巴斯与阿里斯提德的被放逐。根据亚里士多德的记载，桑西巴斯被逐于公元前484年，其被逐与僭主阴谋无关。"

"桑西巴斯与雅典执政官地米斯托克利原同属民主派，地米斯托克利出于个人恩怨，挑拨民众将桑西巴斯放逐。而阿里斯提德的被逐也与同为民主派的地米斯托克利相关，在雅典历史上，二人同为反波斯战争中的著名将领，但阿里斯提德反对地米斯托克利扩展海军的计划而主张加强陆军，几乎可以肯定，他因此而遭到放逐。"

由上面两段材料可以看出，雅典政客被逐的原因是雅典城邦内部的权力斗争。

除了雅典城邦内部的权力斗争的原因被逐之外，是否还有别的原因吗？

"公元前5世纪，雅典贵族派与民主派围绕与波斯关系问题展开激烈斗争，主张坚决反对波斯的民主派逐渐占据上风，由此造成许多支持波斯的贵族派政客被逐。这其中就有雅典贵族迈恩（公元前457年被放逐）的被逐，根据对出土陶片的研究，发现有雅典公民在放逐选票——陶片上书写'迈恩，卖国贼'字样。卡利色诺斯的被逐也

与此相关，在雅典阿哥拉的出土陶片中有一片即称他为'叛国贼'。"

由上面的材料可以得出，雅典与希腊其他城邦之间的政治关系，尤其是雅典与波斯、斯巴达之间政治关系的变化，也是许多政客遭到放逐的原因。

四、陶片放逐投票中的6000票是法定人数还是指参加投票的多数问题

喜欢探究的学生提出这个问题，说明他真动脑筋了，值得师生共同探讨。林榕年、叶秋华主编的《外国法制史（第六版）》认为，6000票为参加投票者的多数，即得票数超过6000者将被实施放逐；由嵘主编的《外国法制史》认为，6000为参加投票的法定人数，得票过半数者即被放逐。而在施治生、沈永兴主编的《民主的历史演变》一书中，作者从当时雅典城邦的人口和社会经济状况分析认为：

"从雅典人口的数目来看，到公元前431年，雅典的人口总数最高达到31万，其中公民及其家庭人口为17.2万人，伯罗奔尼撒战争使雅典人口锐减，在公元前400年，约有2.2万男性公民。作为放逐投票的主体——绝大多数雅典中下层公民，由于生活窘迫，根本无暇过问政治。在伯里克利执政以前，雅典公民参见公民大会并没有物质报酬，只是到了公元前4世纪初才发给津贴。所以大多数贫民不可能扔下手中的工作而每隔几天就去参加公民大会。特别是住在边远地区的农民，往返雅典路途不便，在城里又无栖息之处，因此很少进城参加公民大会，而在农忙季节更是不可能进城参加政治活动。"

根据上面的材料，6000作为"陶片放逐法"实施的法定人数具有更大的合理性。到目前为止，一般欧美学者均认定6000之数是指法定人数。

五、"陶片放逐法"的优点和弊病问题

在探讨"陶片放逐法"之优点和弊病问题上，有的学生出示了"苏格拉底之死"的图片和文字材料，由此对该制度大加鞭挞，痛陈其弊病。有的学生还引用了《苏格拉底的审判》一书的作者斯东的话："审判苏格拉底的自相矛盾和可耻的地方是，以言论自由著称的一个城市竟然对一个除了运用言论自由以外没有犯任何其他罪行的哲学家提出起诉。"对此法的利弊应该结合材料与学生这样分析：

"陶片放逐法"的优点在于：每个公民都可以通过陶片表达自己的政治意见和愿

望，体现了古代雅典民主政治的广泛性；有利于淘汰那些没有维护公民利益的官员，反对有损公民利益的行为，同时可以约束官员的行为，消除不稳定因素，从而有利于国家的稳定和正常民主秩序的维护。据记载：在萨拉米斯海战（公元前480年）之前，由于战争的需要，阿里斯提德被召回，并协助地米斯托克利打赢了这场战争。这说明面对城邦的整体利益和安危，不同派别之间也会有合作。"陶片放逐法"既是严厉的、具有震慑作用的制度保证措施，也兼有宽容和策略的一面，正如廖学盛先生在其《廖学盛文集》中所说：

"'陶片放逐法'在希波战争中的运用，可以说是雅典解决政治纠纷的一种卓越的创造。这种方法，既保留了被流放者的公民权和财产，又不株连任何人，仅在一定的时间内剥夺个别领袖人物在雅典内部从事政治活动的可能性，既可以削弱雅典内部的政治斗争，又不致过分伤害被流放者本人及其追随者。由于这一方法真正体现大多数公民的意志，因此能够促进政局的稳定，比起大规模的镇压和放逐要好得多。"

但"陶片放逐法"也有其难以克服的弊病，这个弊病就是依此法做出的判决，在相当程度上取决于公民的情绪，而公民的情绪常常因受一些政治家的鼓动而波动不定。因此，公民对官员优劣的判断未必都能深思熟虑，用陶片投票做出的判决也就未必准确。雅典民主政治后期，党派斗争频繁尖锐，一些政客常常以民主为号召，鼓动民众把"陶片放逐法"作为打击政敌的武器。

"据说一个不识字的粗鲁汉子把他的贝壳递给阿里斯提德，认为他是一个普通百姓，叫他在贝壳上写下阿里斯提德的名字。阿里斯提德惊住了，问这个人：'阿里斯提德什么地方错待了你？''什么也没有'，这个人回答说，'我甚至还不认识这个人，但是到处都称呼他为正义，我实在听烦了。'听到这里，阿里斯提德一声不吭，只是在贝壳上写上自己的名字，并把它还给他。"

陆永庭、吴彭鹏翻译的《希腊罗马名人传》中就记述了雅典政治家阿里斯提德在陶片放逐投票时的情景。

老师在讲述"雅典城邦的民主政治"这节课时，通过虚拟的情景创设，学生的确很快融入历史中，但历史课除了兴趣之外，更本真的是符合历史现象的真实。综上所述，老师在讲述学生感兴趣的历史问题时，没必要生搬硬套地把不符合历史真实的材料拿来，完全可以翻阅一些可信的资料，把历史问题讲清，还历史本来面目。

【此文发表在2012年第9期《中学历史教学参考》】

参考文献

[1] 林榕年. 外国法制史新编[M]. 北京：群众出版社，1994：144.

[2] 何勤华. 外国法制史[M]. 北京：法律出版社，2001：69.

[3] 邵欣欣，郭小凌. 是"陶片放逐"还是"贝壳流放"？——"Ostracism"释义[J]. 史学集刊，2009(2)：42-45.

[4] 韦尔斯. 世界史纲[M]. 曼叶平，李敏，译. 北京：北京燕山出版社，2004：218.

[5] 苗力田. 亚里士多德全集[M]. 严一，译. 北京：中国人民大学出版社，1997：26-28.

[6] 约翰·索利. 雅典的民主[M]. 王琼淑，译. 上海：上海译文出版社，2001：108.

[7] 林榕年，叶秋华. 外国法制史[M]. 6版. 北京：中国人民大学出版社，2014.

[8] 由嵘. 外国法制史[M]. 北京：北京大学出版社，2000.

[9] 施治生，沈永兴. 民主的历史演变[M]. 北京：北京出版社，1982：29.

[10] 廖学盛. 廖学盛文集[M]. 上海：上海辞书出版社，1995：26.

[11] 普鲁塔克. 希腊罗马名人传[M]. 陆永庭，吴彭鹏，译. 北京：商务印书馆，1999：320.

文明框架·文化立意·现实关怀

——简析2015年高考北京卷第37题背后的文化立意

语言文字是人类传递信息、交流思想最具魅力的工具，是一个民族最具代表性的象征，也是一个国家和民族精神文明建设的重要内容。语言和文字对于当今社会而言是一种不可或缺的基本工具，语言的发展促进了人与人之间的交流，文字的发展传承了语言和民族文化，促进了生产力的提高。一个国家和民族兴旺发达离不开语言与文字的发展。2015年高考北京卷文科综合第37题，是历史学科综合题，以"历史语境中的语言与文化"为核心立意，着力考查以汉语言为载体的中国优秀传统文化，体现中国传统文化与时俱进的强大生命力，引导考生加深对汉语言这一文化载体的理解，自觉传承中华民族的优秀传统文化。本题无论是命题的深刻立意，还是选取材料均有一定的深度与内涵，是一道较好的试题，凸显了文化文明的高度，确实是一道令人耳目一新的佳作。以下是原题及立意分析。

材料一： 汉语是世界上最古老的语言之一。秦汉时期，汉字形成统一的书写规范。官学、书院、私塾大都使用汉语，科举考试亦然。北魏孝文帝改革将汉语作为"正音"。清朝确立在全国的统治后，很快将汉语作为官方语言。日本等周边国家的语言也受到汉语影响。

拉丁语最初是古罗马人的语言。公元1世纪，标准拉丁语形成，与希腊语等一起成为罗马帝国学校的教学语言。罗马帝国解体后，拉丁语的日常口语功能逐渐丧失，成为一种书面语言。17世纪末期以前，西欧的学术著作大都使用拉丁文撰写，意大利、西班牙、葡萄牙、法国等在拉丁语的基础上，发展出自己的民族语言。

（1）阅读材料一，结合所学，概述上述两种语言文字发展演变的异同。（8分）

此问比较古代东西方最重要的两大语言体系——汉语和拉丁语在文化传承方面的

异同，意在探寻东西方文化之根，并凸显中国文字的源远流长。秦汉帝国和罗马帝国都是广土众民的大帝国，维系帝国的强大与统一，除了政治制度的创新、经济实力的发展和强大军队力量的硬实力保障外，还必须增强文化的软实力，统一的语言（文字）成为文化软实力的重要手段。秦始皇统一中国后，文字、度量衡、文化和思想是统一的，逐渐形成全境内民族的认同感，这时的文化成了跨越时空的载体，成为一种无形的力量，发挥了巨大的民族凝聚力，这也是中华民族生生不息的密码。尽管汉语和拉丁语都是历史悠久、东西方文明的重要载体，以及形成各自的文化圈，但罗马帝国只是在武力上统一，并没有统一文字，没有做到文化、思想上的统一，所以罗马文明的流传不能像中华文明这样绵长。与罗马文明相比，我们确实有强烈的民族自豪感。

材料二：16世纪，英语主要是英格兰人的语言。到18世纪中后期，英语已扩展到英国的殖民地，并在国际商贸活动中广泛使用。二战后，英语逐渐超越其他语言，成为科教领域和众多国际组织的通用语言，被称为语言的"日不落帝国"。

（2）阅读材料二，分析英语发展成为语言的"日不落帝国"的历史原因。（12分）

纵观世界，新航路开辟以来的历史，大凡殖民扩张的国家，在以武力逼迫前提下，除了越洋抢滩，掠夺金钱，贩卖奴隶，开辟市场，建立殖民统治外，还无一例外地"推销"自己的文化，文字、语言就是其中之一，也是重要殖民统治的载体。现今为什么有那么多的国家（地区）的官方语言是葡萄牙语、西班牙语和英语，答案不难理解。一个民族的灭亡，并不是这个民族的人全死掉了，而是在这个民族的人身上不再存在本民族独特的文化了，难怪纳粹狂人希特勒叫嚣：要消灭一个民族，首先要瓦解它的文化；要瓦解它的文化，首先要消灭承载它的语言；要消灭这种语言，首先从他们的学校下手。对于我们来说，历史也并不远，日本在中国的殖民统治期间推行的奴化教育体制，就是旨在毁灭中华文化，扭曲中国人的意志，泯灭中国人的民族精神，从而达到亡族灭种，统治中国的阴险目的。此问背后深刻的立意是：一个国家的强大不仅体现在制度进步、经济发达、军事强大和科技领先等"摸得见看得着"的硬实力，还要有维系这种硬实力的软实力——本民族的文化。进入21世纪，我们在世界范围内开设的孔子学院，就是增强文化软实力的重要表现，既弘扬了我们优秀的传统文化，又是一种积极传承的载体。

材料三：20世纪10年代，《新青年》杂志有过一场关于汉字存废问题的讨论。主张废汉字的学者认为：汉字难识难写，不便推广；"新理新事新物之名词，一无所有"；"欲使中国民族为 20 世纪文明之民族，必以废孔学，灭道教为根本之解决，而废记载孔门学说及道教妖言之汉文，尤为根本解决之根本解决。"

近代以来，汉语中也出现了大量的新词汇。表 1-3 为新词汇示例。

表 1-3　新词汇示例

创造新词的方式	繁体字	1956 年后推行的简体字
音译外来词	沙發、牛頓、布爾什維克	沙发、牛顿、布尔什维克
赋予旧词新含义	共和、格致學、計學、總統	共和、科学（格致学）、经济学（计学）、总统
其他	西學、洋錢	西学、洋钱

（3）阅读材料三，结合所学，分析"废汉字"主张提出的时代背景；（6 分）以"挑战与应对——百年来汉语的变迁"为主题，对表 1-3 进行解读。（10 分）

要求：提取信息充分；总结和归纳准确、完整；解释和分析逻辑清晰。

考题中的前两问是构成第三问的宏大历史背景。在开阔的世界视野中，聚焦百年来汉语言的变迁，引导考生从"挑战与应对"的角度，结合材料分析百年来汉语的演变，旨在考查考生如何历史地看待中国传统文化不断接受挑战，走向现代化与世界化这一重大问题。由于时代和认识的局限性，新文化运动时期的文化闯将们对东西方文化存在着要么肯定要么否定的认识，致使有的人提出"废汉字"这样极端、偏激的主张，其实这只是一家之言，难成气候。汉字历经几千年的发展，本身就有坚不可摧的魅力和影响力，一朝废弃，难于登天。近百年来虽然在汉字存废问题上的争论不绝于耳，但汉字巍然屹立，这再次证实我们的传统文化具有存在、传承和发扬的强大生命力。历史可鉴，近代的土耳其为了彻底脱亚入欧，1928 年，在凯末尔的强制推行下，用了一千多年的阿拉伯字母被拉丁字母彻底取代，整个土耳其人也只是在文字上彻底脱亚入欧了；蒙古国成为苏联的卫星国后，蒙古文字很快就被俄罗斯字母彻底取代，而以前用了上千年的蒙古字母被彻底废除，导致蒙古国的人要到中国来学习真正的蒙古传统文字。土耳其和蒙古国还只是割裂了文字，自己的文字并没有消亡。最悲惨的是文明古国伊朗，被阿拉伯人征服后，自己的波斯字母文字被彻底废除，波斯文在现代成了"死去的文字"。我们的邻居韩国，只用了一代人的时间，用自己的韩文字母彻底代替汉字，导致韩国文化断层，很多年轻的韩国人无法阅读自己国家的古代文献。

汉语言文字作为中华民族思想文化的载体，承续着历史的脉络，彰显着文明的递嬗。不可否认，在作为公共传播工具的网络日益普遍化与全民性的今天，网络文化对传统汉字书写造成了强烈的历史性冲击。写字强化民族文化记忆的工具性作用，以及表情达意的艺术作用日渐式微。汉字书写的意义，既包含着思维活动方式的基因，又包含着中国人最基本的人伦价值观念。汉字书写是中国人对民族传统文化的特有表述，也是民族的独特文化符号。我们应从汉字书写角度出发去认识汉字、善待汉字，发现汉字之美、之善、之真，以及其本源性与创造力，这除了能够强化母体文化记忆，还可以发扬光大汉字自身的文化内涵，并承担起传承民族文化的历史责任，守住民族文化的根脉。

纵观"历史语境中的语言与文化"这道佳作题，2015年北京文综考卷的37题既注重考查考生的历史素养与人文情怀，又注重考查考生的民族自豪感与历史使命感，并具有开放的世界意识。所选材料既注重中国传统文化，又涉及人类文明的优秀成果，把中国史与世界史置于人类文明演进的框架中加以反思与考察，一则梳理源流，多角度展示中国传统文化，旨在加深对中华优秀传统文化的理解，进而继承并弘扬之；再则立足本国开阔视野，在比较中认知世界各国各地区文明发展历程，进而理解不同的文明和族群，此乃人类相互理解和谐共处的前提与关键。

【此文发表在2015年第8期《中学历史教学参考》】

历史教学中核心概念的提炼和把握

——以秦汉时期"小农经济"为例

"小农"一词，学界常用，其实这是一个很难界定的概念。这里主要是指拥有小块土地以户为生产单位的自耕农、半自耕农，也包括因自己土地不足而租种一部分土地的佃农。人教版对小农经济的表述："春秋战国时期，铁农具的出现和牛耕的逐步推广，提高了社会生产力。伴随着封建土地私有制的确立，以一家一户为单位男耕女织的小农经济逐步形成。那时的农民，生产主要是为了满足自家的基本生活需要和交纳赋税。这种自给自足的自然经济，是中国传统农业社会生产的基本模式。"岳麓版中的表述与其基本相同，另外还有如下的表述："在没有天灾、战乱和苛政的情况下，'男耕女织'式的小农经济可以使农民勉强自给自足。自耕农除盐铁之外，一般不必外求……"

如果为了应付考试，教材怎么讲教师就怎么教，但历史教育的功能绝不是为了应对考试这样浅陋简单。老师应以史实为依据把握核心概念，讲透讲明核心概念，还原历史概念的真面目，让沉睡的历史鲜活灵动起来，打造出有历史韵味和温度的课堂，把开拓学生视野、培养学生思辨能力、激发学生学史兴趣践行于我们的课堂中。

小农经济是中国古代农业发展史上的重要概念，对这一概念，本文要探讨以下几个问题。一是男耕，秦汉时期男子耕种的土地是私有还是国有性质；二是女织，女人所使用的织机和原料能否以家庭为单位进行操作；三是自给自足，小农家庭所需除盐铁之外真的一般不必外求吗？四是耕织结合，耕与织密切结合是经历一个漫长的历史过程的，而不是自小农经济出现就紧密结合在一起的。

一、男耕

男人耕作的土地是私有还是国有性质？人教版和岳麓版关于土地私有的表述虽然不尽相同，但基本上都表明了土地私有制发展路径是与春秋战国时期税制和政治改革有关。春秋前期齐国管仲的"相地而衰征"；公元前594年，鲁国实行"初税亩"；战国时期大举变法，尤其是秦国的商鞅变法措施中的"为田开阡陌封疆"。这些改革使土地私有化，承认私人占有土地的合法性，使井田制这一国有土地制度逐渐让位于土地私有制。那么，"承认私人占有土地的合法性"之中的"私人占有"是使用权还是所有权？如果是使用权就不能称之为土地私有，只有使用权的土地能自由买卖吗？如果是所有权才能称之为土地私有，只有对土地拥有所有权能够买卖的可能性才具备。男人耕种的土地究竟是私有制还是国有制？史学家对这一问题争议与分歧很大。当老师面对学生的质疑，拿出史学研究的最新动态和成果，供学生思考和判断，可激发学生学史兴趣和提高分析历史问题的能力。

从云梦秦简、银雀山汉简、青川秦牍和张家山汉简等考古发掘出的简牍中，都确认了在井田制瓦解或废除后，战国到秦统一时存在着"授田"这一历史事实。"授田"也叫行田、分地、均田，受田的农民叫公民，是中国历史上第一代小农；授田制是井田制废除后各国普遍实行的基本土地制度，土地所有制的性质是国家所有。"授田制与土地买卖是互不相容的对立物"，这与教材上所表述的"承认私人占有土地的合法性，允许自由买卖土地"相悖。那么，教材中所表述的"承认私人占有土地的合法性"中的私人占有是怎么来的呢？主要是指商鞅变法中，通过取消采邑制，代以县制，以军功"家次"名田宅而形成的土地私人占有。商鞅变法中，还通过"集小乡邑聚为县"等措施，完成对村社土地的集中和垄断，然后"制土分民"，按户计口授田。所以，从总体上讲，商鞅变法中土地制度的改革实质上是土地国有化，但在国有化的过程中，将村社土地占有制变为普遍国有与私人占有的二级结构。这就弄清允许自由买卖的土地是哪一部分的土地了。其实，自秦始皇二十一年实行的"使黔首自实田"才是土地私有制在全国确立的标志，此后国家不再实行授田，实行按照户籍、爵位占田的"名田制"，名田制是土地占有制，具有国有制向私有制过渡的性质。虽然以后土地私有制充分发展，但国家的授田制并未完全消失，并在北魏孝文帝改革推行的"均田制"中得以复活，并被隋唐继承，直到宋代正式结束。

二、女织

女人所使用的织机和原料是否都适合独自以家庭为单位进行操作？

先说丝织。植桑养蚕再缫丝，这是丝织业事先必备的工作，有了丝，才能织成素、帛、绢、绫、锦等初级丝织品料，之后再经过裁剪、缝纫等工序加工才能制成衣服。从种桑、采叶、育蚕、缫丝、纺织、裁剪和缝纫等过程中，不仅要投入人力物力，还需要掌握许多专门技术，任何一个小农家庭都不可能一气呵成，最多只能完成其中的几道工序而已，尤其是缫丝技术，专业性更强，每一个小农家庭都能掌握的可能性太小。既然缫丝技术不能家家掌握，那么，小农家庭植桑养蚕得茧后若不能缫丝，就只能出售，所以，茧必然成为商品。湖北云梦出土的《秦律·法律答问》有关律条说："或盗采人桑叶，赃不盈一钱，何论？赀徭三旬。""甲盗钱以买丝，寄乙，乙受，弗知盗，乙论何也？毋论。"通过这段秦简记载得知，桑叶有价，丝也得用钱买，桑叶和丝必然成为商品了。从《史记·货殖列传》中所记载的地区物产情况看，秦汉从事桑蚕、丝织的主要地区是蜀和齐鲁，其他地区小农即使普遍植桑养蚕，其生产规模和能力也应该是较小的，家庭所用的丝织原料也需从市场采购。因此，小农家庭所从事的丝织生产，具有很强的商品生产性质。

再说麻织和棉织。丝织品是奢侈品，专供皇亲国戚和达官贵族服用，农民能织少量的绢帛，也主要是为了完税（明代以后，才更多地进行商品生产），普通百姓只能"望丝兴叹"。大量丝织品的生产，基本上属于官营手工业作坊的经营范畴。所以，女织所用的重要原材料是麻和棉。

古代种麻的范围不太广，直到北魏颁布均田制才规定不适合种蚕桑的地方改授麻田。麻的品类中最适于服用的是苎麻，它主要产自南方，而且麻是不适合长途运输的。因为，整株麻剥皮后风干很快，干后的麻秆不好沤制，即便沤制也是"久而不析则亦烂"。历史文献中常常见到麻布的流通，很少见到麻的运输销售。而棉花出现后却呈现出"泛海而鬻诸南"的景象，所以，家家户户用麻纺线织布是有一定困难的。事实上，织棉布的农户最多时也只占全国总农户一半以下，织麻布的农户所占比重肯定要比织棉布的农户小得多。比如，在苎麻产区江西宁都州，"俗无不缉麻之家"，可是缉成之后，还得"请织匠织成布"，这样的人家，就不能称之为完全意义上的家庭生产了。

麻是韧皮纤维，需先脱胶，才可以析出。葛麻尚可以在自己家中用煮法脱胶，而苎麻则须在相当大的麻池中浸沤，水要清，生熟得宜，这样规格的麻池绝不是每个家庭都能置备的。史料中所谓的"东门之池，可以沤麻""东门之池，可以沤苎"，说明了加工麻是有相对固定地点的，而不是自家房院里外所能操作的。

到元代，虽然纺织技术进步了，但纺麻仅靠独立的家庭作业也难以完成。在《王祯农书》中画有五锭脚踏纺车，一天可纺麻二斤，画有三十二锭的大纺车，昼夜可纺麻一百斤。这种大纺车与近代纺机构造原理基本一致，实际已是一部机器，它的锭是平列车底，用皮弦带动；有左右飞轮，用人、畜、水力作动力。可是这种大纺车，长二丈多，高五尺有余，结构复杂，需要专门的技术人员操作。它是每家把麻拿来共同生产的，"秤绩分卢"，一家的原料很难满足大纺车昼夜开动生产。

棉花的情况与麻大不相同。大约宋末已在海南岛和云南等地植棉，元代进一步普及，明初太祖朱元璋大力鼓励植棉，明清时期凡是适合植棉的地方都有棉花种植，"地无南北皆宜之，人无贫富皆赖之"。运输棉花比麻要方便，几乎所有棉产区都有运输和销售的记载，便于运输、原料易得使家家户户纺纱织布成为可能。明代纺车比元代有很大改进，一人可当三人，还有的可当四人或八人。棉纤维短，只能用小纺车，宋应星在《天工开物》中所画的棉纺车，就是单锭手摇式小纺车，这也是我们常见的纺车。正因为其简单实用，老妪稚女都能操作；并且便宜，家家户户都可置备；较少受场地限制，炕头上屋檐下随地随时都可以劳作；时作时息，任何空余时间都可利用，这时纺纱织布才真正成为农家妇女的必修课。现在到上海纺织博物馆，还能看到历史上松江有名的"金泽锭子谢家车"，就是简便易操作的单锭手摇纺车。直到抗日战争时期，根据地进行轰轰烈烈的大生产运动，仍然使用的是这种单锭手摇纺车。

受限于纺织工具、场地原材料、地域和生产力等因素，耕织结合的小农经济自战国形成起，在相当长的历史时期内，结合的程度不是那么紧密，言之绝大多数妇女从事纺织生产与史实有出入。专事纺织的家庭妇女也不是没有，但前提是家庭其他劳动力能把农活做完或男子另有生计。到明清时期，棉花种植遍及大江南北，纺织工具简便易操作、织布场地不受限制、原材料易得、棉布保暖优于麻布和社会商品经济发展等因素的影响，使耕织结合得越加紧密，除了自给自足外，还进行商品生产。故此，我们不能把"男耕女织"作机械式理解，它是一种自然分工而不是实际生活中的明确分工，将其称为"农副结合"或"主副结合"似乎更好理解。

顺便再强调一点，秦汉时期政府严格推行"重农抑商"政策的原因之一，是地多人少，只有保证足够的劳动力才能保证官府的财政收入。此时的妇女除操持家务外，和男子一样是重要的劳动力，家庭的穿衣问题，很大程度上依赖市场才得以解决。隋唐以后，地少人多，加之政府"重农抑商"政策的松弛，从农业劳动力中分离出一些人专事商业生产，满足农业家庭生产生活所必需。强调这一点，是为了解答"自耕农除盐铁之外，一般不必外求"的疑惑。限于本文主要是以秦汉为例的主题，不再赘述隋唐以后社会商品经济发展和商贸情况及小农家庭生产。

三、秦汉的小农家庭"自给自足"情况

教师在讲述自给自足小农经济时，常用"日出而作，日落而息""几十亩地一头牛，孩子老婆热炕头，吃喝住用不犯愁"等语句描述，自然让学生联想到"开轩面场圃，把酒话桑麻"的诗句，眼前展现的是一幅田园牧歌式的画卷。在古代社会，农民

生产生活真的如此吗？"在没有天灾、战乱和苛政的情况下，'男耕女织'式的小农经济可以使农民自给自足"，教材中这样的表述，我们可以把它理解为是一种假设，或者说是一种理想状态。其实，古代社会天灾不断，战乱频仍，苛政暴敛，小农家庭真实的生产生活是什么样呢？

（一）秦汉时期农业生产发展水平

（1）每个农业劳动力一年生产的粮食量

《汉书·食货志》中记载汉文帝时晁错所言："今农夫五口之家，其服役者不下二人，其能耕者不过百亩，百亩之收不过百石。"《汉书·食货志》还记载战国李悝所言（实际说的也是西汉初年的情况）："今一夫挟五口，治田百亩，（平年）岁收亩一石半，为粟百五十石。"《管子·治国》篇记载西汉初年的情况是："常山之东，河汝之间，……中年亩二石，一夫为粟二百石。"

战国秦汉的"一夫"常指一个耕作单位，即一家，一家一般有两个劳动力；汉代量制有大石小石两种，我们按大石计算，一石约合现在的 27 斤。晁错所言的两个劳动力耕种收获不过百石，那么一个劳动力年产粟约 50 石，约合现在的 1350 斤。李悝所言的百五十石，即一个农业劳动力年产粟约 75 石，约合现在的 2025 斤。《管子》篇中所言的一夫为粟二百石，即一个农业劳动力年产粟约 100 石，约合现在的 2700 斤。从中我们得知，汉代正常年份一般田地每个农业劳动力年产粮数（粟）在 1300 斤到 2700 斤，取其平均值，汉代每个农业劳动力年产粮数（粟）大致在 2000 斤。

（2）每个农业人口一年消费的口粮量

许多记载都说明汉代一家平均五口。《汉书·食货志》记载大小口平均每人月食粟一石半。《居延汉简》记载西汉屯田卒及家属每月领取口粮数是戍卒本人每月二石，大男一石八斗，大女、使男一石三斗，使女、未使男一石，未使女七斗。那么，每家五口每月口粮在 6 石至 7.7 石，每人每月口粮在 1.2 石到 1.54 石。（注：大男、大女指 15 岁以上的，使男、使女指 7 岁到 14 岁的，未使男、未使女指 2 岁到 6 岁的。）西汉的《氾胜之书》记载，丁男长女年食三十六石，一月三石，平均每人一石半，这与《汉书·食货志》所说相近。秦汉记载中涉及当时人食量的有几十条材料，其中成年人每月食量从一石到三石不等，一般是二石。把大人、小孩整体统计，正常情况每个农业人口口粮平均每月在一石五斗，即每年大约食粟 18 石，折合 486 斤。

（3）全国人均占有的粮食量

据《汉书·地理志》和《后汉书·郡国志》等所列举的十一二个全国户口数字，从西汉末到东汉后期，全国人口大致保持在五千万人，其中农业人口约占四千万，一家五口，两个劳动力，每个劳动力年产粮约2000斤，则每年粮食总产量约为320亿斤，全国每人平均占有粮食约640斤。

通过以上的分析，我们大致知道了每个农业劳动力年产粮约2000斤，每个农业人口每年口粮约486斤，全国每人每年占有粮食约640斤。每个农业劳动力一年生产的粮食量，是农业生产力水平的主要标志；每个农业人口一年消费的口粮量，在一定程度上反映了农民的生活水平，可以看出当时农业劳动能提供多少剩余产品。人们不禁要问，秦汉以后是什么状况呢？秦汉以后，随着人口的增长、耕地面积的扩大、耕作技术的进步，小农经济虽然有所发展，但农业劳动生产率、每个农业人口的口粮数和全国每人平均占有的粮食数，仍在汉代已经达到的水平上徘徊。分析完以上的数字，我们再计算一下秦汉时期一个小农家庭的税赋负担和收支情况。

（二）秦汉时期农民的税赋负担和家庭收支情况

秦汉小农是国家的编户齐民，国家通过严密的户籍制度，把每个小农家庭的人口、年龄、主要生产和生活资料的占有情况登记造册，作为征收租、赋、税，摊派徭役和兵役的依据。赋税项目大致有三种，一种是土地税，指的是田租、刍和稿（用于饲养牲畜和燃料的税种）；一种是人头税，指的是算赋和口赋；另一种是资产税，指的是户赋。此外，徭役也可以纳钱代替服役，称为更赋，兵役是每个适龄男子的义务，根据国家规定和需要而征发。以秦汉时期五口之家为例，通过一个家庭一年的收支，了解自给自足的生活状况。如表1-4所示。

表1-4 秦汉时期五口之家一年的收支

	项目	金额（五铢钱）	合计	备注
收入	粮食	15 000	19 200	秦汉时粮食亩产平均为大石3石，若根据平均占有50亩，年产粮食为150石，粮食价格每石100钱左右，150石粟计15 000钱
	副业	4200		桑麻1亩收获丝6斤、麻148斤，收入1200钱；蔬菜1亩收入1000钱；畜禽5只鸡1头猪收入1000钱；植树5株收入1000钱
支出	口粮	9000	15 674	五口之家年口粮需要量为90石计9000钱
	衣服	3800		按《秦律》规定，官奴及罪犯衣服费平均为115钱，小农为其两倍，合汉五铢钱760钱，五口之家计为3800钱
	田租、刍、稿	508		汉代绝大部分时间实行"三十税一"，田租纳5石合500钱；刍稿税1石为4钱，以纳2石标准计为8钱
	算赋、口赋	406		从汉初到东汉末，算赋一般在120钱，口赋在23钱，五口之家按三人纳算赋二人纳口赋，应纳计406钱

续表

项目		金额（五铢钱）	合计	备注
支出	户赋	360	15 674	小农家庭的家资在2万到4万钱（2万钱可拥有简陋房屋1所、劣质地百亩、牛1头；4万钱可拥有简陋房屋1所、好田百亩、牛2头），户赋征收率为家资的1.2%，取平均值计为360钱
	更赋	600		"今农夫五口之家，其服役者不下二人"，更赋是300钱，每户按二人纳，计600钱
	兵役	500		秦汉的兵役均为两年，计24个月，相当于一年要当兵一个月，按家有一人计，则家庭少了一个主要劳力所创造的剩余价值，其价格不下500钱
	留种	500		每亩种子量为一斗（10斗合1石），50亩计需5石，合500钱
结余			3526	

从表1-4可知，小农最基本的生活需要费用为12 800钱，占全年总收入的66.7%，承担官府的赋役费用2374钱，占全年总收入的12.4%，所结余的3526钱，还要在疾病就医、死亡丧葬、娶媳聘女和人情交往等日常花费中支出，再将这些支出计算在内，这3526钱的结余可能捉襟见肘。

（三）天灾、战乱和苛政等因素对小农经济影响

以上所列举的数据，是正常年景家庭的收入和支出，从收支情况看，确实像教材中所讲的"勉强自给自足"。如果遇到非正常年份，勉强的自给自足就很难维持了。而非正常年份又是难以避免的，像天灾、战乱和苛政等现实的困扰，小农家庭既无力又无奈，小农的命运势必沦为佃客、奴隶、罪犯或流民。况且，秦汉的租赋徭役制度，是代表大奴隶主、大商人和大地主利益的制度，在这种制度下富者越富承担的税赋役越少，贫者越贫承担的税赋役越多，社会的贫富分化现象越趋严重，实际上小农家庭的破产亦在所难免。

（1）自然灾害

秦汉四百多年间，天灾频繁，据《中国历代天灾人祸表》的统计，从秦始皇元年（公元前246年）至汉吕后元年（公元前187年）的60年中，有重灾9次，占统计年数的15%，其中大水、大旱有8次。从吕后二年（公元前186年）至新莽末年（公元24年）的210年中，即有52个年度有重灾，占统计年数的24.8%，其中大水、大旱有42次，比先秦自然灾害率要高。东汉自然灾害更严重，从汉光武帝建武元年（公元25年）到汉灵帝光和七年（公元184年）的160年间，有46年有重灾，占统计年数的 28.8%，其中大水、大旱有 39 次。此后情况也未见好转，从公元 185 年至 1913 年的 1729 年间，我国有水灾 2673 次，旱灾 2526 次。小农家庭生产规模小，资金少，加之秦汉时期生产力水平低，基本上靠天吃饭，若风调雨顺尚能自给。

（2）苛政暴敛

小农除了必须承担的税赋役外，还要应付官府的不时之需和各级贪官酷吏加重税赋、巧取豪夺的任性，如秦王朝的修长城、筑陵寝宫殿、治驰道等；汉武帝后岁岁徭役，横征暴敛日益严重。敲骨吸髓的苛政正如《汉书·食货志》中所言："急政暴虐，赋敛不时，朝令而暮改。当具有者半贾而卖，无者取倍称之息，于是有卖田宅、鬻子孙以偿债者矣。"

（3）战乱频仍

按道理说，随着社会经济的发展，人口是不断增长的，但整个汉代人口一直徘徊在 5000 万左右，其重要原因之一是战乱的破坏。比如，从公元前 195 年到公元前 205 年西汉建国初期，共历十年，秦朝末年有 2000 多万人，到汉初，原来的万户大邑只剩下两三千户，消灭了原来人口的 70%，大城市人口剩下十分之二三。汉武帝在位五十多年里有四十年讨伐匈奴，海内虚耗，50% 的人死亡。公元 2 年全国人口 5959 万，经过西汉末年的混战，到东汉初的公元 57 年，人口 2100 万，损失率 65%。公元 156 年全国人口是 5600 多万，到三国末年魏蜀吴合计，人口剩下 560 多万，仅存十分之一。

战乱时期对农业经济的破坏主要表现为：一是人口大量减少，失去了发展农业的劳动力。青壮年大量从军，导致农村劳动力严重不足；人口死亡惨重，数量锐减，对农业生产危害至深，正所谓"兵革既未息，儿童尽东征"。二是耕牛大量被宰杀，农业畜力缺乏。有诗云："兵兴向九岁，稼穑谁能忧。何时不发卒，何日不杀牛。耕者日已少，耕牛日已希。皇天复何忍，更又恐毙之。"在战争中大量的耕牛被宰杀，农业生产为此大受影响。三是土地大片荒芜，粮食产量减少，到处呈现出"处处蓬蒿遍，归人掩泪看"的凄凉景象。四是水利设施被破坏，农业生产不振。五是交通运输不畅，物资流通不顺。

除了天灾、苛政和战乱外，还有土地兼并日趋严重，使"富者田连阡陌，贫者无立锥之地"；盗匪的劫掠、商品经济的侵蚀和高利贷者的盘剥等因素，使小农的生产生活难以为继。最后，引用两首诗表达小农经济形态下农民生产生活的困境。聂夷中的《咏田家》："二月卖新丝，五月粜新谷。医得眼前疮，剜却心头肉。我愿君王心，化作光明烛。不照绮罗筵，只照逃亡屋。"李绅的《悯农》："春种一粒粟，秋收万颗子。四海无闲田，农夫犹饿死。"

四、一点感想

"小农经济"是中国古代农业发展史上的核心概念,在教学中要依托教材,但不迷信教材;用教材教,而非只教教材。因为,随着人们对历史认识的深入和研究的新发现,一些理论性较强的历史概念,其内涵又会发生一定的变化。在当前史学观念呈现出"一元多样"的局面下,新史观对历史概念的内涵进行了重新阐释。针对同一历史事实,不同的史观从自身的角度出发,最终呈现在历史文本中的内容也不尽相同,我们应该把多元研究视角看成是历史研究与历史教学的深化和发展。尊重历史事实,解除各种误解误读,还给历史本来的面目,在历史教学中既要把握宏观的历史概念又要关注历史的显微面,树立科学的历史观。

【此文发表在2015年第11期《中学历史教学参考》】

参考文献

[1] 刘泽华. 论战国时期"授田"制下的"公民"[J]. 南开学报:哲学社会科学版,1978(2):83-91.

[2] 张金光. 试论秦自商鞅变法后的土地制度[J]. 中国史研究,1983(2):16.

[3] 朱绍侯. 秦汉土地制度与阶级关系[M]. 郑州:中州古籍出版社,1985.

[4] 郭人民. "名田"解[N]. 光明日报,1982-11-24.

[5] 刘泽,宁可. 汉代农业生产漫谈[N]. 光明日报,1979-4-10.

[6] 宁可. 有关汉代农业生产的几个数字[J]. 北京师范学院学报:社会科学版,1980(3).

[7] 吴承明. 论小农经济:中国社会经济史论丛第一辑[M]. 太原:山西人民出版社,1981.

[8] 于琨奇. 秦汉小农与小农经济[M]. 合肥:黄山书社,1991.

[9] 王子今. 两汉社会的"小男""小女"[J]. 清华大学学报:哲学社会科学版,2008,23(1):7.

[10] 葛剑雄. 中国人口发展史[M]. 福州:福建人民出版社,1991.

依托史料实证之核心素养培养学生历史批判性思维能力的尝试
——例谈汉武帝为什么要实行"中朝制度"

在历史学科教学转向历史课程教学的背景下,根据课程教学功能定位、指导思想、目标任务、教学过程的变化,要求教师主动、自觉地构建起适应课程教学要求的课程观、知识观、教学观,提升课程教学专业能力,适应历史学科教学向历史课程教学的转变。因此,历史课程教学的教学过程,要求教师要从以前侧重于"教的过程"、着眼于解析知识结构与强化史实记忆的教学过程,转向关注教师"教的过程"与学生"学的过程"、着眼于探究历史问题与理解历史演变的教学过程,以实现教师"教的主体"与学生"学的主体"之间的协同共振、激荡生成为目的。当"史料实证"作为新课程核心素养之一被明确提出之时,以理性的态度审视自己的教学,既不浮躁盲从和随波逐流,也要积极转变观念,开发课程,主动适应学情、教情和考情。在高一课堂教学实践中,笔者专门拿出课时,以中国古代政治制度史中的"中朝制度"为例,探索如何在教学中运用史料实证来培养学生的批判性思维能力,以及不唯书本、不唯权威的历史认识。(本课所引用的史料不是来源于某些史书,而是从一些史学家的著作中引用而来的,特此说明)

一、探究问题的由来

(一)不同版本教材中关于"中朝制度"的叙述

关于汉武帝实行"中朝制度",首先向学生提供两种版本教材的表述。人教版教材的叙述是:"汉初,丞相集决策、司法、行政大权于一身,位高权重。为了加强皇权,汉武帝重用身边侍从、秘书等工作人员,让他们担任尚书令、侍中等,参与军国大事,以削弱相权。"岳麓版教材的叙述是:"汉武帝即位后,为强化皇权,巩固国家统一,采取了建立中朝、设置刺史和实行推恩令等强干弱枝的重要措施。"从权威的教材中,学生比较容易读出,实行"中朝制度"的原因与目的是一致的,就是汉初丞相位高权重,建立中朝制度,以削弱相权来加强皇权。接下来老师从命题的角度,让学生了解是如何考查的。

（二）不同类型试题的命题角度

各地的一些试题也从这个原因与目的角度来命题考查，例举一道模拟题。

从表1-5中能获取的信息是：

表1-5 汉武帝时期丞相任职、离职表（部分）

姓名	离职原因	任职时间	姓名	离职原因	任职时间
窦婴	处斩	1年又4个月	李蔡	畏罪自杀	3年
公孙弘	去世	2年又4个月	赵周	下狱死	3年又7个月
许昌	免职	3年又4个月	刘屈氂	下狱腰斩	1年又6个月

A.分封制瓦解　B.中央统治力量加强　C.君主专制加强　D.丞相制度的废除

另外，老师告诉学生，在一些其他类型的试题中也能看到，把汉武帝的"中朝制度"与隋唐的"三省六部制度"、北宋初期的"二府三司制度"、明朝初年的"内阁制度"放在一起考查，得出的目的都是削弱相权加强皇权。那么，汉武帝为什么要设立"中朝制度"呢？笔者首先通过材料讲清楚汉初的相权与君权究竟是一种什么关系，清楚了它们之间的关系，才能避免不合乎史实的推断或结论，有助于学生理解中朝制度建立的原委。

二、汉初的政府组织架构

（一）皇室与政府的职权划分

之所以认为汉初的丞相位高权重，威胁皇权，大概是汉初皇权与相权职权划分的原因。根据史料，笔者为学生整理了有关"六尚"和"十三曹"的职能。在汉代，皇帝和丞相各有一个秘书处，皇帝的秘书处叫"六尚"，丞相的秘书处叫"十三曹"。如表1-6所示。

表1-6 皇帝与丞相的秘书处

皇帝的"六尚"		丞相的"十三曹"	
名称	职权	名称	职权
尚衣	掌管皇帝的私人饮食起居类事务	西曹和东曹	主管朝廷一切官吏的任免升迁
尚食		户曹和仓曹	主管祭祀、农桑和仓谷
尚冠		奏曹	主管政府的奏章
尚席		词曹、贼曹和决曹	主管民事和刑事法律
尚浴		法曹和尉曹	主管运输

续表

皇帝的"六尚"		丞相的"十三曹"	
名称	职权	名称	职权
尚书	掌管文书	兵曹	主管兵役
		金曹	主管货币和盐铁
		黄阁	主管丞相府内一切总务

从表1-6可以看出,汉初皇权与相权职能的划分非常明确。"六尚"中的"五尚"都是掌管皇帝私人的饮食起居之类事情的,只有"尚书"是掌管文书的。而丞相秘书处有十三个部门,其组织庞大、职权广泛,全国的政务都汇集到丞相,而不是归属于皇帝,处理一切实际事务的权力是在相府而不是在皇室,丞相是政府的真正首脑。

(二)中央政府组织机构的职能

汉代中央政府组织机构是"三公九卿"。依照汉代的惯例,做了御史大夫才能升任为丞相,太尉虽与丞相地位相等,实际上除军事外不过问其他政事,因此丞相是最高的行政长官。在废除分封制实行郡县制后"化家为国",丞相掌管国家政府的一切事物,没有更多的余力直接管理皇帝的家事,于是在御史大夫之下设立一个"御史中丞",管理皇室的一切事物。御史中丞隶属御史大夫,御史大夫隶属丞相,其实皇室的一切事物仍由丞相间接管理。笔者根据史料,为学生整理了汉代九卿的具体职能,如表1-7所示。

表1-7 汉代九卿的具体职能

名称	职能	名称	职能	名称	职能
太常	管皇家宗庙祭祀礼仪	光禄勋	管皇帝侍从警卫	卫尉	管宫廷警卫
廷尉	管犯皇法的	太仆	管宫廷车马	大鸿胪	管民族外交
宗正	管皇帝宗族	少府	管皇室经济	大司农	管政府经济

学生通过读上面的表格,很容易看出,汉代的九卿中有七卿都是掌管皇家事务的官。九卿全部是隶属丞相的,丞相既是政府的首脑,又是皇室的大管家,当时皇室和政府在职能上划分是非常明确的。

上面两个表格中展示了皇权与相权职能的划分和中央政府的职责,可以得出汉代的丞相确实是位高权重,但老师进而要告诉学生,这是当时在法理上的结果,并被皇帝所接受。接下来,老师把问题再回到模拟题中所列举的史实中,通过史料告诉学生:丞相被处斩或被免职,不是因为其位高权重,皇帝处心积虑打压,而是各有原因的。例如,窦婴是因为犯了欺君之罪被弹劾而处斩;许昌是窦太后所任命的,事事都听从太后的指示，没什么作为，窦太后死后，因其"坐丧事不办"而被汉武帝免职；李蔡因私自侵占汉景帝陵园前路旁一块空地而被问罪，但他不愿受审对质而自杀；赵周因被控告明知列侯所献黄金成色分量不足却不上报，被捕下狱而自杀身亡；刘屈氂因暗中准备立太子的阴谋败露，加之其夫人被控告有诅咒汉武帝的行为，所以他被腰斩。这几个人先后下狱而死，是因为他们不称职，甚至触犯法律，汉武帝从未颁布过一条律令来改革整个丞相制度。不把皇权与相权的划分及中央政府的职责梳理清楚，很容易得出汉武帝设立"中朝制度"是削弱相权，加强君权的结论，这在很大程度上有失偏颇。那么，汉武帝为什么要设立"中朝制度"呢？先通过史料的铺垫，进入下一个问题。

三、旧有的丞相制度不能适应汉武帝时期现实的需要

列举如下史料：曹参继承萧何的衣钵，崇尚无为，惠帝就"怪相国不治事"；文帝时丞相不再分左右，命陈平"专为一丞相"；文帝曾命丞相灌婴率军八万五千人击匈奴，武帝曾命丞相刘屈氂率大军平定戾太子叛乱，证明丞相集文武大权于一身；周亚夫为丞相，窦太后欲封王信为侯，景帝犹疑不决地说"请得与丞相议之"。从史料中学生能看出，从汉初以来，皇帝不但没有削弱丞相权力，反而是在很多事务中让丞相充分行使权力。

接下来提出问题，通过史料，引发学生的深入思考：在汉武帝统治时期，君臣议论国策的重点最多的是什么？"时大臣议者多冤晁错之策，务摧抑诸侯王，……诸侯王莫不悲怨"，为此汉武帝颁布了推恩令、左官律、附益法等。谋士徐乐与汉武帝谈论为政之道时曾说："臣闻天下之患在于土崩，不在瓦解，……何谓土崩？秦之末世是也。陈涉……偏袒大呼，天下从风……何谓瓦解？吴楚齐赵之兵是也。""故贤主……其要期使天下无土崩之势而已矣。"徐乐重点防止和消弭农民起义，至于君权相权的矛盾则只字未提。与徐乐同时上书的主父偃、严安等，为武帝所筹划的各种政策也没有涉及君权相权关系。从材料中学生得出：如何防范和削弱诸侯王是重点问题，而不是丞相位高权重的问题。如果君相之间争夺权力，武帝确系有意用左右近臣削弱相权，善于见风使舵、迎合君主心意的主父偃等人不可能对这个问题不置一词。这从反面证明，汉初七十多年君权相权之间没有什么重大矛盾，所以并未引起政治家的关注。

通过以上史料和老师解读，学生认识到：汉初以来君权相权矛盾逐步尖锐、皇帝处心积虑想改革旧制来削弱相权的观点是不确切的。既然上面的观点不确切，老师继续引导学生，提出问题：汉代丞相制度变化的主要原因又是什么呢？

老师讲解：汉武帝以前，西汉王朝基本上是以黄老的清静无为思想制定国策，萧规曹随，皇帝垂拱深宫，由丞相主持日常政务。对丞相的要求也不高，只要能照章办事就行，即使是武将为相也无妨。经过汉初七十年休养生息，经济恢复，国力强大，内外情势已经发生了剧变，为了进一步巩固汉王朝统治，维护地主阶级的政治经济利益，汉武帝把"无为而治"转为"积极有为"。而汉初以来的丞相制度越来越不符合新形势的需要，必然要对其作出改革，汉武帝迫切需要统治经验丰富的丞相多行使权力，多出谋划策，以帮助自己完成宏图伟业。那么旧的丞相制度存在着哪些不足呢？依据史料来实证汉武帝必然要对旧有的丞相制度进行改革。

（一）按照旧的制度，皇帝与丞相之间见面次数较少

《汉书》记载："厉精为治，五日一听事，自丞相以下各奉职而进。"君臣之间少则五日才能见一面，多则或许是一个月两个月才能见一面，间隔时间未免太久了些，这对于迫切需要听取古今治国之道的汉武帝来说是过于漫长的等待。

（二）按照旧的制度，皇帝和丞相见面时礼节隆重且烦琐

"丞相进见，圣主御坐为起，在舆为下"，并且进见者还要为皇帝唱赞歌。《史记·汲郑列传》记载："大将军青侍中，上踞厕而视之。丞相弘燕见，上或时不冠。至如黯见，上不冠不见也。上尝坐武帐中，黯前奏事，上不冠，望见黯，避帐中，使人可其奏。"此事既说明汉武帝不喜欢烦琐的礼节，甚至见丞相时不戴帽子都不能见，还说明当时礼制对君臣相见的约束很大，可以推测，受制于礼乐制度，汉武帝不会经常召见丞相的。

（三）按照旧的制度，丞相多数是列侯出身

列侯多数是武将出身，而武将不一定都能胜任丞相。因为列侯到了第二代、第三代多为纨绔子弟，除少数人之外，多数列侯子弟才能都很平庸。《史记·张丞相列传》记载："景帝时开封侯陶青、桃侯刘舍为丞相。及今上时，柏至侯许昌、平棘侯薛泽、武强侯庄青翟、高陵侯赵周等为丞相。皆以列侯继嗣，娖娖廉谨，为丞相备员而已，无所能发明功名有著于当世者。"此外，以列侯或列侯后嗣为武帝丞相者还有：建陵侯卫绾，"醇谨无他"，因"不任职"而免；武安侯田蚡"所好音乐狗马田宅……所爱倡优巧匠之属"，思想偏于保守，政治上无所作为。通过以上可以看出，按旧制任用的丞相多半不称职，起不到雄心勃勃的武帝之左膀右臂的作用。

（四）按旧制，汉武帝自身发挥的作用有限

因为天下文书资料从汉初以来皆保存在丞相府和御史大夫府，丞相才干差，不能充分利用这些文书资料，而汉武帝的寝宫离两府较远，查阅资料很不方便。为了共同研究和决策需要，原归丞相、御史大夫两府保管的一部分资料也逐渐转归至近臣尚书处所保存，以便汉武帝查阅参考。

四、汉武帝设立"中朝制度"是现实选择

通过史料，学生们能够理解旧制度的不足，而汉武帝为实现自己的宏图大志，必然要进行一些改革来弥补旧制度的种种不足，以达到提高办事效率、减少决策失误、有力维护统治的目的。那么，汉武帝采取了哪些新的举措以弥补呢？

（一）实行"察举制"，弥补丞相所提供的谋略之不足

即位的第一年（公元前134年）就"诏举贤良方正直言极谏之士""亲策问以古今治道"，产生了"四方士多上书言得失，自衒鬻者以千数"的效果。《汉书·严助传》记载："是时征伐四夷，开置边郡，军旅数发，内改制度，朝廷多事，屡举贤良文学之士。"此材料说明武帝是因为"朝廷多事"，所以要广泛听取天下士人的谋略。

（二）将身份低而有才干的人招纳到自己身边

为了把各种建议认真研讨并有效指导实施，汉武帝进一步从对策及上书人中"简拔其俊异者宠用之""待以不次之位"。这些官吏往往出身一般地主，有才干多智谋，可以给汉武帝制定内外政策提供宝贵意见。这些心腹之臣因为常伴左右，遇到紧急情况可以及时召见，共商对策。加上他们官位低，礼节简便，甚至可以俳优畜之。在重大决策上还可以让他们与丞相大臣们辩论。通过辩论，可对双方建议的利弊再作权衡，然后决定取舍；同时如果这些近臣的建议正确，以此方式否定丞相大臣的意见也比较委婉。《汉书·严助传》记载：严助拜为中大夫，"上令助等与大臣辩论，……大臣数诎"。例如，建元三年闽越举兵围东瓯，东瓯向汉告急，武帝问太尉田蚡，田蚡力主不救，严助和他辩论，理由充足。于是汉武帝说："太尉不足与计"，坚决出兵援救。由此材料可见，将有才干而身份低的人置于自己左右，主要是汉武帝为弥补丞相制度之不足而采取的重要举措。

（三）将一般官吏中的杰出人才提拔重用

一些好的决策，按制度仍得通过丞相执行，如果丞相才干差，执行力仍然不高，汉武帝又从对策者和一般官吏中，经过考验，将最杰出的人才提拔为丞相。这一类丞相的代表便是公孙弘和张汤。公孙弘出身贫穷，因贤良对策第一得到武帝赏识，由博士起家，最后擢升丞相；张汤原为刀笔小吏，得武帝赏识，一直升到御史大夫，"数行丞相事"。这是针对列侯为相多无能的状况，采取的一项大胆改革措施。可见，凡是受汉武帝赏识有才干的人，只要中间不出问题，大多都先后拜相，并不害怕会构成对君

权的威胁。

上面的史料实证了汉武帝的新举措,通过具体的三项措施,汉武帝建立了为其出谋划策的近臣队伍,以往清静无为的治国思想基本改变了,再加之丞相任用范围扩大了,这在客观上确实限制了丞相权力,并打击了列侯长期垄断丞相职位的境况。所以,汉武帝建立中朝制度的初衷并不是因为君权相权之争而有意削弱相权加强皇权,而是汉初社会经济恢复到一定阶段,地主阶级要求上层统治集团积极有为,而原来丞相制度的某些环节确实不能适应这一新形势的需要,因而汉武帝不得不对它进行改革的结果。

"史料实证"是高中历史新课标提出的五大核心素养之一。"史料实证"素养是学习历史和认识历史所特有的思维品质,是进行历史理解和历史解释的关键能力与方法。新课程标准和高考改革更加重视培养学生的史料实证意识。高中历史课堂教学是培养学生历史学科核心素养的主要渠道,是渗透和培养学生史料实证意识的有效途径,是夯实历史意识这一历史学习基础的关键,也是提高现代公民基本素养的必要手段,只要我们的历史课堂抓好了重证据的史料实证教学,就能养成学生实证态度与求真的实证精神。通过以上史料实证的课堂实践,在尊重历史唯物史观大的前提下,基于"史料实证"的核心素养,老师通过翔实史料的引用和解读,提高了学生阅读史料的能力,增强了理解史料的层次,拓宽了知识视野,立体化了思维的角度,放大了历史理解和解释的意识,初步构建了不惟书本、不惟权威的批判性思维。这一切,都是学生在学习历史的过程中,对其分析问题、解决问题能力的提高,有了这种提高,触类旁通,必将在未来的学习生活中产生不可小觑的效果。

【此文获 2018 年北京市第六届"智慧教师"教育教学研究成果二等奖】

参考文献

[1] 钱穆. 中国古代政治得失 [M]. 北京:九州出版社,2014.

[2] 易中天. 汉代风云人物 [M]. 北京:东方出版社,2006.

[3] 王立群. 王立群读史记之文景之治 [M]. 郑州:大象出版社,2016.

[4] 祝总斌. 西汉魏晋南北朝宰相制度研究 [M]. 北京:中国社会科学出版社,1998.

[5] 祝总斌. 西汉宰相制度变化的原因 [J]. 历史研究,1986(2):17.

[6] 杨随平. 中国古代官员选任与管理制度研究 [M]. 北京:中国社会科学出版社,2010.

［7］罗辉映.中国古代政治制度史［M］.成都：四川大学出版社，1985.

［8］阎步克.察举制度变迁史稿［M］.沈阳：辽宁大学出版社，1991.

［9］李治安，杜家骥.中国古代官僚政治［M］.北京：中华书局，2015.

［10］王亚南.中国官僚政治研究［M］.北京：商务印书馆，2010.

［11］李学勤.中国古代文明与国家形成研究［M］.昆明：云南人民出版社，1997.

［12］易中天.帝国的惆怅［M］.杭州：浙江文艺出版社，2014.

历史形象之史料实证
——以秦始皇的历史形象为例

题记：由讲授"千古一帝——秦始皇"引发的思考。

在讲中国古代历史人物秦始皇的时候，笔者设计了这样的问题。

师：秦朝二世而亡，请同学们结合自己掌握的史实为秦始皇这个人物"画像"。

生：面目狰狞的、阔口咧腮的、脑满肠肥、尖嘴猴腮、龌龊丑陋、粗俗卑鄙、高大威猛、仪表堂堂……

师：看来秦始皇的形象在大多数学生心目中是难以令人接受的。究竟历史上的秦始皇是什么样的形象呢？出示秦始皇的图片。

生：当时的绘画是画在绢帛上，2000多年了能保存下来吗？当时也没有照相技术，图片为什么这么清晰呢？

生：我看过影片《荆轲刺秦王》中的秦始皇是一个身型猥琐、体质羸弱的形象。

生：我看过影片《英雄》中的秦始皇是一个高大威猛、仪表堂堂的形象。

师：我展示的图片是现代画家画的秦始皇形象，影片是艺术化处理的形象。今天的我们谁也没见过秦始皇，要想知道秦始皇究竟是什么样的形象，还要借助历史文献典籍的记载。

学生刻画的秦始皇的外表形象，明显是带着"暴君"标签的形象。为什么秦始皇在学生的心目中会有这样的形象呢？这就引发我们的思考：历史形象能同历史真相画等号吗？

其实，在历史课堂上，许多历史事件和历史人物呈现在学生面前的，大多都有三种历史面目，我们也称之为三种历史形象。一个是文学形象，也就是小说、戏剧等文学作品中的形象，这些形象是文学家、艺术家们塑造的历史人物和形象，这个问题笔者在 2018 年校本课题"文学形象中的历史——例谈用史料来实证学生在语文课上的三个疑惑"中已经做了粗浅的论述。历史事件和历史人物还有第二个形象——历史形象，就是历史学家们根据自己的认识和判断所形成的历史形象。之所以说历史形象而不是历史真相，是因为，我们后人很难弄清楚历史真相。依靠历史典籍上的记载（主要是正史中的记载）和后世的考古发现（考古文献）研究而得到的历史形象是我们认识历史事件和人物的根据。由于研究者的立场、研究方法角度、历史材料选取和运用及时代局限性等方面的不同，留给我们对待历史事件和历史人物的认识有着很大的不同。

一、研究者的立场不同造成秦始皇的历史形象不同

秦始皇一统天下，秦朝却二世而亡，后人在总结秦短暂而亡的原因时，总是带有标准性的归因，即严刑峻法、吏治严苛、赋役沉重、寡仁缺义。那么，为什么会有这样标签化的归因来定位秦朝和秦始皇本人呢？这是因为汉朝的御用士大夫、儒生及不同的政论者，还有后世的研究者们，他们的政治立场、政治需要及时代需要而导致的。比如，司马迁就把秦朝的刑罚放大用以证明秦二世而亡是必然的，以此论证刘邦建立西汉及统治的合理合法性；汉代儒生们因为秦朝重法抑儒而焚书坑儒，以及儒生们以儒家思想为正统而排斥法家立国思想，于是竭尽所能贬低丑化秦始皇的所作所为；不同政论者猛烈抨击秦始皇实行严刑峻法来取得道德与正义的话语权，以达到巩固政权之目的。

关于秦朝的严刑峻法问题。在这个问题上，不能把商鞅时期的法律、秦始皇时期的法律与秦二世时期的法律混为一谈，尽管它们有延续性和继承性。比如，在大力攻击秦始皇实行严刑峻法的众多证据中，《史记·陈涉世家》所记载的关于陈胜、吴广大泽乡起义，便是有力的证据之一，"二世元年七月，发闾左适戍渔阳，九百人屯大泽乡。陈胜、吴广皆次当行，为屯长。会天大雨，道不通，度已失期。失期，法皆斩。陈胜、吴广乃谋曰：'今亡亦死，举大计亦死，等死，死国可乎？'"这里就有一个问题，此时是秦二世时期而不是秦始皇时期，秦二世时制定与执行的法律与秦始皇时的法律已经有很大区别了，如果将两者混为一谈，法峻刑严的钉子必定要全钉在秦始皇的身上了。出土文献《睡虎地秦墓竹简·秦律十八种》中的《徭律》部分有这样的记载："御中发征，乏弗行，赀二甲。失期三日到五日，谇；六日到旬，赀一盾；过旬，赀一甲。……雨水，除兴。"这与《史记》中记载的截然不同：《史记》中服徭役期间不能如期到达就要受到处斩，而《睡虎地秦墓竹简》中说的是按照误期的不同而受到处罚（罚盾、甲），如果遇到雨水而延误则免除处罚。《睡虎地秦墓竹简》属于一手史料，《史记》属于二手史料，相比于二手史料，一手史料《睡虎地秦墓竹简》的真实性、可靠性要比

《史记》高。

秦朝的法律都是怎样规定的？1975年发掘于湖北的历史考古文献《睡虎地秦墓竹简》中，关于秦朝的法律法规主要有以下几方面的内容，见表1-8。

表1-8 秦朝法律法规

序号	法律法规名称	内容	备注
1	《秦律十八种》	《田律》《金布律》《置吏律》	刑法、行政、经济、民事等方面的法律
2	《效律》	官府物资账目检核制度的法规	
3	《秦律杂抄》	《除吏律》《捕盗律》	法律法规的摘抄
4	《法律答问》	对法律法规的解释和补充说明，以及有关诉讼程序的说明等	
5	《封诊式》	案件调查、检验、审讯等程序的准则和法律文书程式的规定	收录不少有关侦查和勘验的案例
6	《为吏之道》	官吏的各种要求，以及任用考核官吏的标准	官吏必须遵守的准则
7	《语书》	郡守颁发给本郡各县、道的文告	告诫官民奉公守法

考古学家在深入分析这批秦简后，认为秦国在立法和司法上并不像后世所说和想象的那样：粗糙邪恶、官吏无良、高压震慑、胡乱判案、动辄株连或杀头处斩。从表1-8各方面的法律法规可以看出，《秦律》相当完备而周详，法律法规具体而细微，案件调查审理精细规范，注重社会风气的教化，官吏徇私枉法及不作为、乱作为行为将受到严厉惩处。我们可以把秦朝的法律理解为严厉而不是严酷，严格而不疏漏，或许这样理解比较符合历史的真实情况。

二、研究者选取和运用历史材料上的不同造成秦始皇的历史形象不同

千古一帝秦始皇，死后被评说两千多年，一生既有传奇色彩又给后世极其矛盾的形象，对于他的功过是非千百年来一直褒贬不一。描述秦始皇历史形象的主要依据是典籍文献的记载，如我们非常熟悉的《史记》《过秦论》《汉书》等，还有一部文献典籍汉简《赵正书》也有对秦始皇形象的刻画，但往往被忽视。汉简《赵正书》成书比《过秦论》《战国策》《史记》《淮南子》《盐铁论》《汉书》要早。由于研究秦始皇选取的典籍材料不一样，后世对秦始皇形象的了解和认知就存在着很大的差异。

典籍文献中关于秦始皇的记载，主要见之于《过秦论》《战国策》《史记》《盐铁

论》《汉书》等典籍。在这些典籍文献中秦始皇的形象大多数都是负面的，说他是一个典型的专制暴君。比如，贾谊的《过秦论》，因为个人立场及当时的政治需求，对秦始皇的功过是非均有涉及，但仍给秦始皇贴上了负面形象的标签。比如：威严无比，"执敲朴而鞭笞天下，威振四海"；错而不改，"秦王足己而不问，遂过而不变"；贪鄙暴虐，"秦王怀贪鄙之心……禁文书而酷刑法……以暴虐为天下始"。贾谊对秦始皇形象的构建奠定了后世对其的认识。贾谊之所以主要以负面形象定位秦始皇，除了政治现实需求外，还有儒家的"仁义"思想、汉初"无为而治"的道家学说在起着作用。从中我们看到，秦始皇的偏执威严、暴虐多疑，绝不是什么"仁爱"之君。

作为伟大的史学家，司马迁在《史记》中毫不吝啬地描述秦始皇的种种正面形象，但对秦始皇的负面记载更是比比皆是，由于司马迁的影响，后世史书中秦始皇的形象皆以负面居多。司马迁刻画的秦始皇的形象是：对待旧人不善、缺少恩德而存虎狼之心、不信任臣僚下属、一意孤行刚愎自用、嗜好刑罚而滥杀、专制独裁、贪恋权势信鬼神、崇法制无仁无义、焚诗书愚弄劳苦大众等等。《淮南子》《盐铁论》《汉书》等典籍对秦始皇的描述中，也是刑法严酷、奢靡无度、暴敛横征、穷兵黩武等记述。综合《史记》《过秦论》等典籍文献记载，秦始皇的形象大多以负面为主，从而也影响到后人给秦始皇贴上的是"暴君"标签。

然而，在汉简《赵正书》中所记载的秦始皇形象，与《过秦论》《战国策》《史记》《盐铁论》《汉书》等有着不同，其形象更加具体真实，最难得的是既有帝王之威严，亦有常人的温情，我觉得这一点更符合历史人物的真实形象，因为帝王也是人。比如，《赵正书》中记载秦始皇的流泪，把铁汉柔情的一面展露得淋漓尽致，这在《过秦论》《史记》等文献中很难觅到。《赵正书》中记载，"秦王赵正出游天下，还至柏人而病。病笃，喟然流涕长太息，谓左右曰：'天命不可变乎？吾未尝病如此。'""赵正流涕而谓斯曰：'吾非疑子也，子，吾忠臣也。其议所立。'"从材料中看出，秦始皇两次流泪，一次是行将就木，天命难违，求生的欲望表露无遗；一次是泪赞李斯、泪歉李斯、泪示愁苦、泪示哀怜。秦始皇流泪的形象迥异于威严的君主，将其从神的位置降到了凡人的层面，给我们的感觉更加真实。

由于受后世史书文献的影响，秦始皇的暴虐暴敛，民不聊生，致使百姓"揭竿而起"，给人们的印象是暴君没有人性，没有一点点怜民爱民忧民的情怀。而在《赵正书》中记载："吾霸王之寿足矣……吾哀怜吾子之孤弱，及吾蒙容之民（普通劳苦大众），死且不忘。"爱民之心跃然纸上，与我们心中所固有的形象相距甚远。在秦始皇巡行各地的碑刻碑石上，刻着"黔首安宁""黔首康定""黔首是富""振救黔首""黔首改化""黔首脩絜""黎庶无繇"等，这些碑刻文字所表达的有心系苍生的一面，在这些文字中很难说秦始皇的思想中根本就没有仁爱之心。秦始皇难道他不知道人民是国家的基础、得民心者得天下、施政应爱民利民的道理？然而，这样的推测是不符合史实的。

综上所述，汉简《赵正书》刻画的秦始皇的形象是有血有肉的"人"的形象，符合人的特征，有别于《史记》等文献固定化的负面刻画，有利于我们对秦始皇全面的了解与认知。所以，研究者选取和运用历史材料上的不同，造成秦始皇的历史形象不同。正如历史学家钱穆所说："近世言秦政，率斥其专制。然按实而论，秦人初创中国统一之新局，其所努力，亦均为当时事势所需，实未可一一深非也。"

三、时代的局限性造成秦始皇的历史形象不同

后世的史学家，尤其汉代的史学家们，他们崇尚"无为"，把儒家奉为正统，把法家思想与暴力思想、尚法者与暴君画等号。在这样的思想支配下，受时代的局限性制约，导致秦始皇的真实形象与历史形象存在着巨大的差异。

（一）关于巡游湘山的形象

在《岳麓书院藏秦简·秦始皇禁湘山诏》中，记载了秦始皇巡游湘山时，"登相（湘）山、屏山，其树木野美，望骆翠山以南，树木□见亦美，其皆禁勿伐""其禁树木尽如禁苑树木，而令苍梧谨明为骆翠山以南所封刊（封山禁伐）"。而《史记》则记载秦始皇在湘山遭遇大风，几乎不能渡过湘江，以为是当地神灵作怪，"始皇大怒，使刑徒三千人皆伐湘山树，赭（使其裸露）其山"。两则材料同是有关秦始皇巡游湘山的，但秦简的记述与《史记》的表述迥异。秦简记述的是秦始皇巡游湘山时，因喜爱湘山树木之繁茂而将湘山列入帝王的园林，并归属地方专门管理。《史记》表述的是秦始皇勃然大怒，命令三千人全力砍伐湘山上的树木，致使整个湘山秃光，裸露出红色的泥土。《史记》中秦始皇的形象就是一个暴君，手段极端，狂妄无比。我们试着推想一下，偌大的湘山，在使用铁刀铁斧甚至石块作为伐木工具的秦代，仅凭三千人就能砍光一座大山？秦简属于考古文献史料，相比于经过加工的典籍文献更具真实性。另外，补充一点，记录这批秦简的人是一名法律工作者，简牍是他的私人笔记。秦国对法律工作者要求极其严格，误记要承受严厉的法律制裁。所以，我们能推断出，秦简的历史信息比司马迁所著的《史记》更为真实。

（二）关于修长城的形象

作为秦始皇"暴政"铁一般的证据之一，就是耗资巨大，劳民伤财的长城工程。

在当时的历史背景下，关于修筑长城以防御匈奴还是采取不断的军事打击哪种方式更好，历来史学家、政治家、文人墨客等各执一词。在冷兵器时代，如果算一笔战争的经济账，我们就会看出，修长城要比无休止的军事打击更合算。如表1-9所示。

表1-9 秦朝与匈奴的军事情况对比

	秦朝	匈奴
军队	以步兵为主，在荒漠草原作战处于劣势，训练骑兵的成本很高	以骑兵为主，擅长马上流动作战
运输成本	开销巨大（据《史记》统计，每消耗192石粮食才有1石粮食运到漠北	本土作战，运输成本相对较小
战场	深入匈奴，地形不熟，流动作战，给养困难，水土不服，灾病频发	逐水草而居，即战即生产，给养方便，活动范围大
军费开销	远途征战漠北，打一次仗最少开销千万（铜钱）	本土作战，开销相对较小

通过表1-9的分析，我们可以看出，军事打击的成本太高了，而且还是无休无止的。虽然修长城确实耗费了大量的人力物力，但从某种程度上起到"一劳永逸"的功效。从秦朝至明朝的历史看，长城的修筑为农业经济和农业生产提供了一个相对和平、稳定的环境。到今天，长城更成为中华民族精神的象征，也是中华民族智慧的象征。长城的历史意义和现实意义都不能仅仅用劳民伤财而概括。在中央集权的体制下，动用国家的力量完成浩大的工程是那个时代的必然需要。

人物的历史形象是历史学家、政治家、文人墨客等站在时代的角度，并根据现实需要、政治需要，而且还带有浓厚的个人好恶及感情因素在里面而形成的。所以，我们在对待历史事件和人物的历史形象时，要多一些理性、辩证的分析和认识，避免"标签"化、"脸谱"化的认识，这样才能使很多历史事件和人物更符合历史的真相。历史文献典籍确实是我们认识历史的重要工具，但也不能全盘认可而不加分析取舍。正如梁启超所言："吾二十年前所著《戊戌政变记》，后之作清史者记戊戌事，谁不认为可贵之史料？然谓所记悉为信史，吾已不敢自承。何则？感情作用所支配，不免将真迹放大也！治史者明乎此义，处处打几分折头，庶无大过矣！"每每面对浩如烟海的文献典籍，每每面对头脑中所固有的历史形象，想到梁启超的话，心中的种种疑问在很大程度上消除了。

诚然，在历史课堂上，呈现给学生的历史事件和历史人物的历史形象，不胜枚举。以秦始皇的历史形象为例，以期对培养学生的历史唯物史观、史料实证和历史理解等核心素养有所启发和帮助，提升学生的批判性、辩证性历史思维能力。

参考文献

[1] 郭沫若. 十批判书 [M]. 北京：东方出版社，1996.

[2] 韩兆琦. 史记精讲 [M]. 北京：中国青年出版总社，2008.

[3] 徐中玉，匡亚明. 大学语文 [M]. 上海：华东师范大学出版社，1981.

[4] 刘乐贤. 睡虎地秦简日书研究 [M]. 北京：文津出版社，1994.

[5] 陈松长. 岳麓书院藏秦简 [M]. 上海：上海辞书出版社，2015.

（此文发表在2005年第2期《中学历史教学参考》）

文学形象中的历史

——例谈用史料来实证学生在语文课上的三个疑惑

[笔者按：由于工作关系经常听课，尤其是语文课。由于所教学科是历史，所以就特别想从史料方面实证学生在语文课上的一些疑惑。文史相映，不仅能拨开学生心中的迷雾，使课堂更饱满，更能培养学生追根溯源、刨根问底的探究思辨能力。类似的问题和学生的疑惑还很多，仅列举语文课堂上所涉及的三个疑惑，以期引起文史老师们的思考。]

一、秦王嬴政何以能与刺客荆轲殊死搏斗

（一）关于秦王嬴政体型和身高的疑惑

高一年级语文教材开篇是文言文，有篇文章《荆轲刺秦王》，文中最精彩的部分就是勇士荆轲刺杀秦王和秦王与之搏斗的过程。秦王何以能够在荆轲抓住衣袖而扯断袖子并在荆轲追逐中绕着柱子跑？一个是秦王惊骇中迸发出的力量，一个是秦王的身形得高大魁梧、体力得勇猛有力，否则很难在惊险中与荆轲周旋。学生最易接受的历史是在影视剧中留下的印象，在影片《荆轲刺秦王》中的秦始皇就是一个身形猥琐、体质羸弱的形象，在影片《英雄》中的秦始皇则是一个高大威猛、仪表堂堂的形象。秦始皇给学生留下的两种形象究竟哪个符合历史真实呢？联系到高一历史课正在通过"史料实证"这一核心素养来培养学生认知问题的能力，通过史料来证实学生感兴趣、欲探究的问题：秦始皇的长相和身高之谜。学生把这个问题弄清楚了，既有助于对《荆轲刺秦王》文本的理解，也是历史课对语文课的补充和延伸。原文是：

轲既取图奉之，发图，图穷而匕首见。因左手把秦王之袖，而右手持匕首揕之。未至身，秦王惊，自引而起，绝袖。拔剑，剑长，操其室。时恐急，剑坚，故不可立拔。荆轲逐秦王，秦王还柱而走。群臣惊愕，卒起不意，尽失其度……方急时，不及召下兵，以故荆轲逐秦王，而卒惶急无以击轲，而乃以手共搏之……秦王方还柱走，卒惶急不知所为。左右乃曰："王负剑！王负剑！"遂拔以击荆轲，断其左股……

(二)关于秦王嬴政长相和身高的史料实证

关于秦始皇的长相,一种说法认为秦始皇身形猥琐。历史学家郭沫若根据司马迁在《史记·秦始皇本纪》中的记载"秦王为人,蜂准,长目,挚鸟膺,豺声",推断秦始皇在生理上有明显的缺陷,解释为:"蜂准"就是塌鼻梁;"长目"就是眼球像马眼一样凸出;"挚鸟膺"其实就是软骨症;"豺声"指嗓音嘶哑。影片《荆轲刺秦王》中的秦始皇就是这样一个身形猥琐、体质羸弱的形象。另一种说法认为秦始皇高大威猛。北宋学者李昉等人编纂的《太平御览》卷八六《皇王部十一》中写道:"秦始皇帝名政,虎口,日角,大目,隆准。"从中可以推断出秦始皇的长相:虎口,形容他的嘴巴很大;日角,指他的额头凸起;隆准,说他是高鼻梁;大目,指他的眼睛很大。影片《英雄》中的秦始皇就是这样一个高大威猛、仪表堂堂的形象。

关于秦始皇的长相有如此大相径庭的说法,哪一种说法更趋于历史的真相呢?南朝裴骃所著的《史记集解》是存世最早的《史记》旧注,具有极高的史学价值。裴骃在书中写道:"蜂,一作'隆'。蜂,虿也。高鼻也。"在宋代的《太平御览》中直接写为"隆准",就是高鼻梁;"长目"直接写为"大目",就是大眼睛。"挚鸟膺"在《史记集解》中解释为"鸷鸟,鹘。膺突向前,其性悍勇",可见"挚鸟膺"是形容人的胸脯像鸟兽一样丰满。"豺声",即豺狼之声,形容声音洪亮。由此可以得出结论,秦始皇绝不是郭沫若所说的在生理上有明显的缺陷,身形猥琐之人,

秦始皇的身形

而应是轩昂魁伟的帝王之相。关于 20 世纪 40 年代郭沫若丑化秦始皇的重要原因与当时的时代背景有关,是影射当时的独裁者蒋介石,批评蒋介石的独裁政治的,不足为信。关于秦始皇的身高,《太平御览》卷八六《皇王部十一》中关于秦始皇的身高有这样的记载:"长八尺六寸,大七围,手握兵执矢,名祖龙。"这个八尺六寸是多高呢?据《秦史稿》记载,秦制一尺合现在的 23.1 厘米,这么算来秦始皇的身高就有 1.98 米还多。这一点可以从秦始皇佩剑的长度找到佐证。那么,多长的佩剑能让秦始皇拔不出来呢?西汉桓宽在《盐铁论·论勇》中说:"荆轲怀数年之谋而事不就者,尺八匕首不足恃也。秦王惮于不意,列断贲、育者,介七尺之利也。"荆轲拿的是一尺八寸长的匕首,而秦始皇佩带的是一把长约七尺的利剑,七尺就是 161.7 厘米。河南大学文学院教授王立群在《王立群读史记之秦始皇》中也曾讲过,秦始皇的佩剑长约七尺,将近 1.62 米。可以设想,当年秦始皇在刺客紧逼之下奔跑,要拔出将近 1.62 米的佩剑确实不易。司马迁对此解释说,由于秦始皇的佩剑太长,所以不能及时拔出来。

因此，我们可以得出这样的结论：秦始皇的身型一定是高大威猛、气宇轩昂的，如果身型猥琐矮小，所佩之剑应与身型相适应，1.62米长的佩剑是很难挥动起来"八创荆轲"的。文字的描述，史料的佐证，两者结合起来，整个荆轲刺秦王的场面呈现在学生眼前就有立体感了，也使学生对易于接受的影视形象有了自己基本的判断。

二、"诗仙"李白的酒量究竟多大

（一）李白的酒量被称为"海量"

2017年12月14日，诗人余光中逝世。此时语文课正在讲唐诗，老师在导课的时候，引用了余光中《寻李白》中的诗句："酒入豪肠，七分酿成了月光，余下的三分啸成剑气，绣口一吐就半个盛唐。"随后就是"李白斗酒诗百篇"，海量的"诗仙"等等。而且在学生心目中的李白有一个脸谱化的印象：李白得意时喝、失意时也喝；一个人时喝、赴宴时也喝；想念友人时喝、重逢时也喝；在酒楼喝、在家里喝、在宫廷里也喝。李白爱喝酒是不争的事实，虽然文学有夸张虚构的成分，不能作为直接的史证，但他的酒量真的是"海量"吗？既然学生感兴趣，历史课也不妨为之一证。

（二）史料实证"斗"的大小和"酒"的度数

究竟李白是否"海量"，我们还要从"李白斗酒诗百篇"中"斗"和"酒"说起。"斗"是旧时盛粮食的器皿或酒器，如果用盛粮食的"斗"装酒，一斗酒有多少呢？按照古今计量单位换算，一斗约为10升，每升约重1.5公斤，一斗大约盛15斤重的粮食。因为酒的密度比水低，盛15斤粮食的"斗"换算成盛水也得有10升左右，10升水一般人是很难容下的，更

古时盛酒的"斗"

别说酒了。其实，古时候盛酒的"斗"跟盛粮食的"斗"不是同一个器皿，古时盛酒的"斗"到底有多大呢？《公羊传》上记载："熊蹯不熟，公怒，以斗击而杀之。"这里的"斗"就是喝酒的杯子，肯定不会太大，因为能随手抓起来扔。在《史记·项羽本纪》中，刘邦从鸿门宴上逃走时，对张良说："我持白璧一双，欲献项王；玉斗一双，欲与亚父。会其怒，不敢献。公为我献之。"这里的玉斗指的也是酒杯。刘邦能把白璧和玉斗这4件东西都揣在身上，可见这斗并不大。此外，古时还有一种被称为"斗"的酒器，有长长的柄，就是个盛酒的勺子。《诗经·大雅·行苇》有这样一句："酌以大斗，以祈黄耇"，朱熹注解为："大斗，柄长三尺。"古代的三尺，相当于现在的70厘米。大斗如此，小斗肯定更小。从出土的青铜斗来看，一斗的容量和现在常用的玻璃杯大小容量相当。《史记·滑稽列传》中齐威王问淳于髡能喝多少酒，淳于髡答："臣一斗亦

醉，一石亦醉。"说明淳于髡喝一杯就醉，喝多杯更醉，酒量十分有限。

古代酒的度数是多高呢？在唐宋时期还没有蒸馏技术，酒是发酵后直接过滤的发酵酒，度数在3%~10%，跟现在的啤酒度数差不多，所以才造成误以为古人很能喝的假象。《水浒传》中，在景阳冈上喝了十八碗的武松，如果喝的是现在四五十度的白酒，那只能被老虎打了。我们现在看到的诗中，只有李白喝酒的记录，没有发现李白一口气喝上几斗酒的记录，从中也可推测李白的酒量是不大的。现实主义诗人杜甫在《饮中八仙歌》说："汝阳三斗始朝天""张旭三杯草圣传""焦遂五斗方卓然"，只有"李白斗酒诗百篇"，论酒量，李白显然不如那几位，只一斗就"长安市上酒家眠"了。杜甫实际意思是，李白只要喝上酒，在酒精的作用下来了诗情，就能够写出许多诗来，这正说明了他酒量并不大。从李白的诗作来看，他喝酒的目的是借酒抒情，借酒发泄而已。通过以上史料的论证，目的是提醒文史老师们在讲李白的时候，谨慎用词，把固有的李白是"酒鬼"的标签剔除掉，把"诗仙"的形象留给学生也留给我们自己。

三、阿房宫是被项羽烧毁的吗？

（一）《阿房宫赋》中所言"楚人一炬，可怜焦土"是否可信

由于工作分管的关系，天天早晨要巡视班级。听到学生高声朗读："六王毕，四海一，蜀山兀，阿房出。覆压三百余里，隔离天日……使天下之人，不敢言而敢怒。独夫之心，日益骄固。戍卒叫，函谷举，楚人一炬，可怜焦土！"多么熟悉的《阿房宫赋》。在我读高中的时候，就确信不疑阿房宫是被项羽烧毁的，有一天我问了几个学生，学生不加思索地说是项羽干的坏事，因为书上是这样写的，课上老师也是这么讲的。作为古文里的名篇，一直保存在中学教材里的《阿房宫赋》，之所以有"楚人一炬，可怜焦土"的说法，来源于司马迁《史记》中"烧秦宫室，火三月不灭"的记载，不仅唐代的杜牧不怀疑，就是我们现代人怀疑的也不多。因为，《史记》是正史，司马迁是伟大的历史学家，《史记》中记载的事情后来与考古发现相印证，很多都是相吻合的。那么，司马迁关于阿房宫和阿房宫被火烧毁的记载，与当今的考古发掘是否有出入呢？

（二）考古发掘的真实情况

2002年以来，中国考古队对现存阿房宫的遗址进行全方位的勘测发掘，但最后仅仅发现前殿基址。后来扩大面积发掘、勘测，也没发现秦代的城墙宫殿建筑的遗迹，如殿址、明柱、排水设施等等，只有一些秦汉瓦片，更没有发现秦代必不可少的建筑材料瓦当。所以专家认为，当时阿房宫只来得及完成前殿的基址，地面之上的建筑根本没来得及建。而更让人意外的是阿房宫这里根本没有发现任何火焚的痕迹，考古队以为是自己找的地方不够全面，或者是岁月掩埋了当时大火的痕迹。最后考古队在遗址范围内每一平方米打了 5 个探测孔，还是没发现被焚烧的痕迹。考古队又对比了与秦代距离不远的汉代同样被焚烧的宫殿遗址，最后认定，秦代的阿房宫只是打下了部分地基并没有建成，更谈不上被项羽焚火三月。《史记》中的"烧秦宫室，火三月不灭"应该是确实发生过的，不过不是阿房宫，应该是秦代的咸阳宫，因为考古队随后在秦代咸阳宫的旧址上发现了大片的红烧土遗迹。至于杜牧的《阿房宫赋》毕竟只是一篇文学作品，不能当成直接的史料来判断，在更大程度上只是文学家的想象罢了，但这绝不影响杜牧的文学地位。

不可否认，司马迁是伟大的历史学家,《史记》是值得相信的信史，但不是所有权威都一定是一点错没有的。例如,《史记》记载殷商的统治时期有近千年，这使它成为历史上最长寿的王朝，然而根据考古发现，商灭亡的时代比司马迁所记述的要早得多，这其中的谬误足足有 500 多年；关于秦始皇的生父究竟是异人还是吕不韦，司马迁的《史记》中就有前后两种矛盾的记载等。这从另一个侧面更说明了司马迁的伟大，把自己不能确切说明的事同时都记录下来，供后人去研究判断。

诸如此类的问题还可以列举很多,《荆轲刺秦王》《鸿门宴》《阿房宫赋》是长久保存在中学语文教材中的名篇佳作，而高一历史学习的内容又是文学作品的背景，文史不分家，从历史"史料实证"的角度，澄清比较符合历史的实际，这并不影响文学名作的历史地位，反而能产生文史相得益彰的效果。另外，在我们的课堂上，在没有权威性结论或存在歧义、疑义或争鸣的情况下，不轻易下结论，而是把不同的观点提供给学生，给学生一个多角度认识问题的视角和视野，培养学生质疑、辨析的品质和去粗取精、去伪存真的能力，感受历史的魅力与乐趣，这与当今我们提倡的研究性学习是不谋而合的，也是新课程改革背景下，落实学科建设向课程建设转化的实际意义。

参考文献

[1]郭沫若.十批判书[M].北京：东方出版社，1996.

[2]吴慧.新编简明中国度量衡通史[M].北京：中国计量出版社，2006.

[3]丘光明.中国古代计量史[M].合肥：安徽科学技术出版社，2012.

[4]千年历史冤案，项羽并没烧阿房宫[M]//中国社会科学院考古研究所，西安市文物保护考古研究院，西安市秦阿房宫遗址保管所.阿房宫考古发现与研究.北京：文物出版社，2014.

从《诗经》到唐诗的课堂设计

（A）出示PPT（导课）。

（Ⅰ）四川省绵阳南山中学的黄蛉，2009年用甲骨文等古文字写出高考作文——《熟悉》。曾就读于四川大学汉语言文学专业。

（Ⅱ）今年高考语文"最牛满分作文"是湖北考生周海洋写的《站在黄花岗陵园的门口》。该文用诗歌写成，共1080字。文首是一段170多字的文言文，介绍了该诗歌的写作背景；正文共51行102句，每句七言；后记约70字，也是文言文写作。周海洋已被三峡大学录取。

师：上面两位同学都喜爱中国古代文字和文学，虽然升学的道路一波三折，但最终都进入了自己心仪的专业学习。

在中华文明源远流长的历史长河中，一朵朵浪花缤纷多彩，一枝枝花朵芬芳吐艳。今天我们摘几朵耀眼的奇葩，与大家共享。

（B）出示PPT：《关雎》，要求同学共同朗诵。

师：雎鸠是在求偶吗？反正阵阵鸣叫诱动了小伙子的痴情，使他独自陶醉在对姑娘的一往情深之中，复杂的情感油然而生，渴望与失望交错，幸福与煎熬并存。一位纯情少年热恋中的心态在这里表露得淋漓尽致。《关雎》好像是人生与艺术合一的一个宣示，翩然出现在文学史的黎明。同学们读了这首诗，有何感受？

生（女）：没有……

师：这个可以有，但这是个人隐私，不便直说可以理解。

在男尊女卑的时代，男人有爱的权利，女人处于从属地位；今天时代变化了，女人也可以有爱的权利嘛……

一、《诗经》——文学晨曦

（C）出示 PPT：介绍《诗经》的概况。

师：《诗经》为"五经"之首。子曰："不学诗，无以言。"民间说：学了《诗经》会说话，学了《易经》会算卦。提问学生还熟悉《诗经》中的哪一首？

生：《硕鼠》。

（D）出示 PPT：《硕鼠》。

师：这首诗和《关雎》相比，哪首更有感觉？

生：《关雎》更有感觉。

师：为什么？

生：《关雎》描写的是爱情，爱情是人类永恒的主题……

师：今天我们生活在和谐社会里，享受着改革开放的阳光雨露。你们在家有父母的呵护，在校有老师的关爱，当然体会不到旧社会的剥削、压迫。

这首诗不但写出了奴隶们的痛苦，而且写出了奴隶们的反抗；不但写出了奴隶们的反抗，而且写出了奴隶们的追求和理想。老鼠作为负面形象出现，这篇作品首开其例。

师：既然对《硕鼠》没有感觉，那么我们再读一首大家有感觉的。

（E）出示 PPT：《蒹葭》

生：朗读并讨论。

师：中国台湾作家柏杨曾说：中国的诗是世界上唯一无法翻译的文学作品，如果抛弃方块字译成其他文字，就像美女抛弃了容貌一样。那么今天我也给美女破回相："河畔芦苇碧色苍苍，深秋白露凝结成霜。我那日思夜想的人，就在河水对岸一方……"

赏析这首诗的第一层次：把诗中的"伊人"认定为情人、恋人，那么它表现了主人公对美好爱情的执着追求和追求不得的惆怅心情。第二层次：把它引申为凡世间一切因受阻而难以达到的种种追求，都可以在这里发生共振共鸣。我们可以联想到爱情的境遇、理想的破灭、事业的坎坷和前途的渺茫等诸多方面。第三层次：再把它提升到更高的角度，也可理解为国君的思贤慕士而不可得，知识分子的怀才不遇等。王国维曾将这首诗与晏殊的《蝶恋花》"昨夜西风凋碧树，独上高楼，望尽天涯路"相提并论。

师：《诗经》之韵，从西周到春秋穿林渡水而来，它是有生命的。诗歌中的主人公有你有我也有他（她），或者是你是我也是他（她）……说到《诗经》的影响，人们总这样评价：对后世文学有重要影响，人文精神和现实主义的创作态度，在世界文学史上永放光芒。我们还是从最直接的例子来说明《诗经》的影响，或许更明了。

（F）出示 PPT：中国人名取自《诗经》的。

诸葛孔明（完备周详）——"祀事孔明。"

琼瑶（美玉）——"投我以木桃，报之以琼瑶。"

我国原外交部部长钱其琛（珍宝）——"憬彼淮夷，来献其琛。"

原全国人大常委会委员长吴邦国（国家）——"宜大夫庶士，邦国是有。"

（G）出示 PPT：外国取自《诗经》的人名——日本前首相福田赳夫。

师：1978 年，邓小平访问日本。在两国领导人正式会谈之前，福田递给邓小平一张纸条，上面写着"赳赳武夫，公侯干城"8 个字，并自豪地说："我的名字就是取自《诗经》这一句，也可以说是中国的名字。"

（H）出示 PPT：

路漫漫其修远兮，吾将上下而求索。

长太息以掩涕兮，哀民生之多艰。

亦余心之所善兮，虽九死其犹未悔。

师：请同学们说出这是什么文学体裁，它与《诗经》有何不同？

生：讨论并回答。

（I）出示 PPT：《楚辞》简介。

二、《楚辞》——风骚浪漫

师：如果说《诗经》是一首黄河流域厚重的历史文化长歌，那么《楚辞》则向我们展开了江淮流域另一幅色彩浓郁的瑰丽画卷。

生：归纳《楚辞》的形成过程及句式特点。

师：我们学《楚辞》必讲屈原与《离骚》，请同学们简要介绍屈原的人生境遇和他身上值得我们学习的东西。

生：讨论并发言。

师：屈原是中国文学史上第一位伟大的爱国诗人，是浪漫主义诗人的杰出代表。屈原爱祖国爱人民、坚持真理、宁死不屈的精神和他"可与日月争光"的巍巍人格，千百年来感召和哺育着无数中华儿女，尤其是当国家民族处于危难之际，这种精神的感召作用就更加明显。

师：屈原不仅是中国的，而且还是世界的，千百年来不仅受到国人的敬仰，而且也得到世界人民的纪念。

（J）出示 PPT：1953 年受到世界和平理事会和全世界人民隆重纪念的世界"四大

文化名人"——屈原、哥白尼、拉伯雷和何塞·马蒂。

生：讨论自己所知道的名人及其事迹。

师：1953年，屈原被列为世界"四大文化名人"之一。屈原对后世的影响有两个方面：人格和文学。以上4人因为对人类文化有着独特贡献，所以他们的成就属于全人类而不仅属于一个民族。

（K）出示PPT：1972年9月27日，毛泽东主席在中南海会见日本首相田中角荣。

师：1972年9月27日，毛泽东主席在中南海会见了日本首相田中角荣。在一个小时的会见中，两人没有谈任何政治问题，只是谈个人、谈"孝道"、谈历史、谈文化、谈哲学、谈生活。会谈结束时，毛泽东从书架上拿过一套《楚辞》，赠给田中。

（L）出示PPT：《上林赋》中的句子。

"奏陶唐氏之舞，听葛天氏之歌，千人唱，万人和，山陵为之震动，川谷为之荡波。"

师：请同学们品味其中的韵味与《诗经》和《楚辞》的不同。

生：讨论并发言。

（M）出示PPT：汉赋简介。

三、汉赋——华彩绚丽

师：联系汉代政治、经济概况，说明汉赋形成的原因有哪些？主要内容是什么？

生：讨论并总结。

师：请一位同学说出自己所知道的司马相如。

生：讲司马相如与卓文君的爱情故事。

师：司马相如因为赋写得好，被汉武帝召到身边。一天，汉武帝读到《子虚赋》，被赋中华美的文辞与磅礴的气势吸引，不由拍手叫好。他一口气读完《子虚赋》，以为作者是前朝人，便连声叹息说："写这篇赋的人，真是个才子，可惜我没有和这个人生活在同一个时代！"这时，在汉武帝身边的人说："陛下，写这篇赋的人是小臣的同乡司马相如，现在成都闲居。"于是，汉武帝马上派人召司马相如来京，为司马相如安排了豪华的住处，给予优厚的待遇。第二天就带司马相如等人去上林苑游猎。没过几天，司马相如就挥笔疾书，写出了一篇《上林赋》，呈献给汉武帝。

四、唐诗——春花争芳

（N）出示PPT：《唐诗三百首》。

师：中国有句俗语："熟读唐诗三百首，不会作诗也会吟。"北宋诗人王安石说：

"世间好语言，已被老杜道尽；世间俗语言，已被乐天道尽。"

师：请同学们总结唐诗繁荣的条件。

生：讨论并回答。

师：除了同学们总结的条件外，还有一个条件：唐代的民间崇拜诗人，喜欢诗歌。

（O）出示PPT：唐代酒馆里歌女比拼王昌龄、高适、王之涣的诗歌故事。

王昌龄、高适、王之涣是很有名的诗人，在长安相遇后去酒馆喝酒，一边喝酒一边谈诗，都觉得自己的诗写得好，彼此不服，此时进来了一群歌女。唐人唱的流行歌曲就是唐诗，歌女凑在一起肯定要唱歌的。王昌龄说："我们待会儿听她们唱歌的时候，唱谁的多就说明谁的诗更有名。"另外二人点头称赞。果然那些歌女开唱了，第一个歌女站起来唱道："寒雨连江夜入吴，平明送客楚山孤。洛阳亲友如相问，一片冰心在玉壶。"王昌龄说："是我的《芙蓉楼送辛渐》。"一会儿第二个歌女开唱了："千里黄云白日曛，北风吹雁雪纷纷。莫愁前路无知己，天下谁人不识君。"高适说："是我的《别董大》。"第三个歌女紧接着又唱："青海长云暗雪山，孤城遥望玉门关。黄沙百战穿金甲，不破楼兰终不还。"王昌龄得意至极："是我的《从军行》。"王之涣脸上虽有些挂不住，但依然坚持说："还有那个最美的歌女没唱呢！待会儿她要是还唱你们的诗，我就甘拜下风。要是唱我的诗你们就拜我为师。"一会儿最美的那个歌女站起来开口就唱："黄河远上白云间，一片孤城万仞山。羌笛何须怨杨柳，春风不度玉门关。"王之涣高兴地说："你们两个乡巴佬，我难道瞎说了吗？"这个故事说明在盛唐时候，社会上最流行的歌曲，最受到人民群众欣赏的作品就是诗。

师：唐代诗人璀璨，诗歌争芳，最主要的诗人有哪几位？根据时代背景及个人境遇，谈谈他们的诗歌特色。

生：讨论并回答问题。

（P）出示PPT：李白、杜甫、白居易。

师：李白是时代骄子，盛世诗仙。浪漫气质成为盛唐之音的杰出代表。中国台湾诗人余光中说："酒入豪肠，七分酿成了月光，余下的三分啸成剑气，绣口一吐就半个盛唐。"他境遇坎坷，我们做以下梳理：隐居避世，暗等时机——短暂仕途，失意不失志——性情狂傲，蔑视权贵。一旦皇帝召他去长安，他马上就不再隐居了，向天狂吼："仰天大笑出门去，我辈岂是蓬蒿人。"唐玄宗没有让他做宰相治理国家，而是让他写诗歌颂杨贵妃的美貌："云想衣裳花想容，春风拂槛露华浓。若非群玉山头见，会向瑶台月下逢。"李白感到很失意，但他失意不失志，悲观后马上又变得乐观了，绝望后很快又充满希望了："天生我材必有用，千金散尽还复来。""长风破浪会有时，直挂云帆济沧海。"李白是一介平民，政治地位其实很低，在他看来帝王将相也没有什么了不起的，也不需要向他们卑躬屈膝："安能摧眉折腰事权贵，使我不得开心颜！"荣华富贵、功名仕途在他看来都是短暂的，没有什么意义："功名富贵若长在，汉水亦应西北流。"他聊以自慰的政治资本有："龙巾拭吐""御手调羹""力士脱靴""贵妃捧砚"。

杜甫早年跟李白一样，有狂傲的态度也有奋发昂扬的精神："会当凌绝顶，一览众山小。"国破家亡的痛苦，颠沛流离的生活，使杜甫诗中忧国忧民的内容更加深刻。在长安失陷后，杜甫泫然写下《春望》："国破山河在，城春草木深。感时花溅泪，恨别鸟惊心。"国家的破败，个人的不得志，并没有泯灭杜甫心中为国家作贡献的理想，《蜀相》中写道："丞相祠堂何处寻，锦官城外柏森森。……出师未捷身先死，长使英雄泪满襟。"他希望能像诸葛亮那样为国家作贡献，鞠躬尽瘁，死而后已。

白居易的诗才非常好，是一个通俗诗人，被贬江州不仅写出了《琵琶行》，而且还知道了在偏远地区依然有自己那么多"粉丝"。他从长安一路走来，看到路边旅店、乡村学校、寺庙等地方，到处都题着自己的诗；路上遇见的人，不论男女老幼、僧侣道人等，都能背他的诗。更有甚者还有"超级发烧友"，浑身都刺着白居易的诗，有三十多首。白居易的诗当时还传到日本，天皇也非常喜爱。

师：《诗经》《楚辞》、汉赋、唐诗都是我们中华优秀传统文化的经典。

（Q）出示 PPT：三则有关诵读传统经典的材料。

（Ⅰ）2008 年 5 月 9 日下午，正在日本访问的原中国国家主席胡锦涛，来到横滨山手中华学校看望该校师生，受到热烈欢迎。胡锦涛主席为学生讲解唐诗经典。

（Ⅱ）山东省桓台县世纪中学举行国学经典吟唱比赛。

（Ⅲ）由教育部、中宣部、文化部、国家广电总局等主办的第三届"中华诵·2009 经典诵读会"，于 2009 年 9 月在青岛举行。朗诵会以中国经典诗词和清明、端午、中秋、春节四大传统节日为主要内容。

师：雅言传承文明，经典浸润人生。什么是经典？我们为什么要读经典？

生：讨论后，各抒己见。

师：经典就是最有价值、最有意义的著作。因为我们能从经典中，读人、读人生、读智慧、读社会、读历史。从《诗经》中可读到《蒹葭》丛中飘逸的伊人倩影；从《离骚》中可以读到楚大夫沉吟泽畔，九死不悔的爱国精神；从李白身上可以读到奔放的个性、豪迈的理想；从杜甫身上可以读到"出师未捷身先死"的责任……

（R）出示 PPT：英国前首相丘吉尔的名言："我宁愿失去一个印度，也不肯失去莎士比亚。"

师：为什么？

生：讨论并回答。

师：因为在英国成为大国强国的过程中，戏剧家莎士比亚的作品提升了英国的人文精神；科学家牛顿的力学定律开启了英国工业革命的大门；经济学家亚当·斯密为英国提供了一个新的经济秩序。

师：一个人没有思想，如同僵尸；一个国家没有思想，就失去了前行的力量。中国经济发展快速，硬实力举世瞩目，如何使中国的优秀文化走向世界，提升我们的软实力？可喜的是，在全球化背景下，全球兴起汉语热，开放的中国已经走向世界，开放的世界更需要中国。从 2004 年在韩国首尔设立第一所孔子学院起，短短 5 年的时间内，中国已经在全球 78 个国家和地区成立了 320 所孔子学院。目前，世界上学汉语的人数已经增加到 4000 多万人。汉语热的出现，不仅提升了中国的国家形象，也大大提升了中国在文化教育等方面的软实力。

（S）出示 PPT：结束本课内容。

下节课我们走进宋词的花园、元曲的世界和明清小说的王国。

【此文发表在 2009 年第 10 期《中学历史教学参考》】

"世界多极化趋势"教学分析与案例

【课程标准】

通过了解第二次世界大战后资本主义、社会主义与第三世界国家的变化,认识其发展中的成就与问题;通过了解冷战时期的典型事件,认识冷战的基本特征,理解冷战的发生、发展与世界格局变化之间的相互影响。

【学术动态】

(A)目前学者在"日本为何不能正确对待历史问题"的研究中,主要有以下4点概述:

其一,是冷战时期美国埋下的祸根。

二战后初期,美国单独占领日本,实行了非军事化和民主化的改革。但随着冷战开始,特别是朝鲜民主主义人民共和国和中华人民共和国成立以后,美国急于将日本纳入其反共阵营,作为反苏反共战线的桥头堡。在政治上草草结束了对日本军国主义的整肃,极力扶植日本的反共右翼势力,解除对日本战犯的制裁;在军事上解除了对旧陆军军校学员的整肃,允许他们参加"自卫队",这批旧军人此后成为"自卫队"的基础。美国对日政策的改变,使日本的部分军国主义战犯、军人和右翼官僚政客重新回到军政界。这些人的军国主义思想和"皇国史观"根深蒂固,对在侵略中国等亚洲国家的战争中所犯的罪行拒不认账,埋下了日本为侵略历史翻案的祸根。

其二,是日本封建神道天皇制笼罩下的阴影。

在长期的天皇统治中,日本国民的思想被以天皇为中心的神道所禁锢,对天皇的宗教式崇拜成为一种习惯,即天皇是至高无上的统治者,国民应当效忠天皇并将天皇的统治扩大到全世界。这种极端的日本军国主义、右翼势力的思想与天皇制结合,发展成为日本的"皇国史观"。正是受这种观念支配,日本打着"为天皇而战"的旗帜写下了血淋淋的侵略历史。二战后,美国从自身利益出发,希望利用天皇的巨大威望控制日本,天皇制的部分保留为军国主义和右翼势力留下了精神支柱和"东山再起"

的希望，并使以天皇制为基础的"皇国史观"和与之关系密切的日本军国主义思想在意识形态领域延续下来，影响着后世一代代的日本人，在日本国内形成"新国家主义""新民族主义""大国主义"等右倾思潮，制约着日本国民对历史问题的认识。

其三，是日本"重美轻亚"国家战略的弊端。

二战后的日本一直将国家战略建立在日美同盟的基础上。自恃美国的保护和撑腰，以及世界第二位的经济实力，日本在对亚洲，特别是对华战略上没有给予充分的重视，甚至视亚洲一些国家为安全威胁。这种"重美轻亚"的国家战略使日本在与亚洲国家的交往中缺少诚意和信任，表现出高人一等的优越感。于是，在日本看来，如何对待与亚洲国家间的"历史问题"也就没有那么重要和严肃，自然而然表现出对历史问题的轻视。

其四，是日本国内政治形势的推波助澜。

近几年，日本迈向政治大国的步伐越来越大、越来越快。在政治大潮推动日本奔向"普通国家"、政治大国的进程中，日本政界众多要员正在通过否定侵略、抹杀不光彩历史的方式，卸下历史包袱，树立其政治大国形象。这给正确认识历史问题设置了一道新的障碍。以小泉纯一郎等为代表的日本新生代政治家一意孤行，提倡"修宪、强兵、走向国际事务"。他们多在二战后出生和成长起来，没亲身经历过战争，没有老一辈政治家那种沉重的历史包袱和对侵略战争的负疚感、赎罪感。他们虽然对历史做出一定的反省但轻描淡写，更不希望亚洲邻国"翻老账"，甚至将对历史问题的强硬态度标榜为执政风格的果敢。这些新生代政治家们已经掌握了日本的政治脉搏，在政治、外交等方面表现出与前人截然不同的"独立、自信"。

（B）学者关于日本军国主义复活的危险性和严重性，目前存在以下争议：

其一，日本军国主义复活的危险性与日俱增，有发生战争的危险。理由是：

①日本自卫队虽仅有 24 万人，但自 20 世纪 80 年代起军费开支突破不超过 GNP1%的限制，到 2002 年已经达到 405 亿美元，其中大多数用于增加陆海空军的军事装备，军费开支居世界第二位。②自 20 世纪 90 年代日本大力扩充军备以来，其常规军力早已领先亚洲，甚至超过英、法、德等大国，处于世界一流水平。例如，日本陆上自卫队装备的坦克在火力等方面均列世界各国主战坦克之首；海军的"宙斯盾"级驱逐舰装备了世界最先进的舰载雷达，军事技术已达到世界先进水平；空军拥有的高性能战斗机的数量仅次于美国。③日本已经自行发射了人造卫星，无疑具备了导弹制造与发射能力，而且已经掌握了核武器的研制和生产技术。④只要战争和政治需要，日本可在短期内组成庞大的军队，因为现有的 24 万自卫军是一直按军官标准进行培养与训练

的。⑤日本政府和右翼势力长期精心筹划改变国民和平史观，支持军国主义的图谋逐步得逞。20 世纪 90 年代以来的否定侵略战争历史、首脑参拜靖国神社、制造"日中关系新思维"等均为日本政府和右翼势力精心策划安排的结果。

其二，日本军国主义虽有复活的迹象，但不足以形成燎原之势，发生战争的可能性很小。

①冷战结束后，世界形势的总趋势走向缓和，反对战争、维护世界和平成为主流。虽然战争的危险存在，但制约战争的力量有了可喜的发展。②日本虽有美国撑腰，两国又有战略合作伙伴关系，但美国不会忘记当年珍珠港的惨痛教训，不会放手让日本去胡作非为。美国暂时纵容日本完全出于其在亚太地区的利益，尤其是牵制中国。③中国力量的崛起是制约日本铤而走险的决定性因素。④俄罗斯的威慑作用不可小觑。俄罗斯有强大的军备力量，与日本既是邻国，又有久而未决的领土争端，两国至今没有签署和平条约。⑤亚洲人民不再是 20 世纪 30 年代的人民，亚洲各国也不再是那时的各国，对日本军国主义的倾向不再麻木，提高了警惕，提升了戒备。

（C）欧洲一体化进程的三大趋势。

①欧盟将继续深化在各个经济领域的一体化建设，使这个全球最大的经济联盟更加健全，各成员国联系更加紧密。根据《欧盟 2020 发展战略》中关于产业结构调整要加速、解决失业问题要加大力度的目标，可以预见作为超国家机构的欧盟对宏观经济政策的调整能力将进一步增强。

②实现欧盟进一步东扩的战略目标，继续增强经济实力。到 2024 年，欧盟有 27 个成员国，以后还有继续扩大的空间与可能。

③未来，欧、美、日之间的实力对比将进一步发生变化。随着欧盟综合实力增强和东扩步伐加快，未来很有可能结束美国"独步天下"的局面，在贸易、金融和高科技等领域与美国展开全方位竞争，从而成为经济全球化和区域集团化发展的强大推动力。

（D）欧盟最终将向何处去？

①欧盟边界终将扩展到哪里？有的学者认为：目前欧盟共有 27 个成员国，将来会把所有地理意义上的欧洲国家悉数揽入怀中。有的学者认为：目前欧盟已经太大，前两轮的扩大还没有消化，扩大应该暂停，边界已近极限。

②欧盟最终要建立一个什么样的体制？有的学者认为：从欧共体到欧洲联盟，到欧元的流通，再到《里斯本条约》完成批准过程，欧盟日渐向欧洲合众国目标迈进，在最终政体形式上是建设一个欧洲联邦或欧洲合众国，形成一个民族国家联盟的治理模式。有的学者认为：欧盟经济一体化已经形成了自由贸易区、关税同盟、共同市场、

经济联盟，以后会日臻成熟完善；军事一体化主要是在人员、武器、技术等领域的协调与合作，形成共同的防御体系，不会缔结军事同盟；政治一体化只是集团内国家在经济和军事一体化的基础上，在政治方面的联系与合作，不会建立起欧洲联邦或欧洲合众国的"超主权国家"。

（E）日本、德国对二战历史态度不同的原因分析。

①二战后对两国法西斯的处理方式不同。德国政府被完全推翻，由美、英、法、苏四国直接统治。欧洲国际军事法庭对德国纳粹战犯的审判中，法西斯分子受到了应有的惩罚；日本投降后美国军队单独占领日本，采取间接统治，虽然有占领军总司令部的严格控制，但形式上要通过日本政府来实施。远东国际军事法庭对日本法西斯的审判由于受美国的袒护，许多战犯或免予起诉，或被提前释放。美国需要以天皇为首的旧统治势力，虽然天皇已变成象征，但天皇制被设法保留下来。

②受害国对法西斯的态度不同。欧洲受纳粹侵略奴役的国家从未放弃对战争的索赔和战犯的追捕（直到 2009 年 5 月，还有 89 岁的原纳粹分子约翰·代姆扬尤克从美国被遣返回德国受审，同年 11 月被控曾协助纳粹杀害 27 900 名犹太人）。日本战败后，亚洲受害国正忙于内战或民族独立斗争，大大降低了自己在对日问题上的发言权，不得不接受世界霸主美国政府的意志。再后来随着国际国内形势的变化，受害国不仅宽恕了日本，而且基本放弃了对日本的战争索赔。（1965 年，日本、韩国签署了战后赔偿协定：日本向韩国政府支付 5 亿美元、向民间人士支付 3 亿美元。1998 年，日本、韩国签署"联合宣言"，日本政府正式表示："对殖民统治及因此给韩国人民带来的重大损失和痛苦，进行痛切的反省和由衷的道歉。"在受到日本侵略的亚洲国家中，只有韩国得到这种程度的赔偿和书面忏悔）

③德日两国的宗教信仰不同。德国 90% 的人主要信仰基督教，基督教徒不但不把认罪视为可耻，而且要求认罪者必须真诚谢罪，用行动赎罪；日本人主要信仰神道教，对神道教徒来说，天皇和国家从来都是正确的，按照天皇意愿的所作所为没有什么错误和悔罪可言，视认罪、谢罪为可耻。

【核心知识】

一、欧洲走向联合的逐步实现

欧洲一体化最深刻的根源在于欧洲文明的同一性，它源于古希腊和古罗马的古典文明，欧洲各国的成文历史都是以罗马法律的实施为开端的。但在千余年发展中，欧洲政治家和统治者不惜使用武力，使欧洲深陷战乱之中，谋求统一之梦遥不可及。如何有效地避免战争？法国大文豪维克多·雨果就曾提出一个响亮的名词——"欧罗巴合众国"，并坚信："总有一天，美利坚合众国和欧罗巴合众国将跨越海洋携手共进。"

经过两次世界大战的浩劫，昔日称雄于世界的欧洲国家失去了以往的富有和在世界经济中的显赫地位。财政危机、外汇短缺、货币贬值、物资贫乏等问题普遍存在，大多数欧洲国家已沦落为二流国或三流国。"德意"战败国一片废墟，百废待举；"英法"战胜国虽赢得了战争，但输尽了财富，英国的国民财富减少了1/4，对外贸易削减了2/3，外债高达350多亿美元；法国的铁路运输大部分遭到破坏，约50万座建筑物被毁。此外，在东方，来自苏联和东欧盟国的威胁与日俱增；在西方，来自美国的经济渗透和政治控制不断加强。丘吉尔早在德黑兰会议上就曾这样描述："我的一边坐着把一条腿搭在另一条腿上的巨大的俄国熊，另一边是巨大的北美野牛，中间坐着的是一头可怜的英国小毛驴。"欧洲政治家清醒地意识到：如此下去，欧洲将不再是欧洲人的欧洲。

历时百年的法德矛盾的和解是欧洲联合的基础。1949年联邦德国建立后，阿登纳政府主动表示欢迎法国对其投资，1950年法国外长舒曼提出建立煤钢共同市场的"舒曼计划"。1951年4月，法国、意大利、联邦德国、荷兰、比利时、卢森堡6国签订了为期50年的《关于建立欧洲煤钢共同体的条约》。此后，由于把联邦德国重整军备的关键部门置于共同管理和监督之下，法国对德国亦怨亦忧的情绪得到缓解，这为欧洲建立共同体铺平了道路。1955年6月，加入欧洲煤钢共同体的6国的外长在意大利举行会议，建议将煤钢共同体的原则推广到其他经济领域，并建立共同市场。1957年3月，6国外长在罗马签订了《欧洲经济共同体条约》与《欧洲原子能共同体条约》，即《罗马条约》，于1958年1月1日生效。《罗马条约》的内容涉及关税同盟、共同农业政策、运输和贸易政策，以及商品、劳务、资金的自由流通等政策。这样一来，一个包括欧洲6国，拥有116.8万平方公里土地，1.6亿人口的经济共同体正式宣告成立。1965年4月，6国签订了《布鲁塞尔条约》，决定将欧洲煤钢共同体、欧洲原子能共同体和欧洲经济共同体统一起来，统称欧洲共同体，该条约于1967年7月1日生效。欧共体总部设在比利时首都布鲁塞尔。

西欧经济经过20世纪50年代的持续稳定增长后，进入20世纪60年代普遍加快了增长速度，进入了"黄金时代"。20世纪60年代，西欧国民生产总值的平均增长率由20世纪50年代的4.4%增至20世纪60年代的5.2%；投资总额占国民生产总值的比例平均为18.1%，经济异常繁荣；失业率由20世纪50年代的2.9%降至20世纪60年代的1.5%，其中联邦德国和意大利已经消灭了结构性失业，瑞士完全消灭了失业；西欧国家的外汇储备在 1950 年以前不足 100 亿美元，到 1970 年已增至 470 亿美元，同期美国的外汇储备却从 230 亿美元降至 140 亿美元；西欧国家的黄金储备量在 1948 年将近枯竭，仅占资本主义世界黄金储备的 7.4%，到 1970 年上升到 37%；在世界贸易方面，到 20 世纪 60 年代末，仅欧共体 6 国在世界贸易总额中所占比例就超过了 39%，而美国已下降到 15.1%；在世界工业生产中，西欧所占比例大幅上升至 28.6%，而美国同期则降至 37.8%。

随着经济实力的增强，西欧国家开始摆脱美国的控制，推行独立自主的外交政策。例如，法国坚持发展独立的核力量，努力摆脱美国的"核保护伞"，1960 年成功爆炸第一颗原子弹；果断退出北约军事一体化组织，积极发展独立的军事防卫体系；积极发展"法德联盟"，从而防止美国利用英国控制欧洲；发展独立的对苏关系，用"缓和、谅解、合作"的外交政策替代冷战与对抗，增强在美苏夹缝中的适应性和灵活性等。联邦德国实行"新东方政策"，自主发展同苏联、东欧国家的关系，谋求在国际政治舞台上重新发挥重要作用。此外，随着日本经济的崛起，日本也开始挣脱美国的控制，与苏联恢复外交关系等。总之，到 20 世纪 60 年代后半期，以美国为首的资本主义阵营逐步分化，逐渐形成美、欧、日三足鼎立的局面。这归根到底是资本主义经济不平衡发展的结果。

到 2024 年，欧盟有比利时、荷兰、卢森堡、法国、德国、意大利、丹麦、爱尔兰、克罗地亚、葡萄牙、西班牙、希腊、奥地利、芬兰、瑞典、马耳他、塞浦路斯、波兰、匈牙利、捷克、斯洛伐克、爱沙尼亚、拉脱维亚、立陶宛、斯洛文尼亚、罗马尼亚、保加利亚 27 个成员国。总面积 414 万平方公里，人口 4.5 亿，国内生产总值达 18.34 万亿美元（2023 年），已经成为世界上一体化程度最高、综合实力最强、地位和影响最引人注目的国家联合体。为了更顺利地推动欧洲一体化进程，2004 年 10 月，欧盟各国首脑在意大利首都罗马签署了《欧盟宪法条约》，后来却因遭到法国和荷兰全民公决的否决而"胎死腹中"。为解决欧盟制宪危机，2007 年 12 月，欧盟各国领导人在里斯本正式签署《里斯本条约》，该条约被视为"简版"的《欧盟宪法条约》。2009 年 11 月，《里斯本条约》获得欧盟全部 27 个成员国的批准。这意味着欧盟又迎来了历史性的变革，即将开启新的时代。

二、日本成为世界经济大国

二战后日本的经济陷于瘫痪和濒临崩溃的边缘。战争摧毁了日本大量的财富，经济损失约 6500 亿日元；粮食奇缺，每天要从美国运来 6000 吨大米才能保证尽可能少饿死人；作为日本原料能源供应的海上航运业，从二战前的每年运输 630 万吨锐减至战败时的 153 万吨，几乎损失殆尽；主要的工业生产能力除了在战争中被破坏掉的外，绝大部分已转入战时生产体系，一时难以恢复到和平时期的要求，而且许多工厂的设备还被美国拆卸充作赔款；通货膨胀严重，黑市猖獗；大量的复员军人和 600 多万从殖民地和占领地遭返回国的日本人，对职业和房屋的争夺异常激烈。1946 年，日本的国民生产总值只相当于战前 1936 年的 62%，工业只相当于 1936 年的 31%。驻日美军最高司令官麦克阿瑟说："由于这次战争，日本已降为四等国。"

二战后，在人民的要求和美国占领当局的压力下，日本在政治上进行了一系列民主改革，1947 年颁布新的《日本国宪法》，国家体制从天皇制改为资产阶级专政的君主立宪制；在经济上进行了土地改革、解散财阀、成立工会等民主改革，为资本主义经济发展扫清了道路。进入 20 世纪 50 年代后，在生产关系和生产力两方面进行了逐步调整：在生产关系方面，改进了金融和财政制度，调整了中央与地方、政府与企业之间的关系，把工人运动初步引入"劳资合作"的道路，从而基本上确立了资本主义经济体制；在生产力方面，加强农业生产，改造原有设备，调整两大部类比例关系等，使原来的战争经济体系转变到民用经济体系，恢复了国民经济的平衡发展。

从二战后到 1951 年，美国向日本先后提供了"占领区救济资金"和"占领区经济复兴资金"，基本上无偿援助了 21 亿美元，加上同期日本以借款方式引进的 1.9 亿美元外资，6 年总计引进 23 亿多美元外资，这对克服经济困难无疑起到了输血作用。

1950 年朝鲜战争爆发，使日本经济开始复苏。首先，美国给日本带来 26 亿多美元的军需订货，极大地刺激和提振了当时的日本经济；其次，极大地刺激了日本的出口贸易，到 1951 年底，日本外贸相比上年增长了 2.8 倍；再次，使日本商业迅速摆脱积压滞销的艰难局面，有约 1500 亿日元的积压滞销商品顷刻间抢购一空；最后，使日本企业获得巨额利润，促进了资本积累和扩大再生产。20 世纪 60 年代，美国发动的越南战争，也给日本带来了"战争景气"，据统计，这场战争使日本每年额外得到的出口额达到 20 亿～25 亿美元。

政府部门全力抓经济。日本政府制定了适合本国国情的"贸易立国"的国策，把"出口第一"作为经济纲领，建立起计划与市场经济相结合的经济体制，有效地发挥作用，大量引进先进科技和管理经验并迅速消化。据统计，自 1955 年到 1965 年，日本引进 3534 项国外先进技术，引进的同时又用"模仿加改良"的方法迅速吸收，使许多生产领域很快达到了世界先进水平。又把引入国外先进管理经验与日本本国国情相结合，产生了一套独特的企业管理法，产生了很高的效益。

日本对教育事业极为重视。教育经费随着经济的发展迅猛增加，1960年为6124亿日元，1970年增为28 843亿日元；大量熟练的技术工人和高中毕业生加入到各个经济部门工作；自1951年到1973年，短期大学毕业生增加了150倍，正式大学毕业生增加了15倍，硕士生由1963年的3000多人增加到1973年的12 000多人。正如《东京新闻》在一篇述评中所说："作为资源小国的我国，经历了诸多考验，得以在短期内建成今日之日本，其原因在于国民教育水平和教育普及的高度。"

到1968年，日本国民生产总值达到1419亿美元，超过联邦德国，成为仅次于美国的资本主义世界第二号经济大国。1988年，日本人均收入高达1.9万美元，超过美国的1.8万美元，一度跃居资本主义大国之首。随着经济实力的增强，日本开始谋求政治大国的地位，希望在世界事务中发挥更大的影响。1975年以后，日本政府开始增强以"防卫"为名的军事力量，加强与美国的军事合作，成为美国重要的战略伙伴。20世纪80年代以来，日本的军费年均增长率超过6%，到2000年前后，实际军费开支仅次于美国，拥有世界上仅次于美国、俄罗斯的海军，3倍于英国的坦克和2倍于英国的战舰。核技术研究与开发处于世界领先水平，可以随时在短时间内造出核武器。20世纪90年代以来，日本在"国际合作"的名义下，几乎每年都向海外派遣军队。此外，日本正积极修改二战后的《和平宪法》，即《日本国宪法》，公开走上扩军备战的道路；还与德国、印度、巴西一道，在全球频频展开外交攻势，不遗余力地鼓动联合国安理会扩大常任理事国席位，谋取其中的一席之地。

随着日本经济的崛起，极右势力沉渣泛起，军国主义思想死灰复燃。日本内阁成员经常发表粉饰侵略历史的乱言，政府要员几乎每年都去靖国神社祭拜法西斯战犯；右翼势力三番五次地篡改历史教科书，处心积虑地妄图为日本发动对亚洲国家的侵略战争翻案，否认侵略罪行，开脱战争责任，企图重温军国主义旧梦。参拜靖国神社也就成为他们为战争翻案的"法宝"之一。日本的所作所为，不仅伤害了亚洲各国人民的感情，激起中国人民和亚洲其他国家人民的强烈反对和愤慨，也值得亚洲各国人民高度警惕。

三、不结盟运动的兴起

第二次世界大战后，一些民族独立国家为摆脱大国控制，避免卷入大国争斗，维护国家主权和独立，发展民族经济，采取了和平、中立和不结盟的对外政策。1955年的万隆会议本着"求同存异"原则，通过了团结反帝的纲领，显示了新兴民族独立国家的团结和精神，给不结盟运动以思想启示和政治推动。

1956年，南斯拉夫总统铁托、印度总理尼赫鲁、埃及总统纳赛尔在南斯拉夫会晤，正式提出了不结盟的主张。1961年6月，由埃及、南斯拉夫、印度、印度尼西亚、阿富汗5国发起，有20个国家参加的第一次不结盟国家和政府首脑会议的筹备会议在开罗举行了，会议明确规定了参加不结盟国家会议的5个条件：奉行以和平共处和不结盟为基础的独立的外交政策、支持民族独立运动、不参加大国军事同盟、不与大国缔结双边军事协定、不向外国提供军事基地。1961年9月，25个国家在南斯拉夫首都贝尔格莱德举行了第一次不结盟国家和政府首脑会议，正式宣告了不结盟运动的诞生。

不结盟运动诞生后，随着国际形势的变化，不结盟运动的内容不断丰富，但始终奉行独立、自主和非集团的宗旨和原则，支持各国人民争取和维护民族独立、捍卫国家主权，以及发展民族经济和民族文化的斗争；坚持反对帝国主义、新老殖民主义、种族主义和一切形式的外来统治和霸权主义，维护世界和平；呼吁第三世界国家加强团结；主张国际关系民主化和建立国际经济新秩序。进入21世纪，世界政治和经济格局发生了巨大变化，不结盟运动尝试对自身进行重新定义，着重强调维护世界和平与安全，推行平等、互不侵犯、多边主义等原则，并为来自不发达地区的成员国在国际谈判中争取权益。

不结盟运动是一个松散的国际组织，不设总部，无常设机构。它定期召开首脑会议、外长会议。首脑会议是不结盟运动最重要的活动形式，截至2024年已经举行了19次会议；而不结盟国家外长会议是每3年举行1次。不结盟运动目前有120个成员国、17个观察员国家和10个观察员组织。它包括了近三分之二的联合国会员国，绝大部分是亚洲、非洲和拉丁美洲的发展中国家，人口总和占世界人口的55%左右，在国际社会具有广泛的代表性。中国一贯重视与不结盟运动的关系，在国际事务中与不结盟运动保持着良好的合作关系，并于1992年9月正式成为不结盟运动的观察员国。

不结盟运动的兴起，成为自万隆会议后发展中国家崛起的第二个划时代的里程碑。在不结盟运动的影响下，发展中国家纷纷建立区域性的国际组织。在非洲，1963年5月，31个独立的非洲国家首脑在埃塞俄比亚首都亚的斯亚贝巴举行会议，通过并签署了《非洲统一组织宪章》，成立了非洲统一组织（简称"非统"）；在亚洲，1967年8月，马来西亚、菲律宾、新加坡、泰国和印度尼西亚5国为了在经济上加强合作，在国际事务中协调行动，成立了东南亚国家联盟（简称"东盟"）；在亚非地区的伊斯兰国家，1945年3月成立了阿拉伯国家联盟（简称"阿盟"），谴责以色列犹太复国主义，支持巴勒斯坦人民的正义斗争；1964年"七十七国集团"成立，其宗旨是联合发展中国家，协调立场，共同反对帝国主义和超级大国的控制和掠夺。

20世纪60、70年代，中苏关系破裂，社会主义阵营不复存在；西欧国家和日本开始冲击美国的经济霸主地位，逐渐形成资本主义世界美、欧、日三足鼎立的局面；不结盟运动的兴起和"七十七国集团"的成立，标志着广大发展中国家在各个领域争取权益，进行控制与反控制的斗争。这样一来，世界格局在曲折中不断地朝着多极化方向发展。

四、中国恢复在联合国的合法席位

1945年成立的联合国，寄托了世界人民对"欲免后世再遭今代人类两度身历惨不堪言之战祸"的愿望，承载着各国对"彼此以善邻之道，和睦相处"的理想，代表着各国对多边主义和集体应对全球性威胁与挑战的承诺。

中国为联合国的诞生作出了突出贡献。在世界反法西斯战争中，中国人民牺牲巨大，军民伤亡3500多万人，直接经济损失1000多亿美元，间接经济损失5000多亿美元。长期遭受列强干涉与侵略的中国，积极支持建立一个公平与公正的国际机构，是旧金山制宪会议发起国、联合国创始会员国、安理会常任理事国，也是第一个在《联合国宪章》上签字的国家。

1949年中华人民共和国成立后，美国政府从其全球战略利益出发，坚持反华立场，操纵联合国表决机器，硬把台湾当局作为中国代表保留在联合国及其附属机构，企图长期把新中国拒之于联合国大门之外。但新中国老一代的领导人们一直为恢复中国在联合国的合法权益而奋斗，为中国在联合国取得合法席位做了大量工作。1953年，周恩来就指出："许多重大国际问题，首先是亚洲问题，如果没有中华人民共和国参加，是不能解决的。"因此，联合国要真正有效地履行保障世界和平及国际安全的职责，就必须首先恢复中国在联合国中的合法权利。20世纪60年代后，民族解放运动更加风起云涌，联合国增加了40多个新成员，它们多数是发展中国家。同时，西欧一些主要国家也与中国谈判建交，中国的国际地位在不断提高。随着第三世界的崛起，世界上日益众多的国家对中国和平外交政策的了解不断加深，美国要在联合国内拒绝讨论中国代表权问题已越来越困难。20世纪70年代，美国在与苏联争霸中处于守势地位，同时也意识到："如果没有（中国）这个拥有7亿多人民的国家出力量，要建立稳定和持久的国际秩序是不可设想的。"1971年7月，美国总统国家安全事务助理基辛格秘密访问中国，它标志着中美关系将要揭开新的一页。

1971年10月25日，第26届联合国大会以76票赞成、35票反对、17票弃权的压倒多数通过了"恢复中华人民共和国在联合国的一切合法权利和立即把国民党集团的代表从联合国及其所属一切机构中驱逐出去"的第2758号决议。2758号决议以明白无误的语言"承认中华人民共和国政府的代表是中国在联合国组织的唯一合法代表",中华人民共和国"是安理会 5 个常任理事国之一",至此中国在联合国的代表权问题在政治、法理和程序上得到彻底解决。因为这个决议草案是由阿尔巴尼亚、阿尔及利亚等 23 个发展中国家共同提出的,并得到了另外 53 个国家的支持,所以人们常说:"是广大发展中国家把中国'抬进'了联合国。"时任坦桑尼亚常驻联合国代表萨利姆说:"这是向全世界宣告,第三世界国家、中小国家,可以在联合国讲坛上扬眉吐气地表达自己的意见了。"1971 年 11 月 11 日,在联合国大会决定恢复我国在联合国的合法席位以后,以乔冠华为团长、黄华为副团长的我国代表团抵达纽约,正式出席联大第 26 届会议。

中国恢复了在联合国的合法席位,使联合国有了占世界人口 1/4 的中国人民的真正代表。正如时任联合国秘书长吴丹所说:没有中华人民共和国,联合国绝不会成为真正的联合国。

中国在联合国合法席位的恢复,揭开了新中国多边外交崭新的一页。自通过恢复中国在联合国的合法席位决议之日起,至 1972 年底,短短一年多时间就有 27 个国家与中国建交、复交或将代办级外交关系升格为大使级外交关系,形成了一个建交的新高潮。自此,中国走上更广阔的国际舞台,国际地位和国际影响得到进一步提高和扩大。

中国在联合国合法席位的恢复,标志着在联合国安理会常任理事国中首次有了发展中国家的代表,这对于国际和平与安全起着举足轻重的作用。这是世界上一切爱好和平和主持正义的国家共同努力的结果,具有极为深远的意义。

【教学案例】

新课导入——多媒体显示:美国国旗、欧盟盟旗、日本国旗、不结盟运动会徽、中华人民共和国国旗及我们的地球的照片。

师:屏幕上出现的国旗或会徽是哪些国家或组织的?

生:美国、欧盟、日本、中国。(另一个老师告诉学生)

师:这节课我们要学的知识主要是与上面的几个国家或地区有关。进入 20 世纪 60、70 年代以来,随着各国政治经济的发展,世界出现了多极化的趋势,逐渐打破美苏的两极格局,这种打破首先是从资本主义阵营内部开始的。导入"走向联合的欧洲"一课。

一、走向联合的欧洲

出示幻灯片《一片废墟的德国城市街头》和材料,学生读材料,归纳欧洲走向联合的原因。

材料一："现在的欧洲是什么？它是一堆瓦砾，是一个藏骸所，是瘟疫和仇恨的发源地。"

——英国前首相丘吉尔1947年的讲话

材料二：二战使欧洲丧失了世界政治经济中心的优势地位，面对经济凋敝、政治危机、社会动乱等诸多困难，西欧各国纷纷实行社会改革，发展经济。在经济发展过程中，西欧国家间的联系日益密切，开始了一体化的过程。

材料三："如果我们欧洲人不想在起了根本变化的世界上走下坡路的话……欧洲的联合是绝对必要的。没有政治上的一致，欧洲各国人民将沦为超级大国的附庸。"

——联邦德国总理阿登纳的回忆录

材料四："总有一天，……所有的欧洲国家，无须丢掉你们各自的特点和闪光的个性，都将紧紧地融合在一个高一级的整体里；到那时，你们将构筑起欧洲的友爱关系……"

——维克多·雨果

师：在学生回答的基础上总结出以下4点原因。

①现实原因：第二次世界大战使西欧丧失了世界政治经济中心的优势地位，它要重新在国际事务中发挥有力影响，必须联合起来。

②根本原因：经济发展的需要。在经济的恢复和发展过程中，西欧国家间的联系日益密切。

③政治因素：在美苏两极格局下，西欧受到美国的控制和苏联的威胁。

④思想因素：欧洲传统的统一思想的影响。

出示《1871年1月普鲁士国王威廉一世在法国的凡尔赛宫加冕为皇帝》、二战中德国占领法国的图片，让学生回顾法德两国历史上的仇怨。

师：德国煤矿资源丰富，法国铁矿资源丰富，两国又是欧洲大陆上的大国，化解宿仇是实现西欧联合的关键。出示两段材料，导入欧洲走向联合的过程。

材料一："（我们）决心以根本利益的融合替代各民族间古老的对抗，用创建一个经济共同体的方式，为在长期以来被血腥的冲突分割的各民族之间建立一个广泛而自主的共同体打下根基，并为建设能够指出未来各族共同命运的具体机构奠定基础。"

——《欧洲煤钢共同体条约·前言》

材料二："把法国、德国的全部煤钢生产置于一个其他欧洲国家都可参加的高级联营机构的管制之下,……各成员国之间的煤钢流通将立即免除一切关税。"

——《舒曼计划》

师:"为什么法国外长首先要把煤钢生产置于同一个机构管理之下?"

生:讨论。(各抒己见)

师:由于把联邦德国重整军备的关键部门置于共同管理和监督之下,法国对德国亦怨亦忧的情绪得到缓解,这为欧洲形成共同体铺平了道路。(出示表1-10,说明欧洲联合的过程)

表1-10 欧洲联合的发展阶段

1952年:欧洲煤钢共同体	合三为一	1967年:欧洲共同体	初步发展	统一关税外贸	更高程度联合	1993年:欧盟成立	再启新时代	2009年:《里斯本条约》获欧盟成员国批准
1958年:欧洲经济共同体				共同农业政策				
				共同外交政策				
				趋向货币一体化				
1958年:欧洲原子能共同体				趋向政治一体化				
				趋向军事一体化				

出示材料,学生阅读材料,说明欧洲走向联合的影响。

材料一:美国和西欧六国经济实力的对比(表1-11)。

表1-11 美国和西欧六国经济实力的对比

国家(地区)	工业生产		出口贸易		黄金外汇储蓄	
	1948年	1957年	1948年	1957年	1948年	1957年
美国	53.4	47.0	32.4	20.6	56.2	36.4
西欧六国	12.8	18.4	11.4	22.3	7.4	20.4

注:以资本主义世界为100,数字代表美国和西欧六国所占比例。

材料二:法国前总统戴高乐主张欧洲应是"欧洲人的欧洲",主张欧洲联合起来,摆脱美国人的控制;1960年,法国试爆原子弹成功;1964年,法国冲破美国设置的反华阵线,与中国建交;1966年,法国正式退出北约"军事一体化"机构。

材料三:1968年,日本对美贸易顺差为11.03亿美元,1978年达到101.25亿美元。1965—1972年,欧共体国家的出口增加了158%,而美国出口只增加了80%。

学生阅读以上材料讨论后，教师归纳欧洲走向联合的影响有以下4点：

①欧洲共同体成立后，西欧国家不断加强经济合作，经济实力大大增强。②随着经济实力的增强，西欧国家开始摆脱美国的控制，推行独立自主的外交政策。③资本主义世界美、日、西欧三足鼎立的局面形成。④增强与美、苏抗衡的实力，冲击了两极格局，使世界朝多极化方向发展。

师：形成于20世纪60年代的欧共体，今天又发展到什么程度了呢？

出示PPT：《2007年的欧盟地图》和"大街小巷随处可见的欧盟旗帜"；"西欧开放的边境小城"和"公路上不同牌照的汽车并驾齐驱"；欧元和《里斯本条约》。（学生读图片）

师：欧盟不断"生财"和"添丁"，目前已经成为世界上一体化程度最高、综合实力最强、地位和影响最引人注目的国家联合体。随着2009年11月《里斯本条约》获得欧盟全部27个成员国的批准，这意味着欧盟又迎来了历史性的变革，又将开启一个新的时代。捷克前总理菲舍尔说：我们现在正处于这样一个位置，我们完成了全部批约程序，这个阶段刚刚完结；另一个阶段也才刚刚开始，我们将开始建设一个更强大、更有效率和更实干的欧洲。

二、日本成为世界经济大国

出示PPT："日本广岛被美国投掷的原子弹炸成一片废墟图"和"20世纪60年代日本等待出口的汽车图"。（学生读图思考，日本为何能从破败迅速走向繁荣）

师：二战对于西欧来说，赢得了战争，却输尽了财富；对于日本，既输掉了战争，又输尽了财富。那么，日本是通过什么措施，很快从战后废墟上崛起的呢？（出示材料，学生阅读）

材料一：二战后，日本政府进行民主改革，以铲除军国主义的社会经济基础，进一步消除生产关系中的封建落后因素，这就为日本经济恢复和发展奠定了基础。

材料二：日本政府根据国内外经济形势，制定出合乎国情的经济发展战略，提出"贸易立国，出口第一"的经济纲领。

材料三：日本加强政府投资教育，1960年教育投资为6124亿日元，到1970年增为28 843亿日元；1950年，日本9年义务教育普及率就达到了99%；1970年，高中学生考进大学的比例已经有23.6%。

材料四：1948年后，随着"冷战"的加剧，美国开始帮助日本恢复经济。首先是一再削减直至免除日本对美国的战争赔偿,并将已拆除的工业设备全部发还日本。同时美国还向日本提供恢复生产急需的资金和物资。

材料五:1950年,朝鲜战争爆发,美国给日本带来26亿多美元的军需订货;20世纪60年代,美国发动的越南战争,使日本每年额外得到的出口额达到20亿~25亿美元。

师:引导学生阅读材料,归纳日本崛起的原因。

①政府进行大力改革,消除生产关系中的封建落后因素。②重视教育,引进先进科学技术。③制定合乎国情的经济发展战略,适时提出经济发展的纲领。④美国大力扶植及朝鲜战争、越南战争所提供的有利外部条件。

出示PPT:"日本新干线列车、日本等待出口的汽车图"和材料,分析日本经济崛起后的结果。(学生读材料,讨论问题)

材料一:20世纪80年代日本的经济发展情况,如表1-12所示。

表1-12　20世纪80年代日本的经济发展情况

1983年	日本汽车、造船、电子计算机、机器人等产品量均居世界第一位
1986年	日本国民生产总值达到19 585亿美元;海外净资产1804亿美元,成为世界头号债权国
1987年	世界最大股票市场由纽约转移到东京
1988年	日本人均收入高达1.9万美元,超过美国的1.8万美元

材料二:1972年,日本前外务大臣大平正芳在记者招待会上说:"日本跟着美国走的时代已经过去了。"同时,日本在日美同盟的前提下展开了所谓的"多边自主外交"(如中日邦交)。

材料三:"西欧和日本都是美国非常有力的竞争对手。朋友,是的。盟国,是的。但是,他们正在与我们竞争。……同我们在第二次世界大战结束的时候相比,美国遇到了我们甚至连做梦也没想到过的那种挑战。"

——引自《1971年美国前总统尼克松的讲话》

师:到20世纪80年代后,日本成为仅次于美国的世界第二经济大国;不再唯美国"马首是瞻",开始为提高自己的国际政治地位而努力;在资本主义世界,与美、西欧三足鼎立,促使世界向多极化格局发展。

出示PPT：学生读材料和图片，讨论分析日本成为经济大国后的危险性。

材料一：1982年，日本前首相中曾根康弘多次在公开场合声明，日本要谋求做一个政治大国，在国际事务中有更多的发言权；2004年，日本前首相小泉纯一郎在第59届联合国大会上发表讲话称，日本希望成为安理会常任理事国。

材料二：2001年，中国、韩国民众游行，反对日本政府审定通过右翼分子编纂的歪曲历史的教科书；"2001年日本前首相小泉纯一郎参拜靖国神社图"。

师：提出成为"政治大国"的目标；极右势力沉渣泛起，为侵略战争开脱，企图重温军国主义旧梦。

三、不结盟运动的兴起

师：西欧的联合、日本的崛起，有力地冲击着两极格局。与此同时，还有一支不可忽视的力量以独立的姿态登上了国际的舞台——不结盟运动的兴起。

出示PPT："二战后亚洲一些国家独立形势图""非洲独立进程图"和材料，分析不结盟运动兴起的原因。

现有的军事集团正在发展成为越来越强大的军事、经济和政治集团，根据逻辑和它们的相互关系的性质看来，必然不时引起国际关系恶化……在这种情况下，和平共处的原则，是替代"冷战"和可能发生的全面核灾祸的唯一办法。因此这些原则——包括人民享有自决、独立和自由决定经济、社会和文化发展的方式和方法的权利——必须成为一切国际关系的唯一基础。

——不结盟国家的国家或政府首脑会议宣言（1961年9月）

师：（提问学生，回答后归纳）结合当时的世界格局，你认为不结盟运动兴起的背景有哪些？

二战后，民族解放运动蓬勃发展，亚非拉许多国家从殖民统治下相继获得独立；广大亚非拉国家为了摆脱美苏的控制和维护自身的独立，主张团结起来，相互支持。

出示PPT：不结盟运动发起人、"首届不结盟国家会议会场"和不结盟运动的标志。

生：看书归纳不结盟运动兴起的时间、地点，以及倡议国、斗争目标、意义。（完成表1-13）

表 1-13　不结盟运动

时间	1961 年	地点	贝尔格莱德	倡议国	南斯拉夫、印度、埃及、印度尼西亚、阿富汗
宗旨	独立、自主、非集团				
斗争目标	反对霸权主义、建立国际经济新秩序				
意义	推动了民族解放运动深入发展，加速了帝国主义殖民体系的崩溃；标志着第三世界国家以独立的姿态登上了国际政治舞台，在一定程度上冲击着两极格局				

四、中国的振兴

师：中国的经济发展迅速，国际地位也不断提高，成为世界政治舞台上的重要力量。

出示 PPT：通过一些重要的图片展示新中国的伟大历程。师生共同归纳新中国走向振兴，和平崛起的重大史实。（学生填写出表 1-14）

表 1-14　新中国重大史实

	重大历史事件
政治	新中国成立、1954 年第一部宪法颁布、港澳回归等
经济	"一五"计划的成就、社会主义三大改造、改革开放的成就
外交	《中苏友好同盟互助条约》，1954 年日内瓦会议，1955 年万隆会议，中国在联合国合法席位的恢复，中国与美国、日本的建交

出示 PPT："第 26 届联大上中国代表团笑逐颜开""美国工人赶制中国国旗""邓小平在联大上的发言"的图片。

师：（强调）中国恢复在联合国的合法席位，冲破了美国操纵、控制联合国的局面。从此，联合国成为第三世界的合法讲坛，帝国主义、霸权主义、殖民主义经常在这里遭到抨击。

出示 PPT："美国前总统尼克松 1971 年在堪萨斯城假日旅馆的讲话"的材料。

"我们在军事上曾经是世界第一位，甚至没有人向我们挑战，因为我们垄断着核武器。我们那时在经济上也远远处于第一位……现在，美国不再是从经济角度来说的世界头号国家，超群的世界强国，也不再仅仅有两个超级大国，当我们从经济角度和经济潜力来考虑问题时，今天世界上有五大力量，它们是美国、西欧、苏联、中国，当然还有日本。"

师：（总结，结束本课内容）欧共体形成、日本成为经济大国、不结盟运动兴起和中国的振兴，这些共同构成了世界的多极化趋势。

参考文献

[1] 吴于廑，齐世荣. 世界史·现代史：下卷［M］. 北京：高等教育出版社，1994.

[2] 王春良，祝明. 世界现代史：下册［M］. 济南：山东人民出版社，1985.

[3] 王斯德，钱洪. 世界当代史：1945—1988［M］. 北京：高等教育出版社，1989.

[4] 金重远. 20世纪的世界：百年历史回溯［M］. 上海：复旦大学出版社，2000.

[5] 潘俊峰，杨民军. 是总结，还是翻案：兼评《大东亚战争的总结》［M］. 北京：军事科学出版社，1998.

[6] 大岛孝一. 战争中的青年［M］. 东京：岩波书店，1985.

[7] 卫灵. 当代世界经济与政治［M］. 第2版. 北京：中国人民大学出版社，2014.

[8] 何秉孟. 理论热点：百家争鸣11题［M］. 北京：社会科学文献出版社，2005.

"新中国的科技成就"教学案例

导课:出示《中西科技发明对比》,如表 1-15 所示。

表 1-15　中西科技发明对比

年代	科技发明/个	中国		西方	
		件数/个	百分比	件数/个	百分比
公元 1—400 年	45	28	62%	17	38%
公元 401—1000 年	45	32	71%	13	29%
公元 1001—1500 年	67	38	57%	29	43%
公元 1501—1840 年	472	19	4%	453	96%

——申漳·《中国古代科技简史》

师:以上表格中的比例数,说明了什么问题?

生:中国古代科技水平曾长期居于世界领先地位,但到明清以后,中国的科技水平逐渐落后于西方。

师:同学们回答得很正确。结合我们所学的知识,探讨一下为什么明清以后我们的科技水平渐趋落伍了?

生:讨论并回答,各抒己见。

师:(总结)封建时期自然经济占统治地位,阻碍了生产力的发展;统治者实行"重农抑商"政策,不利于科技成果的产生、推广和应用;统治者实行的文化专制政策,禁锢了人们的思想,也使知识分子不务实际;闭关锁国政策阻碍了中西方文化的正常交流。

师:中国古代辉煌灿烂的科技成就,不仅让我们自豪,而且对世界文明的进步产生了重大影响,就连英国大哲学家培根也对此给予高度评价,请阅读下面材料。

"印刷术、火药、指南针这三种发明已经在世界范围内把事物的全部面貌和情况都改变了：第一种是在学术方面，第二种是在战事方面，第三种是在航行方面；并由此又引起难以数计的变化来……"

——英国哲学家弗朗西斯·培根

师：结合所学知识，请同学们说出3种发明中最具有世界意义的。

生：我们在学习新航路开辟的时候，知道指南针传入西欧后，在地理大发现中起了重要作用。从此，全球形成了以欧洲为世界中心的世界经济体系，人类也由此从各民族分散孤立地发展开始走向整体世界。

师：我国古代的科技发明确实对世界产生过革命性的影响，但到了近代，我国的科技水平走势如何呢？请同学们阅读以下材料。

"第一次是当欧洲工业革命迅速发展的时候，我们正处于所谓的'康乾盛世'。……一共134年……当时的清王朝沉湎于'天朝上国'的盲目自尊，……满足于传统农业社会的生产方式，对科技革命和工业革命麻木无睹，错失良机。

第二次是1840年鸦片战争以后，西方列强的坚船利炮打开了清朝的大门，洋务派发动'师夷长技以制夷'的自强运动，但因落后的封建制度和对近代科学技术认识的肤浅而终告失败，中国又一次丧失了科技革命的机遇。

第三次是20世纪上半叶，由于军阀混战及外敌入侵，中国失去了科学救国和实业救国的机遇。"

——2009年11月3日国务院原总理温家宝在首都科技界大会上的讲话·《让科技引领中国可持续发展》

师："康乾盛世"时期我们与第一次工业革命失之交臂，其原因我们在上面已经探讨了，那么我们为什么又错失了第二次工业革命的机遇呢？

生：第二次鸦片战争后，面对内忧外患，洋务派虽然引进西方先进的技术和机器，但没有从根本上改变中国腐朽的封建体制，导致洋务运动最后失败。

师：同学们回答得很准确。但不可否认洋务运动开启了中国近代化的先河，是一场有益的探索。由于以"中体西用"作为指导思想，所以没有使中国走上富强的道路。

师：同学们再思考，20世纪上半叶中国的仁人志士是怎样"实业救国"的？

生：张謇开办大生纱厂、荣氏兄弟经营面粉业和纺织业、范旭东兴办盐碱厂等。

师：同学们总结得很准确。20世纪上半叶，中国的民族工业曾经有过短暂的"黄金时期"，轻工业发展较快，重工业基础极为薄弱。由于帝国主义和封建主义的双重压迫，中国民族资本主义在夹缝中求生存，步履维艰。

师：中华人民共和国成立后，尽管我国的科技事业和祖国的命运一样经历了不平坦的道路，但在中国共产党领导下，广大科技工作者保持自力更生、艰苦奋斗的精神，在国防建设、农业生产等科学技术领域里填补了一项又一项空白，取得了举世瞩目的成就，提高了我国的国际地位，更为我国社会主义现代化建设提供了坚实的基础。接下来我们共同学习"新中国重大科技成就"。

师：请同学们浏览教材，完成下面的表1-16。

表1-16 新中国重大科技成就

领域	成就
国防	
民生	
信息技术	
载人航天	
地质	

师：学生完成上面表格后，出示1964年我国原子弹爆炸成功、1966年我国成功进行了首次"两弹结合"试验、1967年我国氢弹爆炸成功、1970年我国成功发射第一颗人造地球卫星的图片。

一、十年求索磨一剑，弹星冲天壮国威——"两弹一星"

（老师简要介绍上面4幅图片后，重点讲解我国为什么要研制原子弹的问题。）

师：在"两弹一星"的重大科技成就中，原子弹炸开了新中国尖端科技的大门。研制原子弹是一项庞大的科技工程，在我国经济基础薄弱，科技人才匮乏的现实下，我们为什么要迎难而上呢？请同学们阅读下面的材料。

"1950年10月，中国人民志愿军抗美援朝，志愿军在装备甚为劣势的条件下，英勇无比，取得节节胜利，美国的当权者为了挽回战局，多次企图对中国使用原子弹。

杜鲁门总统说，他已考虑同朝鲜战场有联系的原子弹问题。"

——1950年11月30日，美国合众社报道

"杜鲁门总统正在积极考虑使用原子弹来对付中国共产党人,如果有必要这样做的话。"

——1950年11月30日,美联社报道

"将携带核弹头的导弹秘密运到日本的冲绳岛,为向中国发射核导弹做准备。"

——1953年美国总统艾森豪威尔下达的命令

生:朝鲜战场上美国的失利,使美国企图对新生的中华人民共和国进行核威胁。

师:美国垄断原子弹,认为原子弹是解决战争的法宝。美国权衡利弊,理智地没有对我国进行核打击,但美国的邪念不得不促使我们思考,是否也要拥有这个"镇宅宝剑"?请同学们阅读以下材料——毛泽东对原子弹的认识。

"原子弹能不能解决战争?不能!原子弹不能使日本投降,只有原子弹而没有人民的斗争,原子弹只是空的。"

——1945年8月,延安的一次干部会议

"原子弹是美国反动派用来吓人的一只'纸老虎',看样子可怕,实际上并不可怕。"

——1946年8月6日,回答美国记者安娜·路易斯·斯特朗女士

"我们不但要有更多的飞机和大炮,而且还要有原子弹。在今天的世界上,我们要不受人家欺负,就不能没有这个东西。"

——1956年4月25日,中央政治局扩大会议

师:毛泽东对原子弹的认识发生了怎样的变化?

生:从原子弹不能解决战争、原子弹是"纸老虎"到我们应该拥有原子弹的认识变化。

师:为什么美国当权者动辄就要对我国进行核威胁?美国敢于这样做,就是因为我们中国没有原子弹、氢弹及其运载工具,中国没有核遏制力量,没有同样的打击报复手段,没有抗衡的力量。毛泽东面对国际形势变化的现实,随着时间的推移,从对原子弹在战略上蔑视,逐步在战术上重视起来。

师:"一穷二白"的中国怎么搞原子弹呢?请看下面材料。

"搞那个东西(核工业)太费钱了,我们这个大家庭有了核保护伞就行了,无须大家都来搞它了。须知那东西既费钱、费力,又不能吃、不能用,生产出来后还得储存起来,不久又过时了,还得重新造,太浪费了。我的想法是:目前你们不必搞这些东西了……"

——1954年赫鲁晓夫访华时对毛泽东说

师：我们曾向苏联老大哥求援，但遭到了赫鲁晓夫的婉言拒绝。虽然当时中苏两国正处于"蜜月期"，但事关核武器方面的核心技术，苏联还是吝啬的。1956年，国际形势发生了急剧性变化，赫鲁晓夫迫切需要中国对他的支持，在向中国援助尖端技术的问题上，他改变了原来的态度，有了松动，出现转机。但是好景不长，随着中苏关系的破裂，苏联援助中国研制原子弹的协议，只执行了一年多的时间，于1960年8月23日，将在我国核工业系统工作的200多名苏联专家全部撤走回国，并且把重要的图纸资料全部带走。特别严重的是，苏联原来援助中国建设的核工厂，有的建设了一半，有的还未完全建成，苏联停止向中国提供原来订购的配套设备。毛泽东在此严峻形势的压力下，审时度势，发出：只有一条路，自己动手，自力更生搞出原子弹的口号。他又指出："要下决心搞尖端技术，赫鲁晓夫不给我们尖端技术，极好，如果给了，这个账是很难还的。"

师：在研制"两弹一星"的科研团队中，有的人隐姓埋名，默默钻研；有的人甚至为此付出了生命的代价。新中国成立50周年的时候，中共中央、国务院及中央军委制作了"两弹一星"功勋奖章，表彰23位为研制"两弹一星"作出突出贡献的科技专家。我们今天特别介绍其中的一位，他就是被誉为"中国航天之父""中国导弹之父""火箭之王"的耀眼科技明星——钱学森。

出示有关钱学森的图片：青年钱学森、钱学森在美国给研究生讲课、钱学森归国、钱学森与毛泽东、钱学森出任中国运载火箭技术研究院首任院长。

师：通过图片，简单介绍钱学森的生平，突出他立志求学、冲破阻力毅然返回祖国的动人事例，尤其要告诉学生，扎实的学业基础是成为尖端科学家的秘诀。（出示钱学森求学历程表，表1-17）

表1-17 钱学森求学历程

年龄	学习阶段	就读学校
3岁	启蒙	蒙养院
6岁	初小	国立北京女子高等师范学校附小（今北京第二实验小学）
9岁	高小	国立北京高等师范学校附小（今北京第一实验小学）
13岁	中学	国立北平师范大学附属中学（今北京师范大学附属中学）
18岁	大学	国立交通大学（今上海交通大学和西安交通大学的前身）
24岁	硕士	美国麻省理工学院
25岁	博士	美国加州理工学院

师：正是钱学森心系祖国，心忧天下的爱国情怀；学思结合，知行统一的科学精神；严谨求实，精益求精的实干精神；敢为人先，勇于超越的创新精神，使他为"两弹一星"研制作出杰出贡献。2007年，"感动中国"组委会给他的颁奖辞是这样写的：

"他心里，国为重，家为轻；科学最重，名利最轻。5年归国路，10年两弹成。开创祖国航天事业，他是先行人。披荆斩棘，把智慧锻造成阶梯，留给后来的攀登者。他是知识的宝藏，是科学的旗帜，是中华民族知识分子的典范！"

师：钱老今天已经离我们而去了，在他生前的晚年，温家宝总理曾几次到家中探望。在得知钱老逝世的消息后，温家宝总理第一时间赶往医院。2009年11月，在首都科技界大会上的讲话中，他语重心长地说出了这样的话语，读来真让人潸然泪下。

"……10月31日，钱学森先生去世了。那天是星期六，早上我还是按时上班。他是8点零6分去世的，我是8点15分知道的。我赶到了301医院，向这位给国家和人民作出重大贡献、德高望重的科学家鞠了三个躬，来表达我对他的敬意和哀思。当天夜里，北京雨雪霏霏。我躺在床上，辗转反侧，难以入睡，钱老的音容笑貌一直萦绕在脑海里。我起身找出当年的日记和与钱老的通信。睹物思人，思绪万千，一桩桩往事历历在目……"

——温家宝·《让科技引领中国可持续发展》

师：出示表1-18，让学生简要了解世界各国研制核武器的概况。联系朝鲜核问题，引导学生运用政治常识，分析认识如何解决国家或地区的争端。

表1-18 世界各国研制核武器情况

国家	研制核武器情况
美国	1945年首次核试验成功，核试验次数达到1032次。拥有约1.2万枚核弹头，导弹射程达13 035公里
苏联	1949年首次核试验成功，核试验次数达到715次。拥有约2.8万枚核弹头，导弹射程达10 943公里
英国	1952年首次核试验成功，共进行45次核试验。拥有约400枚核弹头，导弹射程达5310公里
法国	1960年首次核试验成功，拥有约510枚核弹头，导弹射程将近5310公里
中国	1964年首次核试验成功

续表

国家	研制核武器情况
印度	1974年首次核试验成功，1998年进行了数次地下核试验。拥有约100枚射程在4000公里内的核导弹
朝鲜	2006年和2009年成功进行核试验

生：自由讨论，各抒己见。

师：（总结）1964年，我国第一颗原子弹试爆成功，这是一次让中国人挺直腰杆的爆炸，一次符合中国国际地位的爆炸，也是一次更好促进核平衡的爆炸。1964年10月17日，巴黎法新社曾报道："在24小时中爆炸了两颗影响世界平衡的炸弹，一颗是10月15日赫鲁晓夫下台的炸弹；另一颗是10月16日中国第一次爆炸的原子弹。"

师：请同学们思考，当年在经济困难时期，耗费大量人力、物力、财力来研制"两弹一星"，特别是"两弹"根本没派上用场，你认为有必要吗？

生：美国再也不敢轻易对我们耍核威风了，苏联也不得不对我们敬畏三分……

师："两弹一星"代表了我国当时科技达到的先进水平，加强了我国的国防力量，提高了国际地位；打破了大国的核垄断，对维护世界和平具有重要意义。正如邓小平所说："如果20世纪60年代以来中国没有原子弹、氢弹，没有发射卫星，中国就不能叫有重要影响的大国，就没有现在这样的国际地位。这些东西反映一个民族的能力，也是一个民族、一个国家兴旺发达的标志。"

师：日本法西斯发动侵略战争，日本军国主义政府罪责难逃，但日本人民是第一个"品尝"到原子弹滋味的。出示1945年8月6日和9日，广岛和长崎遭受美国原子弹轰炸的悲惨图片。

师：中国研制出了原子弹，我们的政府是怎样向世界作出庄严承诺的呢？出示图片和材料，同时指出，这是第一个有核国家作出如此承诺，也是迄今为止的唯一一个。

"中国发展核武器，是为了防御，为了保卫中国人民免受核战争的威胁。中国在任何时候、任何情况下，都不会首先使用核武器。"

——1964年10月16日新华社播发的《中华人民共和国政府声明》

二、喜看稻菽千重浪，最是风流袁隆平——"东方魔稻"

师：出示下面图片，请同学们思考，它反映了什么样的一个时期？

生：反映了1958年中国进入"大跃进"时期，各地"浮夸风"盛行，争相放粮食高产"卫星"，严重脱离实际。

师：同学们回答得很准确。正如钱学森在《粮食亩产量会有多少？》中所说："要想提高粮食亩产量，得靠科技手段。"新中国成立后，我们国家的粮食单产究竟有多少呢？请看表1-19。

表1-19 1952年农作物单产情况

农作物单产量（千克/亩）				
水稻	甘薯	玉米	高粱	小麦
161	126	90	79	49

——林毅夫·《中国经济专题》

师：粮食单产如此低，而我国的人口数量却在不断地增长，请看表1-20。

表1-20 新中国成立以来中国人口增长情况

1949年	1971年	1980年	2000年
5.42亿	8.52亿	9.87亿	12.95亿

——2000年第五次全国人口普查报告

师：正当全国"浮夸风"盛行的时候，有一位农校的老师，他扎根农村，默默科研，敢于质疑权威，敢于向权威挑战，他就是被称为"中国当代神农"的袁隆平。出示图片和材料。

"他是一位真正的耕耘者。当他还是一个乡村教师的时候，已经具有颠覆世界权威的胆识；当他名满天下的时候，却仍然只是专注于田畴。淡泊名利，一介农夫，播撒智慧，收获富足。他毕生的梦想，就是让所有的人远离饥饿……"

——2004年《感动中国》组委会授予袁隆平的颁奖辞

师：袁隆平既是科学家，也是农民，他培育出的"超级杂交稻"被西方媒体称为"东方魔稻"，国际上也有人把杂交水稻当作中国四大发明之后的第五大发明。袁隆平曾说："我梦见我们种的水稻，长得跟高粱一样高，穗子像扫把那么长，颗粒像花生米那么大，我和助手们就坐在稻穗下面乘凉……"距离以上的梦想虽然还有很大的差距，但他为解决中国和世界人口的吃饭问题作出了无人企及的巨大贡献。请看表1-21。

表 1-21　杂交水稻发展阶段

时间	成就
1974 年	湖南开始试种杂交水稻，亩产超过 650 公斤，充分显示了它的增产优势
1976 年	全国示范推广面积扩大到 208 万亩，全部增产 20% 以上。全国粮食总产量达到 28 631 万吨，比 1965 年增长 47.2%
1987 年	中国杂交水稻累计增产 1 亿吨以上，每年增产的稻谷可以养活 6000 多万人
2000 年	杂交水稻亩产 700 公斤目标实现
2004 年	杂交水稻亩产 800 公斤目标实现，每年又可多养活 7500 万人
2010 年	杂交水稻亩产 900 公斤目标实现

师：通过上面的成就，袁隆平当之无愧地被誉为"科研跳高运动员"，有力地回答了"谁来养活这么多中国人？"的疑问！难怪有人风趣地说："中国农民吃饭靠'两平'，一是靠邓小平的责任制，二是靠袁隆平的杂交水稻。"其实，袁隆平不仅是中国的，也是世界的。世界上已有 20 多个国家和地区正在推广杂交水稻。为解决粮食短缺问题，联合国粮农组织聘请他为首席顾问。愿世界上多几个"袁隆平式"的科学家，彻底改变联合国前秘书长潘基文所描述的现状："在一个富足的世界里，仍有近 8 亿人食不果腹。"

师：中国以占世界不到 10% 的耕地养活了占世界 20% 多的人口，杂交水稻立下了汗马功劳。回顾中国古代历史，我们复习其中相关的知识。结合所学知识，从图中你们能得出哪些信息？（图略）

生：讨论并回答。

师：中国农耕经济最早在黄河流域和长江流域形成规模；农耕经济地域差别较明显；黄河、长江孕育了中华农业文明。

师：明清以来，特别是清朝的康熙、乾隆和道光年间，中国人口急剧膨胀，当时是怎样解决人们吃饭的问题呢？出示表 1-22 和文字材料。

材料一：

表 1-22　明清时期人口增长情况

明初（1368 年）	乾隆六年（1741 年）	乾隆五十年（1790 年）	道光十八年（1838 年）
6000 万人	1.5 亿人	3 亿人	4 亿人

——袁行霈·《中华文明史》卷 4

材料二： 康熙帝亲自在宫中用10余年时间反复试验并培育出早熟的优良稻种"御稻米"；乾隆初年，两江总督郝玉麟将福建耐旱"无须浸灌"的早稻品种"畲粟"引进安徽，在稻谷杂粮均不宜种的"高阜斜坡"试种，颇有成效，进而推广到北方。

从美洲引进的番薯、玉米、马铃薯等高产作物，在明清之际逐渐在内地引种。乾隆五十年，黄河中下游亢旱成灾，福建有一个80多岁的老人陈世元，自愿携带薯种、仆人前往教种。乾隆帝特加褒奖并下诏倡导种植。

——张岂之·《中国历史·元明清卷》

师：为了解决人多粮少的矛盾，请从材料中归纳出几点举措。试分析有何重大历史意义？

生：阅读材料，讨论并回答。

师：列举措施从材料中就可以提炼，此问题的难点在于结合所学知识分析其意义。

（1）举措：

①政府努力培育粮食新品种和倡导新品种的种植。

②地方官员和民间人士大力推广。

③高产粮食作物的引进和种植范围不断扩大。

（2）历史意义：

①更多土地得到有效利用，粮食产量大幅度增加。

②人口进一步增长，促进社会经济进一步发展。

③民众的饮食结构发生重大变化。

④有利于发展经济作物，促进农业生产商品化，突破传统的农业结构。

三、遥看琼楼舞清影，今朝神舟上九天——"神舟"号系列飞船

出示"神舟五号"发射现场和航天英雄——杨利伟的图片。

师：嫦娥奔月，是古老的中国传说中最具梦想色彩的一页。进入20世纪后，科技的急速发展让神话有了成为现实的可能。浩瀚的太空，不再是与人类无关的未知领域，而是成为世界强国展开争夺的场所。史泼尼克、加加林、阿波罗11号，这些名字铭刻在人类史上，太空也成为中国人向往的目标。1970年，"东方红卫星飞太空，寰宇响彻东方红"，这是继原子弹和氢弹后，新中国又一个标志性的重大科技成果。改革开放后，随着中国综合国力的进一步增强，我国的载人航天技术也步入世界先进行列。

"那一刻当我们仰望星空，或许会感觉到他注视地球的目光。他承载着中华民族飞天的梦想，他象征着中国走向太空的成功。作为中华飞天第一人，作为中国航天人的杰出代表，他的名字注定要被历史铭记。成就这光彩人生的，是他训练中的坚韧执着，飞天时的从容镇定，成功后的理智平和。而这也是几代中国航天人的精神，这精神开启了中国人的太空时代，还将成就我们民族更多更美好的梦想。"

——2003年《感动中国》组委会授予杨利伟的颁奖辞

师："神舟五号"的成功发射，不仅感动了中国，也让欧美国家赞叹不已。出示欧美一些国家发表的评论，进一步增强学生的民族自豪感。

"这是一个具有高度标志性的事件，它表明中国的航天技术在21世纪已经走到了欧洲和日本前面。"

——法国航天问题专家菲利普·库埃

"此次发射本身是一个渴望在世界舞台上建立声望的国家姗姗来迟的成功之举。与北京被选定为2008年夏季奥运会举办地一样，'神舟五号'的成功发射就像是在对世界说：'我们来了。'"

——华盛顿的政策分析家

"此次行动确实能够增强中国的战略实力，将使中国成为一个太空领域的竞争者。"

——美国国防部中国事务部门陆军上校马克·斯托克斯

师：2003年"神舟五号"上天，中国成为第三个有能力把宇航员送入太空的国家。2005年，"神舟六号"载着航天员费俊龙、聂海胜飞入太空。人们最难忘的是2008年承载着翟志刚、刘伯明、景海鹏3名航天员的"神舟七号"直冲云霄，实现了太空行走。这是中国人首次太空行走，也将成为中华民族史上难忘的历史记忆。出示"神七"图片和颁奖词。

"中国人的足迹，从此印进寥廓而深邃的星空，当他们问候世界的时候，给未来留下了深远的回声。"

——2008年《感动中国》组委会授予"神七"航天员
翟志刚、刘伯明、景海鹏的颁奖辞

师：请同学们思考，中国的载人航天工程有何政治、经济意义？

生：展示了中国强大的航天技术能力，是我国科技发展史上又一个光辉的里程碑；中国航天技术已经走在欧洲和日本前面，激发了中国人民强烈的民族自豪感；成为带动高新技术及相关领域发展的强大动力。

四、亿万星辰汇银河，笑向繁星任高歌——"银河"系列计算机

师：出示材料。

"我1930年就是红军军长，带兵打长沙。1930年的红军打长沙是壮举，50年后，你们在长沙研制成功银河-Ⅰ巨型计算机是更成功的壮举！"

——原军事学院副院长何长工在"银河-Ⅰ"巨型机鉴定大会上，

高唱1930年红军军歌庆祝巨型机问世

师：在信息时代，一个国家的计算机技术是否先进至关重要。自20世纪70年代后期，中国在这方面奋起直追，取得了骄人的成绩。（出示表1-23）

表1-23 我国高性能计算机研发情况

时间	项目	性能及意义
1983年12月	银河-Ⅰ	第一台亿次巨型电子计算机，成为继美、日等国之后，能够独立设计和制造巨型机的国家
1992年11月	银河-Ⅱ	第一台10亿次巨型计算机，填补了我国面向大型科学工程计算和大规模数据处理的并行巨型计算机的空白
1997年6月	银河-Ⅲ	峰值性能达到130亿次，综合技术达到当前国际先进水平
2009年10月	天河一号	峰值速度达到每秒1206.19万亿次，名列世界第五、亚洲第一

师：20世纪90年代以来，我国逐渐进入了互联网时代。这些运算速度动辄以万亿、十万亿、百万亿和千万亿次来计算的超级计算机，和老百姓的日常生活有什么关系？

生：网上购物、网上聊天、发电子邮件代替写信、查找学习资料等。

师：同学们每天都享受着信息时代所带来的方便、快捷、高效的服务。在网络日益普及的今天，面对数千万、数亿用户的访问请求，服务器必须有强大的数据吞吐和处理能力。高性能服务器每秒钟可以处理数千万乃至数亿次服务请求，及时提供用户所需要的信息和服务，保证服务质量。除此之外，在天气预报、生物制药、航空航天、石油勘探等方面都产生不可替代的作用。

五、颠覆权威创新论，我为祖国找石油——李四光的地质力学理论

出示材料。

材料一："最早发现石油的记录源于《易经》中"泽中有火""上火下泽"。（注：泽，指湖泊池沼。"泽中有火"，是对石油蒸气在湖泊池沼水面上起火现象的描述。）

最早记载石油产地和认识石油性能的古籍，是一千九百年以前东汉文学家、历史学家班固所著的《汉书·地理志》。书中写道："高奴县有洧水可燃。"（注：洧水，指石油。）

最早关于采集和利用石油的记载，是南朝宋时期文学家、历史学家范晔所著的《后汉书·郡国志》。书中写道："县南有山，石出泉水，大如筥，燃之极明，不可食。县人谓之石漆。"（注：石漆，当时即指石油。）

材料二：最早提出"石油"一词的是公元977年北宋时期编著的《太平广记》。正式命名为"石油"是根据北宋杰出的科学家沈括在所著《梦溪笔谈》中写道："（油）生于水际，砂石与泉水相杂，惘惘而出。"故将此命名为石油。

师：中国是世界上最早开采并使用石油的国家。到了近代，除了我们技术落后之外，还有一个"怪论"笼罩着我们，那就是"中国陆相贫油论"。请阅读下面材料。

材料一："所有的产油层几乎毫无例外都是海相地层或与海相地层密切相关的淡水地层。"

——1921年美国明尼苏达大学埃蒙斯教授

材料二："中国没有新生代海相沉积，中国陆相贫油。"

——1922年美国斯坦福大学勃拉克韦尔德教授

师：中国真的贫油吗？中国科技工作者就是有一种敢于怀疑权威、挑战权威的魄力和勇气。在地质科学的群体中，他们顶风雪、抗酷暑，为摘掉中国"贫油国"的帽子而跋山涉水，这其中我们重点介绍——"地质之光"李四光。（出示李四光图片和简介）

李四光（1889—1971）。1904年，李四光因学习成绩优异被选派到日本留学，从1920年起，李四光担任北京大学地质系教授、系主任。1949年从英国启程秘密回国。

李四光的最大贡献是创立了地质力学，并以力学的观点研究地壳运动现象，探索地质运动与矿产分布规律、新华夏构造体系的特点，分析了中国的地质条件，说明中国的陆地一定有石油。从理论上推翻了"中国贫油"的结论，肯定了中国具有良好的储油条件。1956年，他亲自主持石油普查勘探工作，在很短的时间里，先后发现了大庆、胜利、大港、华北、江汉等油田，为中国石油工业建立了不朽的功勋。

师：周恩来总理曾说，"李四光同志是一面旗帜，对社会主义建设作出了很大贡献"。由于广大科技工作者的不懈努力，到1965年，以往依靠"洋油"的我国，石油已经全部自给。在开发大庆油田的过程中，涌现出了"铁人"王进喜式的模范人物。

大庆油田自1959年发现以来，为国家生产原油超过25亿吨，上缴税费及各种资金2.91万亿元，创造了年产原油5000万吨以上，连续27年高产稳产的世界奇迹。

师：（最后总结）新中国成立后，我国科技迅速发展，原因是什么？

生：讨论并回答。

师：

①国内社会主义制度的建立和完善为科技发展提供了可靠的保障。

②党和政府十分重视科技工作。

③广大科技工作者的热情投入、无私奉献和海外一些中国优秀科学家的回国报效。

④改革开放以来，中国经济迅猛发展，科学技术同生产力进一步结合，推动了科技的不断进步。

⑤国际上第三次科技革命的推动。

师：我们这节课学习了一项又一项让国人骄傲和自豪的科技成果，老一辈科学家执着进取、自强不息、勇攀科技高峰的精神值得我们敬仰与学习。作为青年学生的你们，从中不仅有感动，更应该树立远大志向，勤于学业，将来报效祖国。老师相信你们一定能行！

3A 精神放光芒，五彩青春我最棒
——我们学习历史的一点感悟

北京市第二十中学 2022 届毕业生：王心洁　王紫涵　王祎宁　刘端洁　梁美辰　张涵博

踏破璀璨的历史长空，瞭望星辉里斑驳的流光闪烁，千年的风霜，冻结了多少传说，那古今横贯的天地长线，串联着生命最初的力量，带给人惊奇，带给人追忆，那历史的浩繁画卷，是永不老去的心灵天宇。

在二十中神圣的求知殿堂里，在二十中严谨教风和踏实学风的熏陶下，在二十中能充分施展个性的舞台上，6 年的学习生活，我们收获满满，今天我们分享一下学习历史的点滴感悟。

高中的三年时光里，刘东兴老师用风趣幽默的语言，专业的历史教学能力为我们带来了一堂堂别开生面且有内涵、有深度、有温度的灵动课堂。

在刚刚过去的 2022 年高考中，由刘东兴老师率领的历史选考生不负众望，考出了优异的成绩，2 名同学获得 A1 即满分的考核评价，4 名同学获得 A2 的好成绩，25% 的考生取得了 A 类评价。在此，几位学生代表为大家分享他们跟随刘东兴老师学习历史，感怀人文的故事。

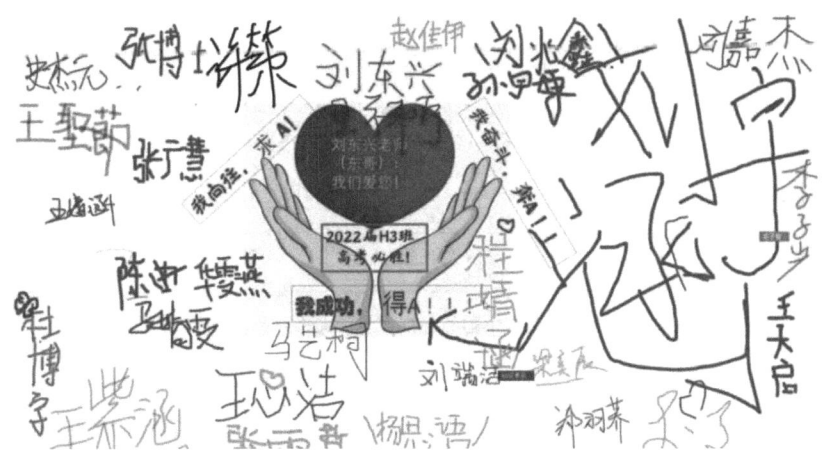

同学们的签名

（最后一节课上，同学们向刘老师表达敬爱感激之情——2022 届高三 H3 班）

一、"涵"英咀华沉浸郁，"博"观约取再出发

我叫张涵博，在本次历史高考中取得 A1 即满分的高考成绩，也是本节的整理编辑者。刘老师一直与同学们建立并保持着极其亲密的关系，在备考过程中，刘老师为许多同学赠写了藏头诗，用以表达对同学们的期许，在此我也把这些藏头诗句用作每位同学进行分享的小标题。

刘老师对我期许颇深，在课堂上常常以"张博士"称呼我，我显然没有博士的学识，但在刘老师的鼓励下，我下定了好好学习，成为一名博士的决心。谈及学习方法，我有以下几点。

先从泛化角度切入。古人云：苏轼和韩愈各有自己的学习方法，曰"八面受敌之法"与"提要钩玄之法"。八面受敌用今天的话说就是把薄的书读厚，而提要钩玄则反之。这与深浅有何具体联系呢——事实上，所学习的课本就是所谓之薄，尤其是选择历史、政治学科的考生应该对此深有体会，书上大多都是一些结论和概述，而具体到结论的前因后果，来龙去脉，逻辑思路，并没有集中体现在课本上。前面提到的这些，就需要八面受敌，真正去把相关的信息搞清楚，即把浅层次的知识通过自己收集探索的过程去逐渐转化为深层次的清晰知识。

刘老师常常谈到 2022 年是新教材、新知识、新体系，他也需要伴随我们一起从头学起。这给了我从刘老师的切身教学中学习知识和系统方法的机遇：

首先是把书读厚，教学中的刘老师广泛地寻找史料与相关的历史信息（见下图），真正做到让我们通过全面的视角去知其所以然。

当代中国的外交

> 《共同纲领》规定：对于国民党政府与外国政府所订立的各项条约和协定，中华人民共和国政府应加以审查，按其内容，分别予以或承认，或废除，或修改，或重订。正如周恩来所说：这"另起炉灶"的方针，使我国改变了半殖民地的地位，在政治上建立起了独立自主的外交关系。
>
> ——谢益显《中国当代外交史（1949—2009）》

"另起炉灶"

> 帝国主义总想保留一些在中国的特权，想钻进来。有几个国家想同我们谈判建交，我们的方针是宁愿等一等。先把帝国主义在我国的残余势力清除一下，否则就会留下它们活动的余地。帝国主义的军事力量被赶走了，但帝国主义百余年来的经济势力还很大，特别是文化影响还很深。这种情况会使我们的独立受到影响。因此，我们要在建立外交关系以前把屋子打扫一下，打扫干净屋子再请客。
>
> ——周恩来《我们的外交方针和任务》

"打扫干净屋子再请客"

史料与相关的历史信息

之后是把书读薄，运用提要钩玄之法提取最为关键的信息，把历史的繁星连接成线，编织成网。

在跟随刘老师学习的过程中，这些方法我逐渐可以做到内化于心，外化于行。

对知识的理解和吸收的过程是潜移默化的，但更重要的是，在一次次对文献的查找、分析与阅读中，我对于如何获取知识的能力有了长足进步：我逐渐建立起一批书单和网站作为我的知识拓展库，逐渐学会在纷繁复杂的材料里提取和捕捉所需要的知识，逐渐学会建立起知识与知识的联系。而且，在多方向吸纳知识的过程中，由于所阅读的文字都是由别人组织生成的，我逐渐在含英咀华之后形成了成熟的表达逻辑与用语习惯——总而言之，这是一个一本万利的过程。

另外，课外阅读对于历史的学习极为重要，多读一些书有助于获取知识，提升素养。

课外阅读的书籍

二、"美"景召唤攀高峰,"辰"星大海任飞翔

我是梁美辰,最开始学习历史时,由于中考没有选择历史科目,常常担心自己基础不好。但是我克服了畏难思想,通过如下一系列方法落实,较好地弥补了自己的不足,最终取得了 A1 的好成绩。

首先,我充分利用课上时间,在倾听老师讲课的同时积极思考,联想与老师所讲内容有关的历史事件,同时查阅课本与学案,在脑海中强化记忆,建立知识脉络,做到课上时间分秒必争。

其次,我在课后通读教材,了解并学习单元主题与历史脉络等,做到各件历史大事心中有数,理解其来龙去脉,这样不用刻意记忆便"下笔如有神"。与此同时,我充分利用好老师下发的学案(见下图),反复阅读记忆,圈划重点,熟悉并强化历史答题术语与答题角度。

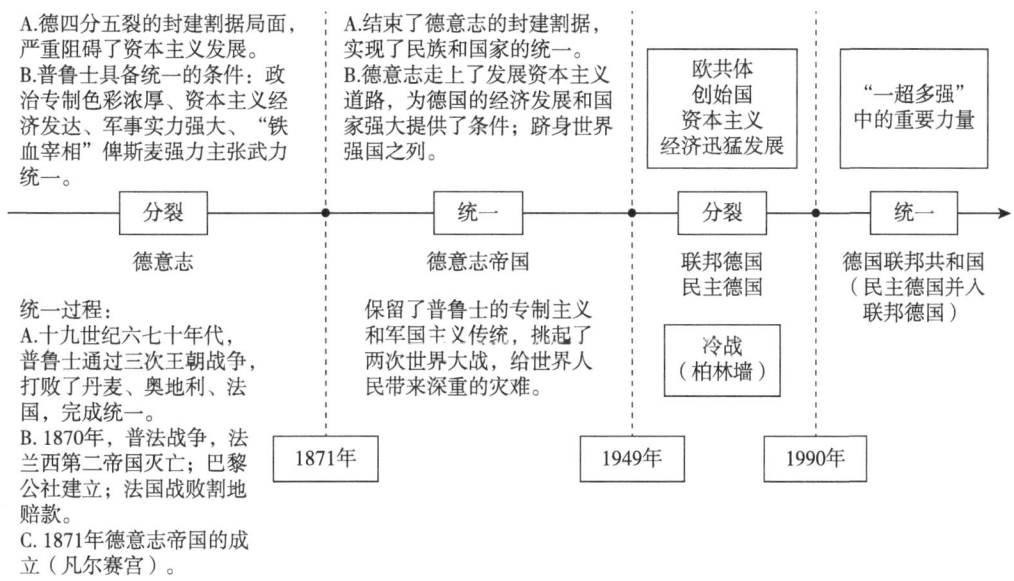

德国简史

最后,尤其是高考前,我结合老师下发的 PPT 认真分析往年历史模拟试题与高考试题,学习其答题语言和角度,分析答案如何从材料中提取,强化材料信息提取能力。

在上述过程中,老师的帮助与鼓励对我意义重大。历史刘东兴老师为每一位学生写的藏头诗,时常的鼓励与敦促,以及认真热忱的教学态度,无不让我始终保持着对学好历史的动力与热情,乃至是考出好成绩的责任感和使命感。师恩难忘,再次感谢刘东兴老师!

三、"心洁心洁",钟馗捉邪,思路缜密,金榜特写

我是王心洁。对于历史的兴趣,初萌于那些奇人异事,那些有趣的故事,但兴趣只是基础,很显然高中的历史学习是系统、庞大的,这使我对于历史只需要背和"编"的印象完全颠覆。到了高三,一块块知识杂糅到一起,我更加迷茫,也清楚地认识到自己需要更系统的学习,我需要找到适合自己的学习方法。

这时候,刘东兴老师帮助了我,我逐渐开始塌下心来画时间轴,将世界史和中国史串联起来,将每个事件和意义联系起来,在大的时代背景中去理解事件发生的必然性,将历史分段,再去理解和分析,将不同主题下的历史进行文字梳理(见下图),或者用地图来梳理,形成时空概念。由大到小,从粗到细再到系统地掌握,这样的方法使我的历史学习逐渐拨开云雾,我也常常将自己的梳理成果发给老师,得到了老师的鼓励和指引。

通过对历史的学习,我更加热爱它,不仅仅是那些有趣的故事,更是它让我看到了不同的世界,让我更加珍惜现在的生活。也是历史,使我对于勿忘国耻,有了更深刻的感受,使我对书上那些简略的文字,更加充满敬意。

在学习历史的过程中,刘老师常常关心鼓励我,在我低落时肯定我的能力,老师还利用休息时间将知识点总结成册,使我们总结梳理的效率大大加强,第一时间解决我们的问题。在网课期间,老师经常暖心地发来鼓励的话语,还有打油诗、"3A精神",老师总能以轻松有趣的方式给予我们力量和帮助,幽默的背后是真诚的祝愿和暖心的帮助。我与历史的故事并未在此结束,我将与历史学习相伴相行,常常相随。

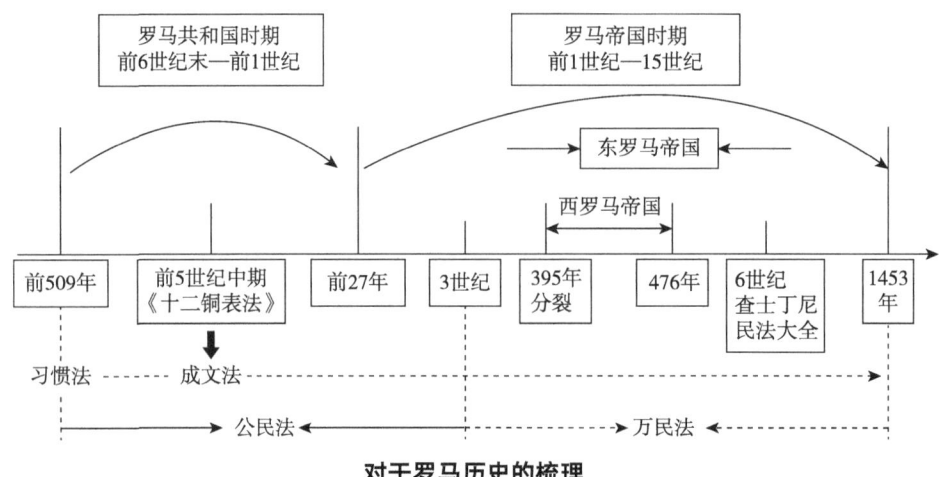

对于罗马历史的梳理

四、"端洁端洁",手擎莫邪。亮剑闯关,金榜报捷

我是刘端洁。高二的我懵懵懂懂,不知自己的兴趣,也没有明确的方向,而后选择了亦文亦理的选科搭配,继续迷茫的高中生活。

"兴趣是最好的老师",但倘若没有明确的兴趣,优秀的老师也可以帮助学生拨开云雾,发现自己心中的向往。

刘东兴老师正是这样一个优秀的教师,风趣的学者。三尺讲台上,他纵横历史,娓娓道来秦皇汉武与唐宗宋祖的政令决策,细细评说近代派系与百年中国的曲折探索,让学生逐渐走进历史的往事,拨开云烟,洞见其中的哲思和道理;学生提问中,他学识广博,引用实例破解题目中的"障眼法",循循善诱,答疑解惑。

他公正客观,用客观理性的眼光去审视历史人物,身体力行,展现人物辨析的必要性;他也风趣幽默,运用质朴的言语、真实的例子,讲解历史书上遥远深奥的理论知识。他同每一位二十中的老师一样,认真负责,兢兢业业,秉持着"桃李不言,下自成蹊"的理念,用行动去指引一个个迷茫的学生发现历史的美好,助力学生从中体悟历史中的千变万化与亘古永恒。

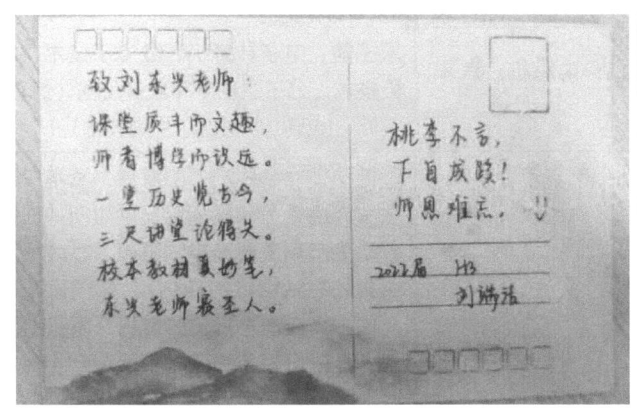

致刘东兴老师的信与合影

五、"王"者风范虎咆哮,"紫"陌红尘备大考

我是王紫涵,很高兴和大家分享我与历史的故事。

作为中考选考过历史的学生,我有一定学习历史的基础,但是高中历史明显更加综合、更加深入,且高考历史更注重材料分析,对"透过现象看本质"的能力要求很高,这在最开始确实打了我个措手不及。但是,二十中优秀的教学机制和教学团队帮

助我迅速适应高中历史学习，特别是刘东兴老师，对我帮助很大。刘东兴老师学识渊博、通晓古今，上课幽默风趣、条理清晰，每次上历史课对我来说都是一种享受，精致详细的时间轴和历史事件对比表格更是使我得以建立系统的知识体系，从而更加从容面对试题，让我受益匪浅。

在高三刚开始时，试卷布局的变化让我不太适应，在考试中分数并不理想，刘东兴老师建议我亲自梳理历史知识点，按照课本每天一课，并给老师打卡，通过这种方式回归课本、查漏补缺。我听取老师意见，坚持每天翻阅课本、自主梳理提纲，不仅巩固了基础，还弥补了遗漏的知识点。老师在这个过程中帮助我、鼓励我，让我坚持了下来，这份自己整理的提纲（表1-24）让我在一模、二模和高考中稳定发挥，顺利取得了A2的成绩。

表1-24　整理的有关三次"革命"的提纲

	第一次工业革命（18世纪60年代—19世纪中期）	第二次工业革命（19世纪末20世纪初）	第三次科技革命（20世纪40、50年代开始——）
条件	政治前提；资金；技术；市场	政治前提；资金；技术；市场；科学理论	①二战后资本主义相对稳定和国家垄断资本主义的发展；②科学理论的重大突破；③社会发展的需要
成就	珍妮机；蒸汽机；火车；汽船	发电机；内燃机；汽车；飞机	原子能、电子计算机、微电子技术、航天技术、分子生物学和遗传工程（信息、空间、能源、新材料、生物技术）
影响	①生产力："蒸汽时代"；②生产方式：工厂制；③阶级结构：工业资产阶级和无产阶级；④世界市场：初步形成	"电气时代"；垄断组织；世界市场最终形成	①推动了社会生产力的发展，资本主义国家普遍经历一段高速发展时期（提高劳动生产率主要靠技术进步、社会经济结构和生活结构的变化）；②国家垄断资本主义空前发展；③世界联系日益紧密：经济全球化和区域集团化；④对发展中国家既是机遇又是挑战
领域	轻工业为主	重工业为主	高新技术
特点	①首先发生在英国，然后向欧美扩展；②科学与技术尚未真正结合；③资本主义发展进入"蒸汽时代"	①在几个国家同时开展；②科学与技术结合紧密；③有的国家两次革命交叉进行；④资本主义发展进入"电气时代"	①科学技术转化为直接生产力的速度加快；②科学和技术密切结合，相互促进；③科学技术各个领域间相互渗透。第三产业所占比重日渐突出；计算机和信息技术极大地改变了经济运行方式和人们的日常生活，科技在社会发展和人们生活中的作用更加显著；知识经济成为国际竞争和综合国力的关键因素

六、"祎"美温良精气腾,"宁"静致远壮志成

我是王祎宁。和历史结缘可以追溯到我很小的时候,我大多的历史知识都来自年幼时读的百科全书和《全球通史》等历史读物。高中伊始,由于之前的种种积累我的历史成绩还是很不错的,基本能保持在年级前 10 名。

与刘东兴老师的合影

可喜的历史成绩,加之对历史学习的热忱,在高二选科时我自信满满地选择了历史学科。也许是对自己"老本"的过度自信和知识体系建立的不健全,高二一上来的历史考试成绩可谓是给我当头一棒,成绩一度滑落到 30 名开外。在后续的学习中和刘东兴老师的引导下,我逐渐认识到浅层次的历史知识学习已经不能完全符合"新高考"对于历史考生的要求,深度学习才是历史考生要追求的高度。

在历史世界的探索中,我也逐渐找到了适合自己的学习方法——先把书读厚,再把书读薄。历史的知识体系需要我们一步步构建起来,对于历史考生而言,最让我们头疼的就是历史事件和相应的历史细节。刘东兴老师在我们日常的历史学习中总是引导我们,自主构建知识体系,划定时间轴,梳理知识点(见下图,表 1–25)。

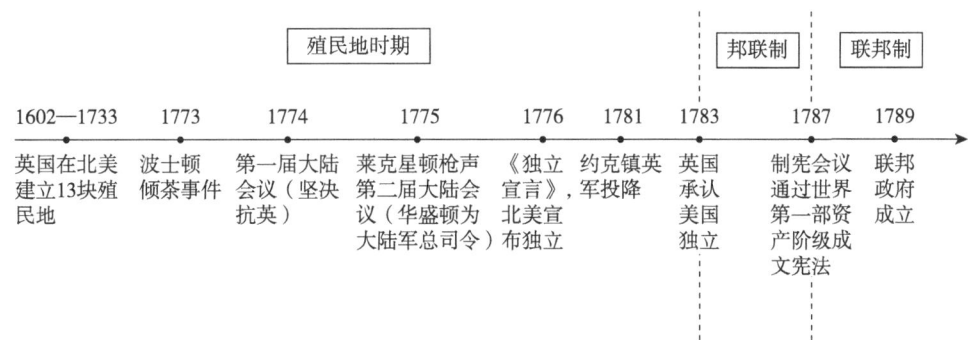

美国历史时间轴

表 1-25　近代中国民族资本主义知识点

阶段	时间	原因	影响
产生（小荷已露尖尖角）	十九世纪六七十年代	自然经济的解体； 洋务派的诱导； 外企的刺激	促进了自然经济的进一步瓦解和中国经济近代化步伐； 一定程度上抵制了列强的经济侵略； 新的经济因素产生和新的阶级出现； 早期维新思想的形成
初步发展（柳暗花明又一村）	1895—1912 年	自然经济进一步解体； 清政府的鼓励和奖励政策（放宽限制，奖励实业）群众性反帝斗争；实业救国思潮	促进了自然经济的进一步瓦解和中国经济近代化步伐； 一定程度上抵制了列强的经济侵略； 资产阶级力量壮大并登上政治舞台（戊戌变法、辛亥革命）
短暂春天（千树万树梨花开）	1912—1919 年	欧洲列强无暇东顾； 辛亥革命扫除障碍； 实业救国思潮； 群众反帝爱国推动	促进了自然经济的进一步瓦解和中国经济近代化步伐； 一定程度上抵制了列强的经济侵略； 使无产阶级队伍壮大，为中国旧民主主义革命向新民主主义革命转化，为中国共产党成立提供了阶级基础； 为新文化运动兴起奠定了经济基础

历史学习不仅要做笔记更要做好笔记，表格和时间轴的建立，能让我们更加清晰地梳理知识点，夯实基础，助力进一步的学习。同时历史学习，也切勿拘泥于书本上的知识，在盛行快节奏阅读的时代里，多读纸质书籍能让我们沉下心学习更多的知识。

在历史学习过程中，我在全区统考中得到过两次满分的好成绩，但难免遇到挫折和失利，甚至只考过 60 多分，一度曾想过放弃。但是刘东兴老师用他幽默且富有激情的授课方式，时时刻刻都在鼓励着我继续向前。同时私下里也与刘老师有过多次沟通，帮助我调整心态重拾信心。

在种种挫折中，刘东兴老师时刻伴随我们成长蜕变，他会在我们心有疑惑时耐心解答，也会在我们抑郁烦闷时开解我们的心结。总之，在师生共同的努力之下，我迈过了无数道坎，走过了高三期中时的失意时刻，走过了高三二模时的发挥失常，最终在高考中取得了 A2 的好成绩。

正是因为刘东兴老师的谆谆教诲，我才有机会接触更多的历史知识，探索世界文明的奥秘，也让我更加热爱历史这门学科，从中获得了更多的乐趣。

以上是 6 位同学所分享的心得感悟，希望读者们可以从中借鉴学习，裨补阙漏，在历史学习中学有所乐，学有所成。"效法羲和驭天马，志在长空牧群星。"提前预祝各位考生在未来的历史考核中取得优异的成绩！

第二部分

弦歌浩荡写真爱　功宏化育杏坛暖
——班主任工作艺术

有位教育家曾说过:"哪怕天下所有的人都看不起我的孩子,我也要眼含热泪去拥抱她,欣赏她,为这个生命自豪。"其实,成功的教育没有捷径,它全部的秘诀就是真爱。所谓真爱,就是把学生当成真正的人,尊重其人格,满足其需要,引导其发展。我们需要的就是这种纯粹的爱,科学的爱,理智的爱。只有真爱学生,才能收获秋天的丰硕;只有在学生的心田播下真爱的种子,才能扬起他们希望的风帆。

师情诗意暖，笔底春风长

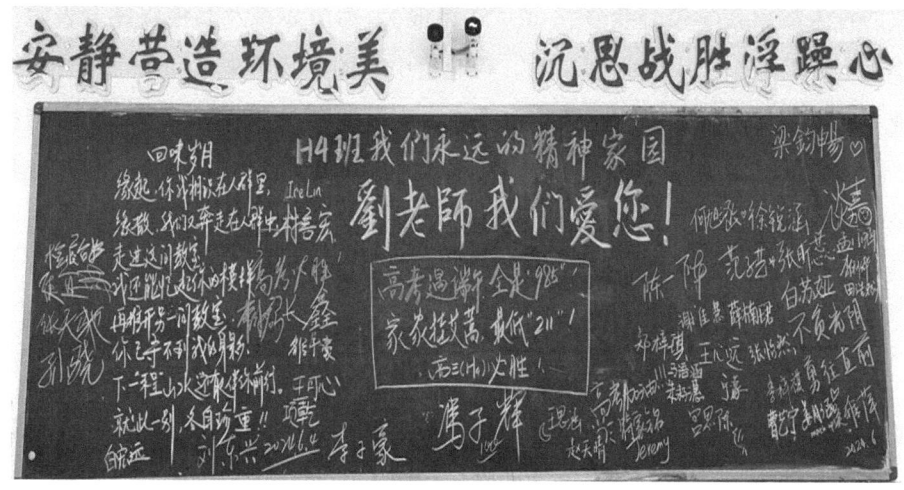

学生策划的板报

2024.06.04，高考前学生策划的最后一期板报。内容是"刘老师我们爱您"，上面有36个学生签名

谁把我们的希望点燃？谁奉献的激情把我们感染？谁拨正了我们前行的航向？

——是刘老师！

谁不辞辛苦地在贫瘠的土地上播种？谁无畏地挑起这副重担？谁锲而不舍地与我们同行每一天？

——是刘老师！

这首诗是20年前毕业生写给学校感谢信的结尾，我一直珍藏着。为什么学生在感谢信中写诗呢？原因之一是我在教育教学中，经常给学生写藏头诗，作为激励和赏识的桥梁与纽带，一写就是30年。

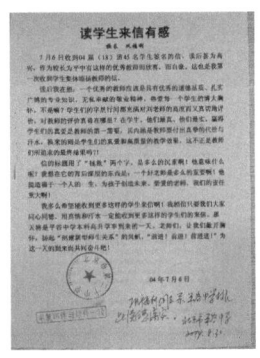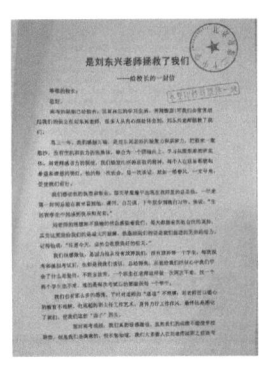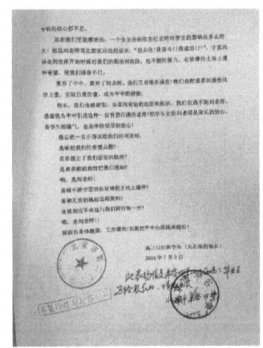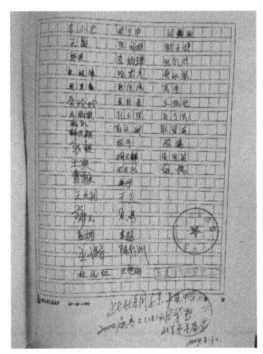

学生的感谢信与校长的读后感

我的育人故事在学校公众号、《北京青年报》、海教思维及其他媒体发表后，在学校、学生家庭及社会上引起强烈反响。毕业生中有的给我寄来笔和墨水，有的把保存的作业本、练习册、试卷等拍成照片发过来，还有的说，"毕业后把各种学习资料都处理了，唯独留下了历史练习册伴随着学习和生活"。邮寄来的笔和墨水，是想让我继续给学弟学妹写藏头诗；拍照保留的学习用品，是因为里面有我写的藏头诗。通过学生的种种反应印证了：一沙一世界，一花一天堂，双手握无限，刹那是永恒。

一、浓绿万枝一点红，动人春色不须多

初登讲台没有教育经验，于是采取写藏头诗这种学生易于接受的方法表达我的赏识激励之情。对字迹清晰、卷面整洁的学生，除了知识批注和批语外，还将其姓名嵌入诗中，如给王紫涵写的：

王者风范虎咆哮，紫陌红尘备大考。涵文蕴理才思涌，强弓满弦射大雕。

出乎意料的是，作业发下去引起了不小的轰动。得到题诗的同学得意，没得到的羡慕嫉妒，甚至有人问我：为什么自己没有得到题诗？看到学生这样在乎，我就把一开始的赏识变成奖励和激励，告诉学生谁作业完成得好谁就能得到老师题诗奖励。有个叫王也的同学，尽管她的作业写得很努力，但很长时间还是没有得到藏头诗，她迫不及待地问我："老师，是我的名字给您出难题了吗？我就想要您的亲笔题诗，要不您就写'王师北定中原日，也无风雨也无晴'算了。"她的姓名不好写，思考过后，我为她量体裁衣写下了：

王侯将相本无种，不让须眉巾帼勇。也胜男儿真本色，顶天立地女儿红。

得到题诗后，她笑容满满，作业质量、听课状态都有很大的提升。

结合文科生的特点，把藏头诗和历史文化信息相交融，和学生的历史学习相结合更有意义，如冯子辉和项乾的：

冯唐易老我年轻，子在川上唱大风。辉煌铭刻勒石日，强者何须问西东。

项王力大举千鼎，秦汉天空任驰骋。乾坤风流垂青史，成败不输大风勇。

他俩高扬起精神的旗帜，把诗当作座右铭，每当累了倦了懈怠了就高声诵读，提振克服困难的斗志。

32年时光给学生写的藏头诗有6000多首（见下图）。受老师的影响，带着诗的精神力量，有的学生毕业后成了政府机关的笔杆子，有的在大学里专攻诗词专业，有的毕业后做班主任也给自己的学生写藏头诗。师生间无声的对话，犹如一块小小的石头，激起层层涟漪，催生奋进巨浪，推动他们成为各行各业的佼佼者。

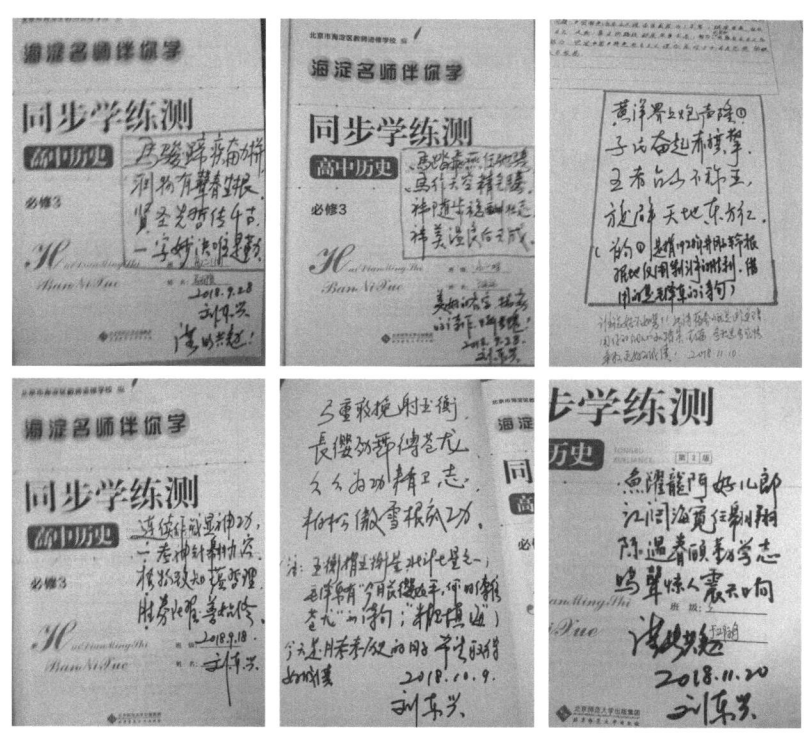

给学生写的藏头诗

二、丹墀对策三千字，金榜题名五色春

班级表彰会设置了"砥砺奋进星""年级追梦星""攀登清北星"等8个奖项，每个人都能获奖。我为每个奖项撰写颁奖辞，如"攀登清北星"：

攀摩巅峰志向坚，登高望远舞翩跹。清辉映壁东风劲，北定宏图踏歌还。

"年级追梦星"：

年来寒暑自轮回，级第有别亦人为。追星赶月时不待，梦想之花正葳蕤。

我把颁奖辞逐一写在笔记本和奖状上，尽管小心翼翼，但还是百密一疏。2020届有个名叫柴王香珠的学生，我将她的名字写成"柴王柴珠"了，她给我发微信："珠泪偷弹意潸然。虽然您精心撰写的励志诗，已经足以抵消您不慎笔误的遗憾。但看到的瞬间，我还是伤心了，李逵变李鬼！遗憾的还有，这本子是我第一次拿到年级前10的奖励，对我激励极大。"想到她这么在乎，我给她再写了一首诗：

柴薪成炭火中浇，王者荣耀文武豪。香车宝马人称美，珠玑文章更妖娆。

一张奖状，方寸之间；一份奖品，价格低廉。但对学生的激励作用是巨大的。每次颁奖会像节日庆典般隆重，每次颁奖后，学生和家长们把我亲笔题诗的奖状（见下图）和奖品发到朋友圈，大有风靡之势。

32年写诗、读诗和赏诗历程，学生的精气神抖擞起来了，班级的凝聚力也增强了。学生踔厉奋发的意志坚韧了，收获了身心健康和学习成绩的双丰收。班集体多次被评为省、市、县的优秀班集体，我也多次荣获省、市、县教育系统德育先进工作者、"三育人"标兵和紫禁杯优秀班主任。

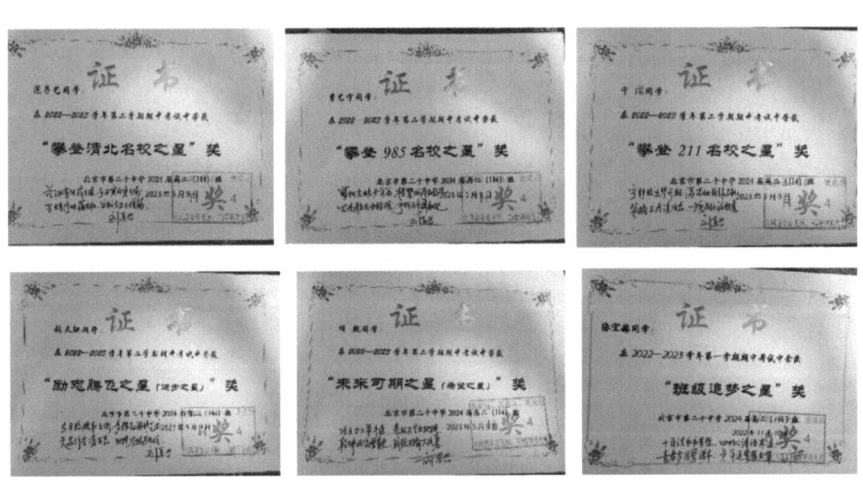

亲笔题诗的奖状

三、一"诗"激起千层浪，两指弹出万般音

大多时候，学生毕业后教给他们的历史知识很快就忘了，唯有写给他们的诗历久弥新。有一位30年前的毕业生，是一家国企董事长，他的企业精神就是"诗和远方"的内涵，他不仅有"儒商"之称，还是省城诗词学会的会长，每年高考时都给我写诗表达思念之情：

三十载花落雁归，又几度梦回学堂。忆当年踌躇赶考，念故园书声琅琅。恩师双鬓日渐白，孩童已是不惑郎。天涯纵远不足惧，举杯相邀话沧桑。

每年的教师节，在大学当老师的学生也会以诗表情达意：

又是一年教师节，光阴荏苒情难已。恩师情谊溢心田，久别重逢会有期。客居他乡梦依稀，任凭岁月飘零去。知君念君常回首，可知君心似我心。

有位任课老师过生日，学生的祝福卡片上出现了好多首藏头诗，她拿着卡片说："你看学生受老师的影响多大啊！"听着这样的赞美，我感到"以文化人育人"的目的达到了。

高考前后，家长和学生也给我写藏头诗，如《刘东兴是个好老师》：

刘府门前书声琅，东风送暖踏考场。兴教为本乐无穷，是非分明正气昂。个中滋味心自知，好事多磨育栋梁。老树新枝双培育，师恩难忘永流芳。

2024年高考成绩刚揭晓，张昕蕊在朋友圈中写道："想起我的班主任刘东兴，总有一股暖流涌动心头，总有一种力量鞭策。填了两首《满庭芳·金榜题名谢师恩》的词来表达感恩之情。"摘取其中一阕：

岁载辰龙，又开金榜，东哥情重如山。教坛高立，德厚溢云川。满载春风桃李，荆棘路，跋涉开颜。师恩重，莘莘学子，仰止记心间。

通过写藏头诗我深切感受到，诗能唤起学生前进的精神力量。在为党育人、为国育才的使命中，藏头诗中所表达的都是发奋图强、拼搏进取的正能量，引导学生为理想立大志，为国家做大事。如写给张宜赫和李子豪的诗：

弓重弦满叩苍天，长歌潇潇易水寒。宜将剩勇追穷寇，赫赫英才红又专。木秀于林挺脊梁，子在川上莫彷徨。豪气冲天鸿鹄志，家国情怀任飞扬。

这两名同学高考志愿均报考了军校，立志为国建功立业。

因为藏头诗的助力，我的教育教学成果被认可，曾专门为我举办过全区教育系统8000多名领导、老师参加的报告会（研讨会），教育经验在全区被学习，起到了示范和辐射作用。

四、几曾风雨问杏花，盈盈春光绽枝头

高考后家长送的锦旗

我给学生写诗的故事在"中国好老师"计划、海淀区育人故事征文中获得一等奖，"我以我名荐成功"的高三主题班会课被推送到国家中小学智慧平台。

师情诗意，笔底春风，树蕙滋兰。做一个有诗意，注重文化熏陶的老师，做一个学生深情回望的老师是我的幸福与慰藉。把情感交流融入诗意中，或许比耳提面命更有一番独特的味道，对学生的学习与成长也有特殊的意义。从课堂内外提炼生命精华，在教育教学的细节处凝聚文化神韵，师生共同沐浴在中华优秀传统文化的光辉里，这就是文化育人的信仰与力量。

【此文系2024年7月北京市育人榜样的事迹材料】

藏头诗精选

王皓月
皓首穷经浩气坚，月有损益月画圆。
月月画圆月圆满，浩气直指六月天。

李京玺
京师自古权贵门，玺印有别等级分。
男儿立志当自强，握玺摘印人上人。

葛京楠
京华富丽堂皇地，楠木建造倍珍稀。
木秀于林抗风雨，砥砺奋进人上人。

顾钰婕
顾后瞻前乃大忌，玉碎瓦全见精神。
策马扬鞭奔六月，捷报飞来尽欢颜。

刘孟歆
高祖约法安天下，孟德神勇岂枭雄？
刘歆造诣儒学盛，成就古今一理同。

张子佳
子在川上曾忧叹，惜时如金金不换。
快马加鞭莫徘徊，佳期六月舞翩跹。

阚梓睿
阚地古为旧封国，桑梓家园任蹉跎。
经世风雨今朝变，睿智图谋谱新说。

陈名扬
陈涉起事大泽乡，名扬青史千秋响。
王侯将相宁有种，明日登科斗志昂。

邢艺龄
古之教育精六艺，礼乐射御书数矣。
诗书礼乐易春秋，芳龄勤学成大器。

王　也
王侯将相本无种，不让须眉巾帼勇。
也胜男儿真本色，顶天立地女儿红。

姚温婧
冷热适宜方为温，才品双全誉称婧。
温故知新日长进，婧娴登高精于勤。

程清扬
披荆斩棘奔前程，激浊扬清意志恒。
书生自有凌云志，决战高考我能行。

王雨萌
雨起青野撒甘霖，风吹麦浪聚金银。
萌就大志恒不移，胜算高考化战神。

李　玥
李家青史有明君，王位勤务躬耕深。
月日年岁省内心，成国治家后人尊。

胡静怡
静竞相生竞映静，怡宜两合宜照怡。
竞途勤勉怡然笑，宜适快意静守成。

贾淑婷
淑女不让须眉势，婷婷玉立巾帼志。
汝今健步昂首跃，成铸梦想正当时。

孙颖姝
聪慧才高有奇颖，勤勉奋进日三省。
待到金榜题名时，莫问娇丽谁家姝。

夏　雪
夏花烂漫六月天，雪瑞晶莹舞翩跹。
梅雪相映春来早，日月同辉润心田。

连一格
连续作战显奇功，一考神针翱九空。
格物致知蕴哲理，胜券在握善始终。

耿佳禾
耿耿诚心学历史，佳绩创造读写始。
禾锄在手勤耕耘，光阴荏苒不待时。

马啸天
马超肝胆照玄苍，啸气一口是半唐。
天生吾材成大器，文武兼资铸辉煌。

马润贤
马骏蹄疾奋力拼，润物有声春生根。
贤圣先哲名千古，一字妙诀唯是勤。

马祎祎
马踏飞燕任驰骋，天马行空神气腾。
祎随步稳酬壮志，祎美温良后天成。

黄文韬
黄盖老忠节不衰，周郎才俊志满怀。
文武兼资鸿基业，韬光养晦登高台。

彭博轩
彭大将军德满怀，横刀立马敢劈豺。
博文强记世称颂，轩窗推开眺未来。

邹芳璞
轲政文化鉴今古，邹忌讽谏贤齐鲁。
芳名青史昭日月，璞玉浑金美质淑。

祁文洁
祁山六出二表心，鞠躬尽瘁非己身。
文韬武略一统志，洁高清廉古今钦。

杨瑞雯
杨门女将奏凯旋，巾帼羞煞须眉颜。
千古佳话妇孺传，瑞祥雯华映边关。

张久柏
弓重敢挽射玉衡，长缨劲舞缚苍龙。
久久为功精卫志，柏松傲雪根底功。

于江际鸣
鱼跃龙门好儿郎，江阔海宽任翱翔。
际遇眷顾勤学志，鸣声惊人震天响。

刘园园
刘张云长义薄天，园中结下金兰缘。
园中桃李知何处？佳话永传千古篇。

王澎芊
王姬天下策分封，澎湃盛周四百更。
芊芊沃野栽井田，辛勤劳作是众生。

董文冰
庭兰操琴灞桥边，高适作歌胸襟宽。
文艺双馨美篇俏，冰心玉壶渭城天。

刘芳语
流水带花穿林过，芳华摇曳笑婀娜。
语惊魂魄耽佳句，青春作伴放高歌。

郑傲雨
正步昂首英姿飒，傲雪凌霜浑不怕。
雨漫原野添新绿，铿锵玫瑰绽芳华。

黄子璇
黄洋界上炮声隆，子民奋起赤旗擎。
王者占山不称王，旋辟天地东方红。

张镌凌
弓重敢挽射玉衡，长缨劲舞缚苍龙。
镌雕细磨岁月杵，凌云九霄指日成。

刘毅恒
流金岁月策马行，毅坚志韧奔前程。
恒念天道酬勤志，仰望星空梦驰骋。

宋雨默
宋国肇始殷商后，仁义之师炳千秋。
雨落中原礼仪邦，默化润泽子庄周。

王一帆
王侯将相本无种，一往无前踏歌行。
帆正风劲潮头立，海阔天空任驰骋。

高苏辰
高天寒地北海边，苏武汉节堪比山。
辰星璀璨照日月，佳名青史后人传。

董晓宸
董大操琴灞桥边，晓月清风柳色鲜。
宸歌浩荡心间暖，长河孤烟月再圆。

杜思璇
杜工忧愤怜苍生，思国念家笔底惊。
王胄酒肉不再臭，旋即盛唐大厦倾。

杜原宓
木秀于林何惧摧，土聚成塔志巍巍。
原委曲直自有格，宓汩溪流争朝晖。

杨静怡
木秀于林何惧摧，易行知难志葳蕤。
静中厚积凌云梦，怡然逍遥洒春晖。

张涵博
弓重敢挽射玉衡，长缨劲舞缚苍龙。
涵英咀华沉浸郁，博观约取再出发。

王天启
天道酬勤我为王，启上承下轻舟扬。
大笔挥洒春秋史，帝王之花映骄阳。

许　策

许身 A1 志品高，策马扬鞭乐逍遥。
不畏浮云遮望眼，屈指可数汝最俏。

王祎宁

王者驰骋似雄鹰，祎美温良精气腾。
宁静致远酬壮志，强松傲雪六月成。

赵晏榕

赵燕大地悲歌多，晏海清河坎坷磨。
榕叶茂盛根何深？流金岁月莫蹉跎。

张向杰

弓强弦满射天狼，长剑心舞何所慌。
向着太阳再出发，杰出英才好儿郎。

李子岩

木秀于林挺脊梁，子在川上莫彷徨。
岩坚根韧勤耕耘，强弩神弓任飞扬。

赵容易

3A 主义放光芒，容易呐喊吐理想。
男儿欲遂高考志，重整旗鼓披戎装。

王紫涵

王者风范虎咆哮，紫陌红尘备大考。
涵文蕴理才思涌，强弓满弦射大雕。

姬思琦

女儿鸿图跃高山，臣服众生舞翩跹。
思文求理阔步行，琦魁金榜六月天。

高子舒

高歌猛进梦可期，子在川上莫叹息。
舒卷云天昂首行，强女自抱六月奇。

韩奕桐

兵仙将略一世雄，奕奕英姿豪气涌。
桐花万里丹山路，笑傲金榜越众生。

华雯燕
如椽大笔谱华章，文理精通绽雯芳。
鸿鹄冲天瞰燕雀，亮剑沙场俏金榜。

马艺桐
马快鞭急登高峰，艺高胆大笔下风。
桐花万里丹山路，剑指金榜豪气涌。

梁美辰
梁家娇女踏征程，美景召唤攀高峰。
辰星大海任飞翔，强者风范我能行。

高瑞隆
高天流云策马行，瑞祥凯歌六月成。
隆兴吉照你最棒，强者无敌天籁声。

冯子辉
冯唐易老我年轻，子在川上唱大风。
辉煌铭刻勒石日，强者何须问西东。

李子豪
木秀于林挺脊梁，子在川上莫彷徨。
豪气冲天鸿鹄志，强弩神弓任飞扬。

徐锐涵
徐徐清风溢心怀，锐鸢凌空文武才。
涵英咀华沉浸郁，金榜第一耀门侪。

郑梓琪
郑公听履美名扬，梓杞之才是栋梁。
琪花瑶草在仙境，品学兼优是日常。

项 乾
项王力大举千鼎，秦汉天空任驰骋。
乾坤风流垂青史，成败不输大风勇。

王可心
王侯将相本无种，不让须眉巾帼勇。
可胜男儿真本色，心向金榜女儿红。

孙　骁
孙子兵法凝智慧，勇者无敌策马追。
骁将自有冲天志，搏杀学海醉朝晖。

田浩然
田陇耕耘我为魁，浩荡正气金戈挥。
然超自逸举鸿图，天罡可吞文武威。

李梓祺
李桃无言自成蹊，梓杞之才磨砺奇。
祺福安康日精进，3A大旗金榜奕。

宫思陈
宫阁围城深几许，思君念君自舍取。
陈情一表良言暖，学海独艳汝争奇。

白苏娅
白驹过隙光阴催，苏扶枝叶正葳蕤。
女娇气傲我为先，亚冠伯仲摘星魁。

王思涵
王者风范虎咆哮，思维缜密备大考。
涵文蕴理才情涌，强弓满弦射大雕。

林言宏
林茂根深基础牢，言精词辟呈妖娆。
宏图壮志薄云天，强者归来人知否？

雒子豪
雒诵诗书百遍精，子似骏马任驰骋。
豪气干云男儿志，勇吞云梦击长空。

王心远
王者捭阖似雄鹰，心向明月皎皎情。
远方梦想召唤我，强松傲雪六月成。

曹艺宁
曹相击蛟少年篇，横槊赋诗凯歌还。
艺高胆大世称颂，宁折不弯舞翩跹。

范子艺
范矩有法成方圆，子丑寅卯勇向前。
艺精序明蕴玄机，成就大业天理篇。

白宏远
白日放歌少年狂，青春作伴大志向。
宏壮学业益精进，远阔前程博四方。

薛楠珺
薛门望族史流芳，楠木名贵万年长。
珺渊博学鸿鹄志，王者风范属我强。

张昕蕊
张王李赵汝争先，昕帆高扬学识渊。
今日种下凌云志，蕊果累累六月天。

陈一阵
陈情爱徒师良言，一飞冲天蓄势端。
阵阵战鼓频催我，顶天立地男儿炫。

孟小涵
子有诗书气芳华，皿器精雕文明花。
小轩推开大世界，涵韵娇姝在我家。

姜月涵
姜公垂钓渭水边，月日轮回格局远。
励精图治成大事，涵养智胆救苍天。

张天驰
弓重敢挽射玉衡，长缨劲舞缚苍龙。
天马行空凌云志，驰骋贡院学业成。

赵天晴
赵钱孙李吾为先，砥砺奋进放歌前。
天地经纬勤学乐，晴朗乾坤跃书山。

周博洋
周家儿郎品志高，博观约取趁年少。
洋洋盈耳撷精华，厚积薄发乐逍遥。

梁钧畅
梁橡檩柱擎宫厦，钧旋毂转出大家。
畅游学海浑不怕，强林独发状元花。

马语涵
马骏蹄疾奔前方，语燕飞来绕画梁。
涵淡澎湃青春志，一字妙诀唯是闯。

谈　嘉
谈古论今学识渊，雄辩阔思品圣贤。
嘉行懿言人敬慕，至道天成美少年。

张怡然
弓强满弦射天狼，长剑在手何所慌。
怡颜悦色迈阔步，然糠自照走四方。

李俐烨
李家娇女胜儿郎，俐落娴淑柔中刚。
烨烨生辉明日月，强者无敌向前方。

宁　濛
宁静致远梦可期，濛濛细雨绿生机。
等摘3A淡泊志，一路高歌话非虚。

谢佳慧
谢氏郡望出名门，佳丽后生能诗文。
慧智聪颖才情熠，一飞冲天成考神。

何旭涵
何惧赤魔文武全，倚剑斩妖勇向前。
旭日东升红旗卷，涵英咀华绽笑颜。

朱籽潓
赤橙黄绿青天舞，耒耜锄犁铲荆途。
子心一片磁针石，潓水欢歌耀门户。

张宜赫
弓重弦满叩苍天，长歌潇潇易水寒。
宜将剩勇追穷寇，赫赫英才红又专。

朱翀阳

朱门儿郎意飞扬，翀云壮志映辉光。
阳暖大地春常在，俊逸非凡亮锋芒。

马英祺

马踏征途志高昂，英姿飒爽绽光芒。
祺云相伴征程远，登科金榜创辉煌。

常瀚蓉

常伴清风意韵长，瀚海无垠志如钢。
蓉花映日放光彩，青春熠熠谱华章。

蔺 桐

蔺草青青映碧天，桐花似火舞翩跹。
风华正茂才情显，展翅高飞绘锦篇。

赵云起

赵望儿郎豪气扬，云卷云舒披霞光。
起程奋进展风采，壮志凌霄谱华章。

马瑞凯

马骏蹄疾气如虹，瑞光闪耀映苍穹。
凯歌高奏豪情涌，追梦路上斗志雄。

丁齐扬

丁香花开韵满乡，齐绽芳菲向暖阳。
扬波劈浪展风采，奋进学业题金榜。

王禄宸

王者风范映辉光，禄泽深厚意韵长。
宸宇璀璨星闪耀，壮志凌云我最强。

李兆霖

李园玉树临风寒，兆福降临智慧含。
霖雨滋心怀道义，才优德盛耀华岚。

吴雨辰

吴门俊彦志如磐，雨润心田胸自宽。
辰星绚烂怀坚韧，才华卓异耀云端。

张梓洋
张帆远航志飞扬,梓木青葱秀暖阳。
洋波浩渺踏浪路,风采翩翩奏乐章。

范思阅
范家骄儿才情广,思如泉涌悠悠长。
阅尽千帆心向远,锦绣人生闪金光。

赵宿安
赵家祥瑞映天光,宿星闪耀照四方。
安宁淡泊心悠远,福泽绵长写辉煌。

耿嘉泽
耿耿丹心映日辉,嘉言懿行我为魁。
泽润万物乾坤暖,奋斗青春正葳蕤。

莫 凡
莫叹前路多迷茫,凡心豪情似骄阳。
拼搏奋进展风采,荣耀金榜绽光芒。

盖 扩
盖有激情冲九霄,扩怀大志翔云涛。
砥砺奋进写风流,梦想之花照华韶。

彭 岩
彭祖寿高传佳话,岩崖屹立映丹霞。
坚毅品格如磐石,强志阔步铸芳华。

董昊旻
董道直行心飞扬,昊宇澄澈闪金光。
旻天寥廓鸿鹄志,贤俊品端韵悠长。

焦子奥
焦桐挺立柱苍穹,子承壮志气如虹。
奥宇探寻书豪迈,勇攀高峰破云重。

雷恒瑞
雷动九霄声震天,恒心如磐立世间。
瑞彩斑斓照前路,强毅阔步映华年。

熊楚萍
熊罴之勇展风华，楚韵悠悠映彩霞。
萍影翩翩舞诗意，美姿绰绰绽芳华。

薛　贺
薛笺墨韵书豪情，贺语声声志满盈。
求学路上追绮梦，强风破浪踏新程。

尹子彤
尹家娇女韵非凡，子衿青青向碧天。
彤光初照雄心在，奋飞岂惧路艰难。

孙雨桐
孙府娇娃志不凡，雨滋蕙质韵相连。
桐花万里丹山路，拼搏征程耀碧天。

阴　蓝
阴淑秀外蕙心纨，蓝梦常怀壮志攀。
勤苦耕耘怀绮梦，拼搏奋进韵清欢。

李涵伊
李望骄女韵如诗，涵雅才情映碧池。
伊影婷婷舞芳菲，美若青莲展新姿。

吴香仪
吴门才女志如钢，香草美人绽芬芳。
仪范非凡破迷雾，勇攀峰顶放光芒。

张容萱
张弓搭箭忆古贤，容耀青史志未眠。
萱草傲立时光里，勇敢前行续新篇。

张紫涵
张弦奏响奋进音，紫韵流芳映古今。
涵蕴文理书壮志，勇攀书山梦成真。

陆子瑄
陆离光彩映天涯，子衿才情绽芳华。
瑄玉璀璨征程远，砥砺奋进梦飞花。

范舒欣
范第娇女韵天成,舒怀壮志意恢弘。
欣逢盛世勤精进,稳立潮头展俊英。

庞子康
庞然正气满乾坤,子意昂扬志不群。
康泰人生展风采,拼搏进取铸功勋。

赵婧涵
赵家才女映月辉,婧姿优雅韵如梅。
涵容万物心澄澈,逐梦山高我摘魁。

程雨然
程途漫漫雨如烟,雨润芳华志自坚。
然诺千金追梦远,勇登山巅谱新篇。

潘月溪
潘骄风华映碧天,月辉洒落情更坚。
溪流入海奔腾远,登高绝顶我为先。

诸可宸
诸葛智谋千古传,可颂勤勉志非凡。
宸怀澄澈书锦绣,心系豪气韵自添。

田滢歌
田畴沃野育芬芳,滢澈灵秀慧智长。
歌韵飞扬志高远,品学兼优放光芒。

刘晨曦
刘第娇女志高昂,晨起披星意气彰。
曦光不负赶路人,奋展风华抒锦章。

周王一
周公吐哺志高昂,王者之风意未央。
一心向学才情展,奋发图强谱华章。
勤能补拙行千里,力拔头筹傲四方。
努力拼搏圆我梦,求学路上韵悠长。

张笑晗
张琴弄墨艺悠长，学业深耕沐晓光。
笑对难题思妙解，凝神奋笔蕙芷藏。
晗星戴曦晨读早，笃志潜修志高昂。
沉浸书香心向远，自律高洁吐芬芳。
稳中求进有智勇，泛舟学海绘华章。
踏破迷津得至理，久功累积筑荣光。
实研文理才情聚，浩海风帆正领航。
学林漫步致千里，苦练必溢硕果香。
优绩斐然酬素志，秀逸青春气自扬。

广姝涵
广积薄发法万千，姝英傲立向穹天。
涵古通今才思涌，飒踏巅峰我为先。

朱彦祯
朱门才俊志高昂，彦士才学终绽放。
祯干之才凭砥砺，勤研青简墨生香。
拳拳织梦揽星辰，孜孜扬帆惊骇浪。
力聚毫尖书锦绣，荣登榜首亮锋芒。

陈楒静
陈骄佳媛蕙芷藏，楒花飘舞意悠扬。
静思过往拼搏路，勇毅前行志满腔。
争得佳绩心欢畅，第次高升展锋芒。
一往无前风采亮，名成功就耀华堂。

廖伊静
廖阔天空映彩霞，伊如仙女舞芳华。
静雅才情众人赞，灿若星辰耀天涯。
班首韬略睿智广，长怀壮志绽奇葩。
优游皎洁心境朗，秀逸风姿美如画。

薛心淼

薛媛娴静韵如兰，心向梦想志如磐。
淼淼才情映日月，文思优雅绽清欢。
静守初衷勤为径，踏实奋进意更坚。
实学筑就辉煌路，勤恳不辍翔云端。

王志贤

王家骄儿梦飞扬，志向高远意气昂。
贤才灵动思如浪，头聪智慧绽光芒。
脑转敏捷才情显，灵思妙想谱华章。
活学活用勤为径，努力拼搏展锋芒。

张馨月

张翅欲飞志高远，馨雅才情映碧霞。
月辉洒落书山路，勤耕不辍意绵绵。
学富五车智慧显，苦中有乐绽华年。
读破万卷豪情涌，棒指未来梦可圆。

刘昊阳

刘家骄媛绽芳华，昊宇璀璨映丹霞。
阳暖熠熠志高远，勇攀巅峰闯天涯。
争得桂冠才情显，第一荣耀到我家。
名震四方放光彩，声声赞语颂娇娃。

韩鹏骞

韩家俊逸少年郎，鹏展高天意气扬。
骞翥云霄志向远，历览古今绽光芒。
史海浩瀚才情显，第一荣耀映心房。
名震四方展风采，强者拼搏创辉煌。

赵雪茗

赵钱孙李我为先，雪映梅花凌寒来。
茗香四溢才情显，第次花开展娇颜。
一心逐梦志高远，名动四方莫等闲。

张效嘉

张翅高飞志远方，效贤逐梦绽光芒。
嘉行处处显才情，荣耀等身任翱翔。
登上台阁展风采，优才尽歌韵悠长。
秀姿卓越人称赞，榜耀辉煌铸华章。

张洛维

张帆起航奔远方，洛水悠悠映朝阳。
维志寥廓心无畏，大步向前任飞翔。
道途漫漫吾争先，致远拼搏耀四方。
远瞻筑梦豪情涌，方显男儿志如钢。

王玥兆

王望才女志高远，玥色清辉照学田。
兆梦初成心未改，努臂奋进鸿鹄篇。
力耕不辍书香袅，学海行舟墨韵连。
历历前贤寻智慧，史经常伴赋新篇。

陈和谦

陈力笃行当有为，和光同尘志向巍。
谦谦儿郎才情显，奋翼高飞破雾围。
勇踏荆途心高远，争优夺魁终不悔。
先声夺人立潮头，荣耀加身映日晖。

陆见合

陆野春芳映碧霄，见山灵秀韵如韶。
合心向学才情展，新岁书香意趣飘。
期冀明朝佳梦绕，新篇妙笔志尤高。
进攀文海星辰揽，步踏青云我为豪。

刘师过

刘家娇娃志高远，师友相伴勤不倦。
过尽千帆逐浪高，前景熠熠路途灿。
程远虽遥梦为岸，似火豪情冲霄汉。
锦心绣口才华展，好风助力跃山巅。

《赞二十中 2020 届高三老师》
夏秋婵媛映桃李,(李媛)
晨曦初露白芳芷。(陈曦、白亚芳)
兰蕙菁陌志高起,(龚志菁)
小雅长鸣呦呦萍。(吴雅萍)
东边江涛卷付浪,(付用江)
南怀顺海旧陈骑。(陈海顺)
少年傲迎晓青天,(王晓青)
蕙莉兰心慰雅集。(付莉、卫雅楠)
春雯映澈晨辉秀,(庞春雯、陈秀辉)
寰宇薇小坚若芸。(王宇薇、李晓芸)
婷娜晓丽亦怀志,(刘丽娜、公婷婷)
拔生怒长春如玉。(王玉春)
金辉宏志立强图,(金宏强)
驻居西关鸣铁骑。(居铁)
势起万永波涛去,(邹永涛)
西马汗血宏征远。(马宏)
海上牧马涓涓饮,(吕海娟)
峻岭万仞肯登攀。(王峻岭)
光照千里喜旌旗,(王光照)
鹏飞远去前程锦。(庞鹏飞)
义如风发超然起,(周义超)
志在伟岸向明朝。(朱伟明)
功成回马幸东兴,(刘东兴)
雁栖林中唱高枝。(张江雁、林中弘)
鸿雁卓尔志非群,(马志群)
五子登科戴红霞。(戴红)
风光玲秀长安花,(王秀玲)
和曲强音大风歌,(和强)
秣马渠成祥万家。(张万祥)

桃李不言，下自成蹊
——记我们的班主任刘东兴老师

师生合影

2024年高考，我们高三H4班考试大捷！其中一名同学的政治是A1、历史是A1、地理是A1，3科都得了A1，3个100分！这是范子艺同学交出的满分答卷！全年级共有16个同学选科得A1，我们班占了8个，真正践行了我们班级的精神誓言"3A精神放光芒"。

高考是我们人生中的一次重要考试，当它渐渐落下帷幕的时候，我们突然感到，我们的学校变成了母校，我们的老师变成了恩师。是母校给我们搭建了飞扬青春五彩的舞台，是恩师的谆谆教诲给我们的梦想插上了奋飞的翅膀。在二十中求学成才，母校恩博大仁厚，在二十中实现梦想，老师恩山高水长。我们先说说我们的班主任老师：刘东兴。

刘老师我们都亲切地称呼他为"东哥"，其实，东哥不仅是个"哥"，在我们的学习生活中他扮演了亦师亦父亦友的3种角色。回想起来，给我印象最深的是他的激情、感染力和凝聚力。刘老师是用怎样的精神信仰激励我们前行的呢？

先看看张昕蕊是怎样用词的方式表达自己的心情——《满庭芳·夺魁谢师恩》：

我们的"东哥"

翠染师坛，墨香盈袖，又迎桃李芬芳。刘师风采，德厚震波长。再启新程漫漫，扬帆处，砥砺新航。倾心智，栽桃育李，满目是琳琅。

清流担正义，灵魂执教，堪为良方。淡名利，誉荣挂满门墙。教管勤耕不辍，补缺位，父爱肩扛。师恩谢，智开蒙惠，情赋满庭芳。

为什么张昕蕊同学填了1首词来表达对老师的情感呢？因为我们的班主任老师在平时的教育教学中经常用诗词作为激励的方法，给予我们精神的力量和信仰的追求。

"大风起兮云飞扬，3A精神放光芒"是我们奋进的旗帜。这不是只挂在墙上的空话，是我们始终不忘为美好未来而奋斗的初衷，是我们发自肺腑的梦想宣言。它鼓舞着我们在学海中奋斗进步，更指引着我们人生进步的方向。

3A精神诠释了刘老师对教学的认真和耐心。每天那么大的工作量，尤其是问答题的批改，刘老师不仅批，还有改，更有浓浓的激励语言。课间看到老师皱着眉头揉眼睛，大家对此心照不宣，我们都很心疼老师，所以大家更加努力，不辜负老师的期望。

3A精神展现在课堂的每分每秒。刘老师善于将课本内容用通俗易懂的语言讲述出来，帮助我们记忆，他的课堂总是充满欢乐。不仅教会我们历史知识，而且教导我们为人正直善良，永葆对历史文化的好奇心。在高三这枯燥的一年中，刘老师的历史课无疑是一剂良药。他立足于课本，而又不局限于课本。记得在讲二月革命时，刘老师曾提到过沙俄时代的十二月党人，他赞美那些青年贵族的勇敢，并建议我们找相关书籍去阅读。循着刘老师的建议，我搜索了相关资料，这也为我打开了一扇新的历史大门，让我获得了更多的课外历史知识。正因为有刘老师，历史之于我不再是一门学科，而是一个可以研究终生的爱好。

"仰望星空我向往，脚踏实地我奋斗，蟾宫折桂我成功，3A精神放光芒，高考成绩我最棒"的铮铮班级誓言,如今还回荡在我的耳边。或许旁人笑我们日复一日的庄严宣誓,刘老师却始终坚信信仰的力量,让我们在每一个清晨燃起希望,吹响冲锋的号角,让高三 H4 班同舟共济,驶向成功的彼岸。

班级合影

在我们看来,3A 精神更是一股不竭的精神力量,指引我们在人生道路中不再迷茫困惑,看尽人生路途平芜尽处的一座座春山。一路走来,我们虽历经坎坷,但在 3A 精神的感召下,携手迎接最后的曙光!

面对高三的重重压力,我们常常力不从心。在这些时刻,往往是刘老师的安慰将我们拉出了悲伤的泥沼,使我们以积极的心态面对生活与学习。刘老师除了谆谆教诲、指点迷津外,还善于以诗给我们呐喊助威。正像李俐烨所说:"高三第一次全区排位,我考了前所未有的最低分,刘老师就把我拉到办公室,坚定地告诉我,'无论是期中期末、一模二模,甚至到最后的高考,我都是你们坚强的后盾'。此后,每当我在深夜学习感到疲惫、在成绩出来后感到怀疑、在想要放弃时,他的那些话都会神奇地回荡在我耳边,让我知道不必害怕,不必彷徨,不要怀疑,无须紧张。"白苏娅、王可心更是有这样发自肺腑的感触:"只需寻找刘老师的身影,那是最温暖的港湾,那里有温暖的怀抱、中肯的建议和不带丝毫怀疑望向我的坚定目光。无论是学习上的困惑,还是生活中的烦恼,刘老师总是耐心聆听,给予最贴心的指导和帮助。他经常利用课余时间与学生交流,了解我们的内心世界,鼓励我们勇敢面对挑战。在他的眼中,每一位学生都是独一无二的存在,值得被尊重和爱护。"

刘老师和学生们

"张王李赵汝争先，昕帆高扬学识渊。今日种下凌云志，蕊果累累六月天。""白驹过隙光阴催，苏扶枝叶正葳蕤。女娇气傲我为先，亚冠伯仲摘星魁。"这是刘老师写给我们的藏头诗，我们将这些诗作视若珍宝，它们不仅是荣誉的象征，更是师生间情感交流的桥梁。每次翻出来看看，我们都能感受到刘老师那颗炽热的心。刘老师为班内所有同学都写下了独具特色的藏头诗，这样的关怀与鼓励陪伴着我们度过了煎熬的高中三年，更将激励我们度过未来的人生。"不管考成什么样，你们都是我可爱的学生，过往的美好与不堪，都是成长成熟的必经之路，把一些记忆收藏在心底，让时光把它褪色，泛黄，在流年里慢慢地老去……"刘东兴老师把家庭式的关爱带给学生，延续了一届又一届。

回首过往，记得与刘老师一起看过6点钟的太阳，记得晨曦下的书声琅琅，记得耳畔回响心间流淌的声声鼓励与慰藉……老师的教导不仅是振臂一呼的鼓舞，最令人难忘的还是那作业本上的一行行诗句。三月天老师会写"我与春风共赴会"，四月天老师写下"春苗向阳而生"，到了该说离别的日子，便是"历尽千帆皆不是，余晖脉脉水悠悠"。不知从何时起，交换作业本，欣赏老师写给每个同学的不同诗句成了我们的日常。一句"春风奔赴夏花的灿烂，我奔赴理想的彼岸"扫清了我们学习的疲惫，也播下了向阳的种子。老师的诗句如同向日葵的芬芳，温暖而明媚，激励着我们不断前行。在我们迷茫或沮丧时，是老师用坚定的文字，像向日葵般给予我们方向和力量。

3A精神这样的班级文化，在我们心中已经生根发芽。这样的精神鼓舞着我们在高三生活中学会笑对挫折，追求进步，成长为一名勤奋求实的历史人。这样的精神，更是我们未来人生道路的指向标。带着藏头诗中无限的期许和教诲，我们长大成人，成为有理想、有追求的时代新人，以更阳光的心态迈向社会，成为社会中的栋梁之材。

老师说："如果时光能倒流，我还想当你的班主任！"

我们说："纵使时光流逝，刘老师永远是我们最敬爱的班主任！"

刘老师在讲台上

"师恩难忘"海报

——北京市第二十中学2024届高三H4班全体同学

2024年7月2日

班级管理

——34年教育路,我用鼓励助学生成才

刘东兴老师

我从教至今已经34年,34年的教育教学生涯中,担任班主任工作整整31年。我一直将教育当作一种事业、一门艺术;把学生视为朋友,关心他们,爱护他们,急学生之所急,想学生之所想,赢得了学生们的爱戴。我教的学生中有许多考入清华、北大、人大、北师大、浙大、南开等名校,我教的班级更是连续被评为校、区、市级先进班集体。纵观我的教育历程,最突出的是善于鼓励,愿意做学生的知心朋友,把教育上升为一门艺术。

一、盲目说教显苍白

记得 2003 年刚调入北京时，我满怀喜悦地接受了担任高三班主任的工作。在开学初的一次班会上，我大谈升入大学的光明前途……可与我的激情讲话格格不入的是，教室下面的"风景"令人既失望又懊恼。部分学生或趴在桌子上或悠闲地翻看杂志，更有甚者昏昏欲睡。强压着心中的怒气，我把其中的一位同学叫起来问他们怎么了。有的懒散地说："我累了，头疼。"有的漫不经心地说："看杂志呢。"还有的说："老师，恕我直言，你讲的东西离我的实际太遥远。"……这次班会最终不欢而散，效果可想而知。

根据班级的现状，我做了一次关于升学前景方面的调查：在 58 份调查问卷中，竟有 34 人对升学不抱希望。面对这样的状况，我惊诧了！一次次在问自己，班级的出路在哪里？

通过这次不成功的班会，我恍然大悟：不切合实际的盲目说教苍白无力，自己必须走到学生中去，与他们进行心与心的交流，倾听他们的心灵之音。接着，我在全班开始了"地毯式"调查，详细了解每个学生的学习现状、思想动态、升学理想，倾听他们发自内心的讲述。

走到学生中去

二、"3A"精神放光芒

一位教育家曾经这样说过："哪怕天下所有的人都看不起我的孩子，我也要眼含热泪去拥抱她，欣赏她，为这个生命自豪。"那么，该如何将班级打造成一个积极向上、学习氛围浓厚的集体呢？考虑到这是个文科班，我给学生布置了一个任务，去查阅三首宋词：晏殊和柳永的《蝶恋花》、辛弃疾的《青玉案·元夕》。

在下次班会上，我先引导学生背诵其中的名句，然后把"昨夜西风凋碧树，独上高楼，望尽天涯路"这句话的意思诠释为"我向往"；"衣带渐宽终不悔，为伊消得人憔悴"诠释为"我奋斗"；"众里寻他千百度，蓦然回首，那人却在，灯火阑珊处"诠释为"我成功"。把"我向往、我奋斗、我成功"定为班训，接着又现实地并适时适度地提出了班级奋斗目标。我把班训和奋斗目标醒目地写在教室后面，意在潜移默化地告诉学生：在一个团结向上的班集体内，一定要有理想，要脚踏实地为理想奋斗。

此后，我进一步丰富其内涵，在 2017 年选课走班模式开始后，我把"我向往、我奋斗、我成功"拓展为"我向往，求A；我奋斗，奔A；我成功，得A"，由此又衍生出"3A 精神放光芒，德智体美我最棒"的班级誓言。

每天的早读之前，全班学生立正站好，举起右手，齐声朗诵班训。以此点燃学生心中的希望之火，使之树立信心，鼓起勇气。

三、动人春色不需多

深入到学生中间，做学生的知心朋友，这是建立新型师生关系的核心。这话老师们明白，但真正做起来就是另一回事了。

一天，我从教室外看到有个同学正在课堂上摆弄手机，我回到办公室后给她发了条短信："老师的心与母亲的心一样柔软，老师的付出从不要求回报；如果天上的星星知道老师对你的美好愿望，那么它也会为你发出最夺目的光芒！美丽的天使啊，收起手机吧！"

尽管她做的不对，但采取严厉批评或没收手机的方式远没有这种方式更能打动她的心。从那以后，我就再也没看到过她在课上摆弄手机，因为她知道，老师的关心是发自内心的。

网络时代，喜忧参半。我曾接待过这样一位家长，她说，自己的孩子曾经是个非常优秀的学生，但自高二下学期开始，他渐渐迷上了网络聊天，学习成绩一落千丈……为了使之步入正轨，我突发奇想：自己也上网聊天，以"毒"攻"毒"！

抱着试试看的心态，我申请了个 QQ 号，然后从他家长那里得到他的 QQ 号，与该生开始了网上的斗智斗勇……经过网上一段时间的"博弈"，该同学逃离了"网海"，成绩由班级下游上升到优秀的行列。这段"网络情缘"以完美的结局画上了句号。后来我把这个教育故事写出来——《QQ 洒下难忘情》，发表在了北京一家教育杂志上。

与学生做朋友，是一种心态。只有放低姿态，走进学生的内心世界，融入他们的生活，才能在师生之间架起一座彩色的长桥。唯其如此，班级氛围才能真正达到"其乐也融融"的境界。

融入学生的生活

四、盈盈春光映枝头

把鼓励上升为一门艺术,我在多年班主任工作中不断探索实践并取得了良好的效果。

一次批改作业时,我发现学生的作业从书写到质量参差不齐:有的学生卷面整洁,字迹清晰,正确率高;而有的学生卷面邋遢,字迹潦草,正确率低。怎么激励后者呢?我想到了一招,就是人们所熟悉的"藏头诗"。

等科代表把作业发下去后,这件事在同学间引起了不小的轰动。有的同学在议论,有的同学在得意,有的同学在羡慕。甚至有学生到办公室或在教室里当面问老师,为什么自己没有得到题诗?自己什么时候能得到?

看到学生这样在意老师的题诗,我顺水推舟,把一开始的赏识变成奖励和激励,明确告诉学生:以后谁的作业既完成得好,又上交及时,谁就能得到老师的题诗奖励。果然,此后每个学生的作业完成得都很认真。

给每个学生都写了藏头诗后,我专门利用一节课的时间,把每一位同学得到的藏头诗拿出来给大家欣赏。每首诗指向的虽然是个体,但对班级整体而言也是赏识、激励、引导。这节特殊的历史课,使同学们群情振奋、斗志倍增,产生了意料不到的效果。

我的藏头诗现在还在写,写在学生的作业本上、写在学生的卷子上、写在学生的奖品本上、写在学生的奖状上……前前后后算下来，已有6000多首了。

与同学们一起出游

五、投身教育即为家

34年的教育教学生涯中，我曾多次获得河北省普教系统先进教师、北京市优秀德育工作者、海淀区有突出贡献的引进人才等荣誉称号。从2004—2020年，我连续16年被评为北京市中学骨干教师和学科带头人。

从教34年，我最大的感悟是：教育的全部秘诀就是真爱。只有真爱学生，才能收获秋天的硕果；只有在学生的心田播下真爱的种子，才能扬起他们希望的风帆。没有一种根基，比扎根于学生中更坚实；没有一种力量，比从学生中汲取更强大；没有一种资源，比赢得学生的心更珍贵持久。粉笔书写人生风流，讲台化作千顷苗圃，我怀揣着虔诚、敬畏做人做事，一辈子做教师，一辈子学做教师，一辈子学着做好教师，离功利最远、离孩子最近。我一直努力追求的是：家长最想把孩子托付的老师，不管学生走多久走多远，都会时常深情回望的老师。

【此文系北京市第三十六届紫禁杯优秀班主任事迹材料。2024年5月被海淀教育思维平台推送】

作业织纽带　寄语传真情
——我的教育故事·特殊的作业寄语

题记：英国诗人布莱克说：一粒沙里看出一个世界；一朵野花里有一个天堂；把无限放在你的手里，永恒在瞬间收藏。

20多年的教学生涯中，我始终秉承着这样的教育底线：学生发言有误不责备，而是修正＋激励；学生听课违规不训斥，而是提醒＋劝告；学生的作业出错不打"×"，而是问号＋批语；学生质疑不回避，而是肯定＋赞赏。每个老师都有自己的教育故事，或许平淡无奇，或许独具匠心，点点滴滴都是智慧与艺术的凝结，爱与科学的凝聚。

作业织纽带，笔墨传真情。特殊的作业寄语，是老师情感输出的载体，架起了师生心灵之桥、成功之梯。把情感交流融入寄语中，或许比耳提面命更有一番独特的味道。多年后，老师课堂上讲授的知识很可能学生大多都忘记了，但这些寄语很可能一直印刻在心间，转化为行动的精神力量，这对于学生的学习与成长就有了特殊的意义。师生之间无声的"对话"，让学生感受到了教师的人格、修养和爱心，虽是一块小小的"石头"，但它可以激起学生情感的涟漪，催生他奋进的巨浪。

俗话说得好：良言一句三冬暖。每个学生都希望得到老师的尊重、赏识和认可。"孩子是需要被唤醒的"，一语道破教育背后激励和赏识的力量。高尔基说："谁热爱孩子，孩子就热爱谁。只有热爱孩子的人，才可以教育孩子。"如果没有对学生发自内心的爱，我们的全部教育也就失去了存在的意义和价值。教师只有热爱和尊重学生，才会去关注学生，学生才会喜欢和尊敬教师，而学生的这种爱，将会转化为对教师所教课程的投入，成为促进学生在品格与学业方面不断进步的强大推动力量。通过作业中特殊的寄语，我想达到的效果就是增进师生之间的情感，课堂内外洋溢着师生之间和谐温馨、平等民主的氛围，提升历史课的魅力和老师的人格魅力。学生期待着历史课，喜欢上历史课，让自己的课堂有温度。

拜读陶行知先生的教育专著《教育的真谛》后，我收获颇多。教育的真谛是什么？我的理解就是爱。其实成功的教育没有捷径，它全部的秘诀就是真爱。把学生当成真正的人，尊重其人格，满足其需要，引导其发展。作为一名平凡的教育工作者，只有真爱学生，才能收获秋天的丰硕；只有在学生的心田播下真爱的种子，才能扬起他们希望的风帆。

在这个奢谈理想的年代，说理想显然需要勇气。我的理想追求是做一个有教育诗意的教师、有文化学养的教师、注重文化软实力熏陶的教师。立足于教育栖居的园地，仰望广袤无垠的星空，心怀对纯真、尊严、智慧、神圣、诗意的喁喁眷顾和祈望，超然物外，一往情深。从课堂内外提炼生命的精华，在教育教学的点滴细节处凝聚文化的神韵，师生共同沐浴在道德、语言、艺术、科学等人类文化的熠熠光辉里，这大概就是"文化育人"的神奇魅力吧。

我最喜欢的一句话是：一辈子做教师，一辈子学着做教师，一辈子学着做好教师。

教师是知识分子，骨子里就应透着"清高"，虽不富有但也不清贫；教师的职业并不神秘，但具有特殊性。坚守与淡定是教师精神世界的信仰，在浮华与躁动的年代，闪耀出永恒光辉的是思想的笃定，信念的坚毅，做一个"古色古香"、平静淡泊、精神高贵的真正知识分子，有乐教的境界、善教的智慧、仁教的情怀。

树德立言，成名成家，是很多知识分子的追求。陶行知是教育家，是我们学习的楷模，但是，既要对"教育家"高山仰止，也不要对成为"教育家"望而却步。"教育家"首先是"人"，其次是我们身边普普通通有品格、有思想、有师德的"人"。不仅要把"教育家"理解为"做教育的大家"，还要理解为"以教育为家的普通人"。如果理解为"做教育的大家"，那么，能称之为"教育家"的凤毛麟角；如果理解为"以教育为家的普通人"，"教育家"从未绝迹过。只要我们能从心底里、情怀中认识到自己所肩负的责任、使命，并践行于教育管理中，真爱学生、亲近学生，为学生的身心健康成长着想，那么你就是"教育家"。

墨西哥有一则寓言。一群人急匆匆地赶路，突然，一个人停了下来。旁边的人很奇怪地问："为什么不走了？"停下的人一笑说："走得太快了，灵魂落在了后面，我要等等它。"是啊，我们都走得太快了，然而，谁又打算停下来等一等呢？如果你不打算停下来等一等，那么，千万别忘记，当初我们为什么要出发！

有一首《一点点》的小诗是这样写的，谨与大家共勉：

一点点种子/一点点泥土，

一点点阳光/一点点雨露……

一点点呵护/一点点等待，

然后……/一朵小花，灿然开放……

【此文写于2016年，获海淀区"中国好老师"行动计划项目主题征文活动一等奖、北京市第六届"智慧教师"教育教学研修成果二等奖、海淀区中小幼教师讲述"我们的育人故事"一等奖】

性格决定成败，习惯决定命运

印度一位哲人说过：把一个信念播种下去，收获的将是一个行动；把一个行动播种下去，收获的将是一个习惯；把一个习惯播种下去，收获的将是一个性格；把一个性格播种下去，收获的将是一个命运。

一、性格决定成败

①知足：认为考上了重点高中，就进入了"保险箱"，高枕无忧，优哉游哉地过日子。

②自满：暂时取得点滴成绩，就沾沾自喜，认为自己是最好的，甚至认为自己应该成为别人效仿的标准，没有了更高的追求。

③保守：依旧走着初中学习的老路，全凭过去的经验，不能对变化了的学习生活作出必要、及时的调整，恋旧、怀旧、循旧。"春花秋月何时了，往事知多少。"

④怯懦：不敢面对现实，遇到困难唉声叹气，怨天尤人。

⑤懒惰：一是身体懒惰，二是脑力懒惰。身体懒惰的人光想不干，大脑懒惰的人光干不想。这两种类型都只能是碌碌无为。

⑥孤僻：不愿与人打交道，独往独来、离群索居，对他人怀有厌烦、戒备和鄙视的心理，把自己局限在方寸之地。两耳不闻窗外事，一心只读圣贤书。

⑦自以为是：认为自己的观点和做法都正确，过于主观，不虚心。不接受老师、同学善意的劝诫，自认为什么都懂，明明错了或行为欠妥，但还要站在自己的立场上狡辩，强词夺理，无理也要争三分。

⑧狭隘：一是心胸狭隘，看问题想事情钻牛角尖，没有宽宏豁达、包容百纳的胸怀。得到称赞、表扬的时候，心里就感觉很舒服；面对批评时会影响到心情，要么气愤，要么没耐心。二是视野狭隘，当年毛泽东为了开阔自己的视野，走出韶山冲，写下了"孩儿立志出乡关，学不成名誓不还"的诗句。三是知识狭隘，不读有意义、有

价值的书，沉醉于网络的游戏、聊天之中，造成知识匮乏，沦落为高科技的"奴隶"。没有知识就没有信仰，就没有追求。

⑨自私：不想奉献，对班级的事情漠不关心，事不关己，高高挂起，缺乏集体荣誉感。

⑩骄傲：取得一点成绩就忘乎所以，人前背后炫耀，目空一切，唯我独尊，认为自己无所不能，无所不行。

⑪消极：没有积极的学习态度，仿佛看破红尘。没有认清自己所处位置的任务和使命。

二、习惯决定命运

1978年，75位诺贝尔奖获得者在巴黎聚会。有人问其中一位获奖者："你在哪所大学、哪所实验室里学到了你认为最重要的东西呢？"

出人意料的是，这位白发苍苍的学者回答说："是在幼儿园。"此人又问："在幼儿园里学到了什么呢？"学者说："把自己的东西分一半给小伙伴们；不是自己的东西不要拿；东西要放整齐，饭前要洗手，午饭后要休息；做了错事要表示歉意；学习要多思考，要仔细观察大自然。"

这位学者的回答，代表了与会科学家的普遍看法。他们认为终生所学到的最主要的东西，是幼儿园老师给他们培养的良好习惯。

曾经看过一则报道：一名高中毕业生前去应聘，在应聘的队伍中，大部分都是大专生、本科生，还有硕士生，面对这些高学历的竞争者，这名青年的成功率几乎为零。然而结果却大大出乎人的意料，这名高中生竟成了唯一的一名受聘者，因为只有他随手拣起了应聘现场里无人问津的一张纸屑，正是这不经意的一拣，让招聘者看到了他对待生活的态度和良好的习惯，于是，他成功了！

1891年，"北洋水师"访日，日本军官看到水兵在"定远"舰主炮上晾衣服，并摸到了一手的灰尘。日本人从中认识到：北洋水师管理混乱、纪律松懈，将来在作战中一定是不堪一击的。

①成功源自积极主动的习惯。只有把握主动的习惯，有积极的人生态度，我们的未来才不是梦。

桑兰，原中国女子体操队队员，1998年，在美国纽约进行的第四届友好运动会的一次跳马练习中不慎受伤，造成颈椎骨折，胸部以下高位截瘫。其凭借顽强意志和积极人生态度，在北京大学新闻系毕业，并成为2008年北京申奥大使之一，又在2008

年北京奥运官方网站担当特约记者。

有了积极的人生态度，再养成乐观的习惯，成功就近在咫尺。

公元前334年，亚历山大大帝在出发远征波斯之前，把自己所有的财产全部分给了臣下。一名随从非常惊讶地问："陛下，那你带什么启程呢？"亚历山大自信地说："我只带一种财富，那就是乐观。"

②设定目标的习惯：明确目标，三思而后行，迅速果断，不打无准备之仗。

19世纪中叶，英国的工业在世界上迅速崛起，几乎在所有的行业英国人都成了"领头羊"，特别是纺织业的发展速度更是惊人，以质优价廉的优势，在很短的时间内席卷了世界市场。日本的纺织业原来在国际市场上也占有很大的份额，但没想到会在突然间被英国人逼到了崩溃的边缘。在这种情况之下，日本人可不想束手待毙，他们决定主动进攻。为了把英国人先进的纺织技术"学"到手，日本人真是煞费苦心。

当时在英国的纺织业中，布拉泽公司是规模最大、设备最先进、出口量最多的公司，它位于英国某地一条热闹的大街上。每天中午，公司的职员和工人们都到公司对面的一家餐馆里吃午饭。这条街上的餐馆只此一家，尽管价格很贵，依然是顾客盈门，生意红火。

有一天，人们发现在这家餐馆的附近又开了一家名叫"美和"的新餐馆，而餐馆里上至经理，下至跑堂的伙计，都是日本人。这家餐馆一经开业，便十分惹人注目，它不仅价格比英国餐馆的饭菜便宜，而且在味道和服务上也更胜一筹。时间一长，布拉泽公司里的许多员工都渐渐地成了这家餐馆里的常客，其中，也有一些是公司里的管理人员和高级工程师。有时，公司里的一些职员或工人没有带钱，只要记个账就行了，并且一样受到热情的招待。就这样，这家新餐馆不但人缘极好，而且生意旺盛。

两年后的一天，这家餐馆却突然宣布倒闭，原因是出售的饭菜价格低廉而成本却很高，造成了很大的亏损。这一消息在布拉泽公司的员工中引起了一片同情之声，趁此机会，餐馆经理向一些常来就餐的高级管理人员和工程师求情，说他与伙计们现在都已无钱回国，希望能安排他们在公司里先找点活干，不至于在这里挨饿。

这些曾经受过餐馆热情招待的公司职员，也从内心很同情这些"可怜的"日本人。因为公司规定不允许外国人进入车间工作，所以，这些日本人都被安排到车间外做杂工，他们有的推筒管，有的运袋皮，有的装纱。

日本人干活非常卖力，任劳任怨，遵守工厂的规矩，让管理者觉得他们忠诚可靠，渐渐地也就放松了对他们的警惕，甚至有些管理者还成了日本人的朋友。过了一段时间之后，日本人就像一般的工人一样可以自由地进出车间了。由于日本人特别能得到管理者的赏识，有的便被推荐到机器管理的岗位上，还有的被安排进了技术部门工作。

日本人在布拉泽公司里干了两年后，纷纷声称他们已经积蓄了一笔钱，将要返回他们阔别已久的家乡了。很快这些日本人办好了回国的手续，转眼间从布拉泽公司消失了。然而，让英国人做梦也没有想到的是，这些日本人竟然都是国内一流的纺织专家。他们在英国一边任劳任怨地工作，一边把英国先进的纺织设备和技术默记在心，回国后，他们便在英国纺织机的基础上动手设计出了更加先进的纺织机器，从而让日本在国际纺织业市场上，一下子成了英国的劲敌。眼睁睁地看着日本人大口大口地吞噬着自己的市场份额，英国人既震惊又恼怒，当他们知道了日本的崛起，正是依靠着从自己那里偷去的先进纺织技术之后，更是懊悔不已。

日本人为了达到自己向布拉泽公司渗透的目的，竟然是从餐饮业开始，这恐怕更是英国人做梦也想不到的一招啊。

③感悟过程中的快乐的习惯：全身心投入，在过程中寻找快乐，感受快乐。

一群年轻人到处寻找快乐，却遇到许多烦恼、忧愁和痛苦。他们向苏格拉底请教，快乐到底在哪里？苏格拉底说："你们还是先帮我造一条船吧！"这帮年轻人暂时把寻找快乐的事情放到一边，找来造船的工具，用了七七四十九天，锯倒了一棵又高又大的树，挖空树心，造出了一条独木船，一边合力荡桨，一边齐声唱起歌来。苏格拉底问："孩子们，你们快乐吗？"他们齐声回答："快乐极了！"苏格拉底说道："快乐就是这样，它往往在你为一个明确的目的忙得无暇顾及其他的时候突然来访。"

快乐隐藏在生活的每一件小事中，认真投入地去做事，它就会来找你。一心投入到学习中来，快乐永远属于你。

在过程中享受快乐，结果不可能事事都成功，要善于从失败中汲取教训，做有思想的行者。

有一个村庄，那里的人都靠捕鱼为生。其中，有一个渔夫，他的捕鱼技术出类拔萃，别人都叫他"渔王"。然而，他的儿子捕鱼技术却十分差劲。一天，渔夫对一个客人说："你看，我把毕生的捕鱼技术和经验一字不漏地告诉了他，可他还不如一个普通渔民的儿子。"客人说："你每次都手把手地教他吗？"渔夫点点头说："为了使他少走弯路，每次我都在他身边指导他。"客人说："这就对了，你仅仅教他捕鱼的技术，却没有让他有从失败中汲取教训的机会。"

俗话说：失败是成功之母。然而，有的人失败数次却都没有成功，那是因为他没有总结失败的教训。经验是在失败中汲取的，只有善于总结他人或自己失败的教训，才会少走弯路，直接抵达成功的终点。

④积极参与的习惯：在团队中发展自己，时刻准备着当"将军"，做不了将军就做好自己。

200多年前，法国出了一个震惊世界的著名人物，他就是拿破仑。当年的法国，在他的率领下，几乎征服了整个欧洲，所有欧洲的王室大臣们都不得不尊他为王。当年的法国，在他的领导下，国势强大，地位显赫，是欧洲政治、经济、外交、军事、文化的中心。

拿破仑的一句经典名言"不想当将军的士兵不是好士兵"，不知激励了多少人奋发向上而成功。

⑤坚持不懈的习惯：把握现在，马上行动，持之以恒，带着希望上路。

加拿大第一位连任两届的总理让·克雷蒂安孩童时相貌丑陋，说话口吃，而且因疾病导致左脸局部麻痹、嘴角畸形，讲话时嘴巴总是歪向一边，还有一只耳朵失聪。为了矫正自己的口吃，他模仿古代一位有名的演说家，嘴里含着小石子讲话。看着嘴巴和舌头被石子磨烂的儿子，母亲心疼地抱着他流泪说："不要练了，妈妈一辈子陪着你。"懂事的让·克雷蒂安也流泪说："妈妈，书上说，每一只漂亮的蝴蝶都是自己冲破束缚它的茧之后才变成的，我要做一只美丽的蝴蝶。"由于他的坚持，他最终克服了口吃的缺点，于1993—2003年担任加拿大总理。凭着坚持的毅力和勇气，每个人都可以冲破生命中"茧"的束缚，赢得自尊和自信。

有个学生从读小学起，就一直很努力地学习，可成绩总是平平。有一段时间，他对自己失去了信心。后来，父亲带他去公园，指着园内的两排树问："你知道那些是什么树吗？"他一看，一排是白杨，一排是银杏，与高大的白杨相比，银杏显得十分矮小。父亲说："我特意问过公园管理员，这两排树是同时栽下的。栽下时，都一样高。它们享受同样的阳光、同样的水土、同样的条件，到后来，白杨为什么长得高大，而银杏却长得矮小呢？"父亲见他回答不上来，接着说："孩子，要知道，珍贵的东西总是慢慢成长。"

这诗一般的语言，像一道阳光，一下子照亮了这个学生的心头。他努力着，从不放弃，到了高中，他的学习成绩终于有了质的飞跃，在全年级中名列前茅。高考时以优异的成绩考入了一所名牌大学。

"珍贵的东西总是慢慢成长"，那些自以为愚笨的孩子，请好好记住这句话，它一定会照亮你人生的方向。

世间最容易的事是坚持，最难的事也是坚持。说它容易，是因为只要愿意做，人人都能做到；说它难，是因为真正能够做到的，终究只是少数人。成功在于坚持，这是一个并不神秘的秘诀。

⑥勤俭戒奢的习惯：勤俭有度万事易，成由勤俭败由奢。

我们有的同学，家庭的经济条件既富有又富足。假如你的家庭既不富有也奢谈富足，那么，你不必苦恼也不必慨叹。我们的父母无法选择，我们的出身无法选择，我们的家庭无法选择，我们所能选择的是毅力与坚韧，贫穷或苦难可能就是你的财富。举两个"富二代"事件，或许对你有深刻的启发。

事件一：飙车门。2009年5月7日晚间，年仅20岁的"富家子弟"，浙江某大学学生胡斌，驾驶跑车在杭州繁华的街头与朋友"飙车"，将看完电影，正在穿过斑马线回家的25岁青年谭卓当场撞死。这起事件引起了社会的持续讨论。

事件二：征校花。2009年12月1日，有两位"80后"的"富二代"为择偶，雇人在暨南大学校园发传单寻觅校花，此举引来了爆发性的社会关注。各种声音有的支持，有的谩骂，甚至有官员出面怒斥这种现象腐化校园。

⑦阅读的习惯：开卷有益，终身受益，有所作为。

外国记者曾问温家宝总理："您是怎样一个人？经常读哪些书？思考的是什么问题？"温总理回答：

"身无半亩，心忧天下；读破万卷，神交古人。"
"为天地立心，为生民立命，为往圣继绝学，为万世开太平。"
"长叹息以掩涕兮，哀民生之多艰。"

——谈自己的工作态度时说："苟利国家生死以，岂因祸福避趋之。"
——概括今后工作时说："雄关漫道真如铁，而今迈步从头越。"
——谈宏观调控绝不能半途而废时说："行百里者半九十。"
——回答记者"什么是快乐"问题时说："去问开化的大地，去问解冻的河流。"
——谈宏观经济政策走向的问题时说："时进则进，时退则退，动静不失其时。"
——谈到两岸合作问题时说："度尽劫波兄弟在，相逢一笑泯恩仇。"

温家宝总理引经据典，信手拈来的本领，得益于不倦地读书，使人们领略到一个大国总理的文化底蕴和语言魅力，体会到东方古国传统文化的智性灵光。千万别忘记，温总理是学理科的，地质专业毕业。

据说，林肯一辈子床头就放着《圣经》和莎士比亚的书，别的书他都不读，但心智同样伟大；北宋开国宰相赵普"半部《论语》治天下"；拿破仑一辈子南征北战，手里只拿着凯撒的《高卢战记》和修昔底德的《伯罗奔尼撒战争史》。

当然我不是说学生只读几本课本就够了，而是说在有选择的同时，确实应该精读我们的教材，甚至背诵，读到心灵领悟为止。因为一本好书足以改变人的一生，让人受益无穷。认真用心地阅读教材，也是一种享受，因为教材都是"蜜蜂"们采百花酿成的蜜，"名山不厌百回首，好诗再读也新鲜"。

古人说读书为世间最大的快乐。"读书之乐乐何如？绿满窗前草不除。读书之乐乐无穷，瑶琴一曲来薰风。读书之乐乐陶陶，起弄明月霜天高。读书之乐何处寻？数点梅花天地心。"不读书，让无知者无畏，步入书籍，便走进了"心灵"。屈原心怀强国梦想，用血泪凝结忧愁悲思而抒《离骚》，愤懑至极乃发《天问》；东坡遭贬，壮志未酬而唱"大江东去，浪淘尽，千古风流人物"；稼轩胡虏未灭而叹"千古江山，英雄无觅孙仲谋处"；陈涉苦难深重而怒呼"王侯将相宁有种乎"；以济世救人为目标的李时珍，踏千山尝百草著成鸿篇巨著《本草纲目》；陶渊明的"问君何能尔？心远地自偏"，折射出他冷静的人生选择；范仲淹的"先天下之忧而忧，后天下之乐而乐"，道出政治家的深重责任感；杜甫的"安得广厦千万间，大庇天下寒士俱欢颜，风雨不动安如山"，已经挣脱并超越了自己的苦难，显露出普度众生的情怀；毛泽东的"问苍茫大地，谁主浮沉"，更是一代伟人对饱经沧桑的神州大地发出的历史性诘问，犹如洪钟巨响……

我很欣赏清代"扬州八怪"之一的郑板桥的一句话："贫者因书而富，富者因书而贵。贵者因书而智，智者因书而乐。"与书为伍，会少一份浮躁，多一份恬静；少一份庸俗，多一份儒雅。与圣贤相对而坐聆听教诲，心灵会变得充实丰盈，思想会变得豁然开朗。没有阅读的人生是残缺的人生，学会了读书，就学会了阅读人生。让读书成为生活的一部分，让我们真正地做个快乐的读书人！

出人之口，入我之耳，谓之听；出我之口，入人之耳，谓之说；借助书本等媒介物，入我之眼，出我之口，发而为声，谓之读；出我之手，录于纸质或其他媒介物，谓之写。听、说、读、写互为依存，互为助力，是一个整体。

多读多诵，体验就在其中；多读多诵，感悟就在其中。因诵成好，因诵成悟，因悟入巧，因巧入神，语文素养就是这样一步一步升华的。所以，诵读是语文能力获得的重要基础。出我之口，发而为声，入人之耳，激越有神地朗读；主张要放开喉咙读，要口、耳、心、脑全面投入，全神贯注地读；尤其欣赏读得出神入化，摇头晃脑，陶醉于自我朗读之中的境界。在这方面，古人的经验是值得重视的。宋代学者朱熹说过："凡读书，须要读得字字响亮，不可误一字，不可少一字，不可多一字，不可倒一字，不可牵强暗记,只是要多诵数遍,自然上口,久远不忘。"当代作家夏丏尊也强调:"朝夕诵读,读到后来,文字也自然通顺了,文义也自然了解了。"晚清重臣曾国藩强调发声朗读和动情吟咏,他说:"非高声朗读则不能展其雄伟之概,非密咏恬吟则不能探其深远之韵。"他对读出气概、诵出神韵的方法的有效性,体会是很真切的。

"花香何及书香远,美味怎比诗味长。"书香,最能长久而深刻地影响人的心灵!当一个人由懵懂的稚儿逐渐长大成人,他要不断地向书本学习;当一个人完成学业,在职业生涯中寻求事业和志业的发展,他要不断地向书本学习;当饭饱衣暖,家名双成之后,他仍然要不断地向书本学习,以期用前人的智慧力克人生的倦意,为滚滚红尘中的心灵世界不断添加鲜活的绿意。

⑧创新的习惯:突破常规,敢为人先,挑战守旧传统,是通向成功的捷径。

曾听过这样一个故事。在一个贫穷的小村落,村民们世代靠种庄稼为生。偏偏有一个青年不愿种庄稼,地里都种上了梨树。村里人都笑他异想天开、不务正业,梨子哪能填饱肚子?收获的季节到了,村民们收获了满仓的粮食,一年的口粮有了着落。梨树也大获丰收,青年把梨子运进城里,很快就全部卖掉,赚回了大把的钞票,不仅衣食无忧,还盖起了楼房。村民们看着青年发财不禁眼热,于是也纷纷种起了梨树。

青年却把梨树挖掉,种起了藤条。有人认为他脑子有问题。到了梨树收获的季节,大批的城里人来到村里收购梨子。但是,人们很快发现,装梨子用的筐子不够用了。这时,青年不失时机地向人们推销他用藤条编织的筐子,又大赚一笔。

小村落慢慢富裕起来了,新修的一条高速公路也从村边通过。村民们依然卖着他们的梨子,而这个青年,却悄悄地在高速公路旁边修起了一堵水泥墙。每当高速公路上的司机路过这个村庄时,他们都会看到4个大字:"可口可乐。"村民们不知道,这4个字,每个值100万。

⑨诚信的习惯:诚信不欺,诚实待人,敢讲真话,是生命的根基。

北宋词人晏殊,素以诚实著称。在他14岁时,有人把他作为神童举荐给皇帝。皇帝召见了他,并要他与1000多名进士同时参加考试。结果晏殊发现考试题目是自己10天前刚练习过的,就如实向宋真宗报告,并请求改换其他题目。宋真宗非常赞赏晏殊的诚实品质,便赐给他"同进士出身"。晏殊当职时,正值天下太平。于是,京城的大小官员便经常到郊外游玩或在城内的酒楼茶馆举行各种宴会。晏殊家贫,无钱出去吃喝玩乐,只好在家里和兄弟们读写文章。有一天,宋真宗提升晏殊为辅佐太子读书的东宫官。大臣们惊讶异常,不明白宋真宗为何做出这样的决定。宋真宗说:"近来群臣经常游玩饮宴,只有晏殊闭门读书,如此自重谨慎,正是东宫官合适的人选。"晏殊谢恩后说："我其实也是个喜欢游玩饮宴的人，只是家贫而已。若我有钱，也早就参与宴游了。"这两件事，使晏殊在群臣面前树立起了信誉，而宋真宗也更加信任他了。

秦国的商鞅在秦孝公的支持下主持变法。当时处于战争频繁、人心惶惶之际，为了树立威信，推进改革，商鞅下令在都城南门外立一根三丈长的木头，并当众许下诺言：谁能把这根木头搬到北门，赏金10两。围观的人不相信如此轻而易举的事能得到如此高的赏赐，结果没人肯出手一试。于是，商鞅将赏金提高到50金。重赏之下必有勇夫，终于有人站出来将木头扛到了北门。商鞅立即赏了他50金。商鞅这一举动，在百姓心中树立起了威信，而商鞅接下来的变法就很快在秦国推广开了。新法使秦国渐渐强盛，最终统一了中国。

周幽王有个宠妃叫褒姒，为博取她的一笑，周幽王下令在都城附近20多座烽火台上点起烽火——烽火是边关报警的信号，只有在外敌入侵需召诸侯来救援的时候才能点燃。结果诸侯们见到烽火，率领兵将们匆匆赶到，弄明白这是君王为博妻一笑的花招后又愤然离去。褒姒看到平日威仪赫赫的诸侯们手足无措的样子，终于开心一笑。5年后，西夷太戎大举攻周，周幽王烽火再燃而诸侯未到——谁也不愿再上第二次当了。结果周幽王被逼自刎而褒姒也被俘虏。

"立木为信"与"烽火戏诸侯"的对比，一个"立木取信"，一诺千金；一个帝王无信，戏玩"狼来了"的游戏。结果前者变法成功，国强势壮；后者自取其辱，身死国亡。可见，"信"对一个国家的兴衰存亡都起着非常重要的作用。

2005年，在上海举办的第48届世乒赛中，有一场比赛令人难忘。那是一场淘汰赛，中国选手刘国正对阵德国选手波尔，胜者进入下一轮，负者打道回府，再无机会。两强相遇，打得难解难分。在第7局的决胜局里，刘国正以12：13落后，再输一分就被淘汰。关键的一分，偏偏刘国正的一个回球出界了。沸腾的场馆顿时寂静无声，刘国正也懵了，愣愣地站在那里；波尔的教练已经开始起立狂欢，准备冲进场内拥抱自己的弟子。而就在这一瞬间，波尔却优雅地伸手示意，指向台边——这是一个擦边球，应该是刘国正得分。就这样，刘国正被对手从悬崖边"救"了回来，而且，最终反败为胜。这个球是否擦边或许只在0.01厘米之间，观众看不到，对手也看不清楚，裁判也可能错判。但是，波尔却毫不犹豫地选择了主动示意。赛后，记者追问波尔，问他为何要这么做，他只是轻描淡写地说了句："公正让我别无选择。"

将诚信变成一种习惯，这位赛场上的失败者给我们上了一堂生动的人生课。波尔虽然在赛场上失败了，但人们对他的记忆比他得到冠军时更久远。

⑩自信的习惯：个人想获得成功，首先要相信自己；我就是力量；自信是命运的

决定者。

俄国著名戏剧家斯坦尼斯拉夫斯基,有一次在排演一出话剧的时候,女主角突然因故不能演出了,斯坦尼斯拉夫斯基实在找不到人,只好让一个服装道具管理员出演。这个服装道具管理员突然要出演主角,便产生了自卑胆怯的心理,演得极差,引起了斯坦尼斯拉夫斯基的烦躁和不满。一次,他突然停下排练,说:"这场戏是全剧的关键;如果女主角仍然演得这样差劲,整个戏就不能再往下排了!"这时全场寂然,服装道具管理员久久没有说话。突然,她抬起头来说:"排练!"一扫以前的自卑、羞怯和拘谨,演得非常自信,非常真实。斯坦尼斯拉夫斯基高兴地说:"我们又拥有了一位新的表演艺术家。"

这是一个发人深思的故事,为什么同一个人前后的表现有天壤之别呢?这就是自卑与自信的差异。

居里夫人说过:我们应该有恒心,尤其要有自信心!我们必须相信,我们的天赋是要用来做某种事情的,无论发生什么事情,活着的人总要照常工作。正是自信,支持她在经受了失恋、丧夫、社会上的流言蜚语等打击之后,两次荣获了诺贝尔奖,为人类的科学事业作出了巨大的贡献。

当然,我所说的自信,不是无源之水,无本之木。我们面对任何挫折或不幸,都不应该悲观颓废,都不应该绝望彷徨。

⑪分享成果的习惯:学会分享,互相帮助,感受分享过程的喜悦。

两家相邻,以院墙相隔,墙东栽了一棵石榴,墙西栽了一棵樱桃,春天开花的季节,姹紫嫣红,分外妖娆。两家经常坐在各自的树下乘凉、吃饭,因为有了这两棵树,他们的生活变得五彩缤纷。但时间久了,两棵树的枝条开始延伸生长,枝条逐渐蔓过了院墙的界限,石榴的枝条跑向了墙西,而樱桃的枝条呢,也无声无息地伸进了东邻。又到了开花时,东家开始给石榴打药了,因为石榴树上生了许多的虫子。他给自己的石榴打完药,仔细观察,竟然发现樱桃蔓过的枝条上也有害虫。他想了想,觉得这可能是因自己的石榴引起的。于是,他重新配了药,沿着蔓延的枝条将药打在樱桃枝条上。过了几天,他再次观察时,发现所有的害虫都消失得无影无踪,他感觉很快乐。

一场大风雨,残花遍地,西家心疼地看着自己的樱桃,他动手给樱桃破损的部分进行捆绑。捆完时,竟然发现越过院墙的石榴也是体无完肤,他忽然想起来,东家的主人可能出差了,要是几天后回来,石榴也许就会错过花期。他没有再多想,动手将石榴残破的枝条修理好。

几天后,两棵树又生机盎然。

到果实成熟的季节了,东家孩子吃了自己家的石榴后,看上了蔓延过来的樱桃,他哭着要吃。西家的主人听见了，对东家说："没关系的，拣大的给孩子摘一些吧。"东家的主人觉得过意不去，便将自家的石榴摘下许多，送给了西家。

两家人和谐相处，种了一棵树，却能吃到两种果实，两家人感到分外高兴。

过了几个月，换了新邻居，原来的两家搬走了。先是东家觉得西家的树枝碍事，便拿剪刀剪了个精光，接下来，西家觉得东家在找自己的事，便索性趁他家没人时，打落了正在盛开的花。秋天，该是果实成熟的季节了，两家的树枝上光秃秃的，只有几枚残叶在秋风中诉说着凄凉。生命本是一棵华美的树，如果我们想使自己的生命同时拥有两种果实，那么，你就应该允许别人的枝条伸到自己的世界里，同时，你也要学会，将自己的成果奉送到别人的面前。

在学习过程中，同学之间应相互扶持，相互帮助，苦乐共担。当疑难问题化解了，共同分享其中成果的快乐是其他人体会不到的。

⑫不迷失自我的习惯：坚定内心，修炼一个好的性格。

驯鹿每年冬天都要进行一次长达数百公里的大迁徙，去远方寻找新鲜的草料和水源。它们在一头经验丰富而又体格健壮的母鹿率领下，日夜兼程，跋山涉水。驯鹿们从不怀疑领头的母鹿每一次都能把自己带到草绿水甜的地方。可是，事故总在不经意中出现，当母鹿带着鹿群渡一条极其平常的河流时，眼看就到了对岸，而母鹿却突然沉入了河底。驯鹿们发现母鹿已经倒下时，一个个心慌意乱，惊慌失措中，数量庞大的鹿群在相互拥挤下大部分都沉入了河底。

从这则故事中，我们悟出：人生其实也充满了坎坷和艰险，可真正摧毁意志的不是苦难本身，而是心里的方向突然迷失。方向是一个人的人生希望，赖以生存的精神支柱。如果不将希望建立在远大的理想上，那么人生的航船随时都有颠覆的可能。

都知道爱情美好，尤其是青春期的你们，也想去尝试。可当你接近它的时候，你往往就要失去意志，迷失方向，"乱花渐欲迷人眼"。有人说："爱情能给生活带来动力。"这确实不假，但我们的高中生活，绝不是要以爱情为动力的。高中时期的爱情是一支带刺的玫瑰，是一颗青涩的果子，也是一杯烈酒，若你要尝试，一定会迷失自己，忘记了自己的主业。

同学们，修炼一个好的性格，养成一个好的习惯吧。如果这样，你原想收获的是一缕春风，最终会收获整个春天；你原想掬起的是一簇浪花，最终会邀游整个海洋；你原想撷取的是一枚红叶，最终会拥抱整个枫林；你原想亲吻的是一朵雪花，最终会徜徉在整个银色的世界。

家校齐心协力，共创孩子的美好明天

尊敬的家长们，光阴荏苒，第一学期已经结束，孩子的高中学习生活已经半年了，为了加强家校联系，今天我们在这里举行家长会，为此，我代表学校对您的光临表示欢迎。感谢家长对学校各项工作的支持与配合。

亲爱的同学们，高中三年不是百米赛跑，如果是百米赛跑，你比我早跑一两秒钟，我可能就追不上你了，因为总共就 100 米。高中三年是马拉松，这一跑就是三年的路程。三年拼的是耐力，拼的是专注，拼的是持久。为什么人有两条腿，同学们想过没有？是为了让你跑，为什么人的腿比许多动物的腿都长？是为了让你跑得更快，只要你坚持跑下去，你就会跑出你自己意想不到的距离。所以，大家记住，我们要做的是从现在开始，从我们这个点上开始跑。如果把高中三年的学习比作 6 圈长跑，你已经跑过了 1 圈。这期间，你或是兴奋，或是纠结；或是顺畅，或是不适应。既然已经上了跑道，就没有半途而废的理由。高中的课业不比初中，高中老师的授课方法不比初中，纠结或不适应，都不是你停下来的理由。平谷中学课堂宜聆教、白杨树下好读书。

敬爱的班主任老师，特别感谢各位班主任老师，是你们的无私奉献、是你们的默默耕耘、是你们的爱与倾注，才使我们的年级平安、有序、和谐地走过了这半年不平常的路程。在这里，我由衷地说一声：你们辛苦了！请家长和同学们以掌声把我们的感激之情送给各位可爱、可敬的班主任。

一、"春风得意马蹄疾"

一张奖状，寄托着光荣与梦想；一份奖品，承载着嘱托与期望。

本学期共表彰了：6 个军训优秀班集体；7 个 9 月月考先进班集体；6 个运动会优胜班集体；3 个精神文明班集体；6 个课间操比赛优秀班集体；8 个拔河比赛获胜班集体；8 个男女混合接力赛获胜班集体；8 个期中考试优秀班集体；5 个进步班集体；

8个期末考试优秀班集体。

在两次英语单词竞赛中,有100人获得了一、二、三等奖;在语文默写竞赛中,有53人获得了一、二、三等奖。期中考试中,有26人获得优秀奖、54人获得进步奖和拼搏奖、24人获得单科优胜奖。期末考试中,有18人获得了进步奖、36人获得了勤奋刻苦奖、21人获得了单科优胜奖、20位家长获得了2010年度优秀家长称号。

一张奖状,方寸之间,寄托着班级的光荣与梦想,是一个班集体凝聚力、战斗力的鲜明展现;一个笔记本,价格低廉,但价值无限,它承载着家长的嘱托与期望,是一个学生拼搏力、踏实力、进取力的体现。

二、"千树万树梨花开"

当时中考报志愿的时候,很多学生、家长都没有把第一志愿选在目前就读的学校。我们非常理解学生和家长们的选择。都想"西天取经",但现实一再证明,"西天取经"者取回来的不一定都是真经。塞翁失马,焉知非福?自制力、自觉力、自学力都很差的学生,很难适应一些名校的教育教学,从这点上,家长应该感到庆幸,同学应该感到知足。我们这里有一流的管理方式、一流的教师队伍,目前高一的老师大部分都是去年高三的团队。家长、学生想必知道:去年我们学校的本科升学率已经达到了92%,一本上线率已经超过了51%。只要相信我们、支持我们、配合我们,我们有能力、有信心把你们举得更高。

三、"青山遮不住,毕竟东流去"

虽然进入高中学习已经半年了,但你们依然处于转型期、适应期、磨合期。通过几次考试,还是觉得高中阶段的学习力不从心,或者难以适应。这里既有主观因素,也有客观因素,正确归因,不再困惑,破茧成蝶。学习中存在困惑的8种类型,我今天主要从主观因素来分析,以供大家借鉴。

(一)基础薄弱型

主要表现:平时背诵、记忆、解题或考试中错误率达到50%以上。没有掌握全部或大部分基本知识点,缺乏基本知识点之间的联系能力。

解决方案:对文科中的字、词、句、段落、篇章和理科中的基本概念、公式、定理、定义和原理等进行识记、背诵和深度回忆;通过简单题型的实践和训练,巩固、加深基本知识点的记忆效果。

（二）动力不足型

主要表现：没有弄明白学习与自己的未来有什么关系，从心理上对学习存在应付甚至产生抵触的想法。

解决方案：首先解决思想问题，通过励志类人物和故事让学生了解学习将实现自己未来美好的前途；然后帮助学生规划每天的学习计划，逐步树立学习兴趣和学习热情。

（三）考前焦虑型

主要表现：考试成绩不好表现出焦虑、急躁、不安、自卑、迷茫、惶恐等情绪状态，考试成绩好表现出自傲、自满、自负、激动、清高、固执等情绪状态，直接影响下一个阶段学习的稳定程度。

解决方案：教育学生正确面对成败；积极锻炼身体，注意劳逸结合；家长注意控制、调整自身的情绪。

（四）苦学无效型

主要表现：利用一切可以利用的时间来学习，可考试成绩一出来总是不尽如人意，学习效率偏低。

解决方案：一错再错是学习之大忌，将每一个错题和正确解法用一个错题本记录下来，反复看，经常练，题型的种类总是有限的，"错题不错"的原则就能确保学习效率逐渐提高。

（五）缺少思路型

主要表现：看到试题无从下手，不知从哪里动笔，不知如何整体思考，不知怎样审题，不知运用什么知识点，不知解题的方法。

解决方案：定期复习教材基础知识，让知识网络结构始终保持通畅无阻；勤动手，多做题，善总结，免再错；加强审题能力，要审出每一个已知条件的意图，要审到每一层题意与教材知识的联系点，要通过题意判断题目难易和题目类型，确定试题解答的方法。

（六）一做就错型

主要表现：简单题掉以轻心，盲目乐观，轻易丢分；中档题似是而非，模棱两可；复杂题缺乏难度分解能力，当然一做就错。

解决方案：清楚地判断题目的难易档次，冷静分析后再下手不迟，所谓"磨刀不误砍柴工"；不论什么题型，战略上要藐视，战术上要重视；对于难题不要害怕，放松心态以保为主，能拿多少分就拿多少分。

(七）粗心大意型

主要表现：常常因为没有看清题意就盲目下手，导致丢分。

解决方案：加强自我心理素质的训练，训练自己始终保持平常心和豁达的生活和学习态度；粗心大意失分往往与自己的学习缺陷对应，找到问题所在并且防微杜渐。

（八）知识生疏型

主要表现：教材知识点70%不熟、不会，基础知识掌握得不牢固，基本词汇、公式、定义和概念大部分没有准确把握，知识体系不系统，知识结构漏洞百出，解题能力相当薄弱。

解决方案：对文科类知识要利用早晨时间加强背诵和阅读；对理科类知识点，除了要弄清楚基本的公式、定义和概念外，一定要做完课本上的习题，因为这些基本习题都是为了巩固基础知识而设计的。

非洲草原上有一种尖毛草，是那里长得最高的毛草，可它的生长过程却极为特别。在最初的半年里，它几乎是草原上最矮的草，只有一寸高，但半年后雨水一旦到来时，却像施了魔法一样，三五天后，便有1.6～2米的高度。原来，在前6个月里，尖毛草不是不长，而是一直在长根部，雨季前，它虽然露头一寸，但却扎根地下超过28米，这28米算不算它的身高呢？

高一学生也应像尖毛草一样，先打好各科基础，深深扎根，等待"高考的六月"雨吹来的时候，你一定会枝繁叶茂。

可是有相当一部分学生，在经过了初三的努力后顺利考上了高中，天真地认为高一就应该放松、就应该潇洒走一年；还有一部分学生认为："高一、高二都没有必要勤学苦读，等到高三再努力就可以了，因为，当年我在初中就是这样过来的。"这些学生沾沾自喜，把初中的学习经历当成成功的经验笃信不移，甚至还在同学间大肆宣传。有这样想法的同学你大错特错了，半年来，你是否已经领悟了高中课业完全与初中不可同日而语？如果还没有领悟，那说明你真的没有用心去学习啊！

高中三年里，每一年都有自己的学习任务，如果把高一、高二欠下的债都要等到高三去偿还，即使你是天才、神童也无力回天，何况你既不是天才，也不是神童，只是一个普通、平凡的学生，有时耍点小聪明、自我陶醉一把而已。普通、平凡的人只有老老实实、踏踏实实才能不虚度青春年华。高一是基础，基础不牢，理想的大厦终会随着高考的到来而坍塌！你中考为什么没有考上你心中理想的市里名校？初中三年都用功的学生可能考上了一流学校，用功两年的可能考上了二流学校，用功一年的可能考上了三流学校。

考大学并不难，但考上好大学确实不易。如同你的初中三年一样，高中三年都在一直努力，就能考上一本，甚至名牌大学，用功两年可能考上二本，只等到高三再努力的，就只有三本大学等着你了。我们国家的大学是分三六九等的，这样的划分你应该知道。

四、"劝君莫作独醒人"

学校的几条规章制度，是不可触碰的"高压线"。

我们的孩子青春年少，正是生长的旺盛期，他们时时处在变化之中，不要说一个学年，就是一个学期，一个月，甚至一周，都会有变化，做父母的不能不知道，不能不关心。孩子的变化，变好还是变坏，受3个方面的影响：一是学校，二是家庭，三是自身的基础和潜质。三者当中，谁的影响最大呢？很多人认为是学校，其实不然。要分开来看，要分年龄段来看。孩子越小，学校的作用越大，孩子越大，学校的作用越小。幼儿园和小学的时候，学校对孩子的影响比家庭大，所以选择一个好的小学和遇到一个好的老师非常重要。初中的影响，家庭和学校几乎同等重要，学校的影响略大一些。到了高中，家庭对孩子的影响逐渐显现出来，高中学校在培养孩子的品格和学习上起的作用是"锦上添花"式的教育。家庭影响好的、孩子自身基础和素质好的，在高中就能得到更好的、更快的发展；反之，家庭影响不好的，孩子自身在小学、初中基础差的，性格、品质不好的，就很可能退步，甚至变坏，以至违纪违法。到了大学，则完全靠孩子个人的素质去发展了。如果把孩子比作一棵树，它的根须是自身，家庭是土壤，学校是阳光和雨露！你说土壤重不重要呢？

我们现在一些家长，也很有责任心，很重视家庭的幸福指数和孩子的未来发展，不过更多的是把精力放在经营家庭的物质经济上，而忽略了家庭的文化和教育，忽略了感情、亲情的投入。所以，长期不过问孩子学业和行为的，很少和孩子沟通、对学校隐瞒家庭特殊关系的，过分宠爱或不懂教育方法的，不主动去学校和老师沟通、了解的……然后求得学校把他们的孩子教好，这不是缘木求鱼吗？孩子没有教育好，家庭未来的幸福会有保障吗？在无力改变大环境，或者无法改变大环境的情况下，家长应该为孩子创造一个最适宜的小环境！

我们有的家长对学校的一些基本要求、基本制度也不知道，非但如此，甚至不和学校合作，不配合老师的教育，这样的家庭最终会害了自己的孩子。学校有什么基本制度呢？

例如，学校禁止男女学生交往过密，无论校内还是校外；学校禁止学生把手机带入校园，禁止在学习时间玩手机，无论在宿舍还是教室；学校禁止学生和社会不良青年、外校学生结伙滋事。

关于手机的问题，学生到底需不需要手机，恐怕叫爱因斯坦和孔子来辩论也说不清。学生使用手机弊大于利——沉迷游戏、聊天、上网、发信息；沉迷交友；接触不良网站，毒害年少的心灵。有的家长和学生总是在问："既然电脑、手机对学生的影响弊大于利，那为什么国家还要大规模地生产？"这就如同菜刀一样，它的功能是厨房用具，如果用来做凶器，肯定超出了它的实际功能；如果小孩随意摆弄菜刀，一定会伤害到自己。

看手机的使用可以看到一个人一时的内心。你可以去观察一下，如果你的孩子一天到晚在使用手机发信息，或者躲在房间里用手机，或者深夜也在打电话，或者接到电话就躲开你……那么，手机对于你的孩子，就已经没有正面的好处了。他即使没有变坏，也已经无心向学了。如果你的孩子，一般情况下不用手机，充值也很少，你给他打电话经常处于关机状态，那你就放心给他用就是了。在学校，异性交往具有一定的隐蔽性，因为不敢明目张胆，而手机恰恰提供了方便，他们互发信息，互诉衷肠，你去看看，无论校内还是校外，没有不用手机作为媒介的。

五、"明年春色倍还人"

科学、合理地安排假期生活，为下学期奠定坚实基础。

放假了，学生没有了学校的监管，这既对家长提出了一个严肃的问题，也是对学生的一个严峻的考验。下坡容易上坡难、学坏容易学好难。半个学期的努力绝不能在假期功亏一篑！如何在假期安排好自己的学习呢？

①科学安排自己的作息时间，虽然不能像正常上学时那样紧张，但也不能无度地放松，甚至黑白颠倒。早上起不了床，晚上下不了线，很多人的梦想和计划受挫，是由这两个小问题导致的。

②少接触、甚至不接触你的某些初中同学，尤其是初中毕业后流入社会的、上技校职校的。

③减少同学间到公共场所聚会的次数，以免发生意外。

④利用假期，静下心来、回过头来，把半年的所学内容认真梳理。如果没有能力自学下学期的内容，至少得把这半年所学的内容复习，做好复习笔记。

⑤如果自己在家自制力不够、学习内容确实有难度，那么，你可以借助外力帮助你做好假期的学习。例如，网上学习、参加补课班，经济条件好的也可以找老师直接

辅导等。

⑥利用假期查漏补缺，使各学科均衡发展。尤其是想学文科的同学，不要因为心里想学文科就放松对理科的学习，因为最后你不一定能如愿。

⑦在假期读一些老师推荐的课外书籍非常必要。

阅读让希望看得见：黄金无种偏生诗书门第，丹桂有根独长勤俭之家。

现在有一本一直都很热销的书——《曾国藩家书》，书中曾国藩说：看一家的子弟以后能不能发展，有没有前途，看这家子弟的三件事情就知道了。第一件事就是看这家的子弟早晨几点钟起床；第二件事就是看这家的子弟是不是自己的事情自己做；第三件事就是看这家的子弟是不是读圣贤书。

有的人虽然很贫困，但经过书的滋养精神上是富有的；而有的人很富有，精神世界实际上是很贫穷的。一个经常阅读有意义、健康书籍的人，就可以站在巨人的肩膀上，从而看得更远。

如果一个孩子仅仅吃母乳，到两三岁以后，恐怕就发育不良了。同样，如果一个孩子只读教科书，就相当于仅仅吃母乳，精神上也一样发育不良，这就需要其他书籍来滋养。如果人的精神是缺失的，人的阅读生活是单调的、贫瘠的，那么他一生将终究无法建设一个属于自己的精神大厦。

2008年统计数据显示，以色列人均阅读65本书，日本是40本书，韩国超过了10本书，而中国是5本书，这5本书中还包括教科书。

美国政府明确规定，学生必须读20种图书，这20种图书里有英国的《哈姆雷特》《失乐园》等5种；有古希腊的《理想国》等5种；有美国的《独立宣言》《麦田里的守望者》等5种；另外5种有《圣经》、德国的《共产党宣言》等，这些图书体现了世界文明进程中的多元化成果。美国刚上初中的孩子，一个学期下来必须读六七种风格的英文作品；希望上好一点大学的高中生，平均一学期要完整地阅读10本左右名著。

法国中学生阅读的书籍主要是16—20世纪的经典纯文学作品。从巴尔扎克到雨果，从拉·封丹到拉伯雷，几乎都要涉猎。2010年，法国中学毕业会考的哲学作文就是"解释霍布斯的《利维坦》和托马斯·阿奎那的《神学大全》"（类似高考作文）。

西班牙为了提升国民对本国文化的自信，以发布国王令的国家行为，给每一位西班牙公民赠送一本本国的名著《堂吉诃德》。

丹麦政府把安徒生称为丹麦国家永恒的文化大使。

各位家长同志们，我是老师，也是家长，讲了自己的一些想法和建议，目的只有一个，就是让我们的孩子度过一个安全、有收获、充实、不沾染不良习气的假期。让我们齐心协力，共同创造孩子的美好前程；相信有您的支持，我们远眺的目光将更加坚定，我们前进的步伐将更加稳健，我们的明天将与您休戚与共，紧密相连。

同学们，远见和行动是推动世界前进的两个轮子。没有远见的行动是苦役，没有行动的远见是空想。仰望星空书写梦想，脚踏实地奋力拼搏。

我们将一如既往，甘将心血化春雨，润之桃花一片红。

回眸过去，绿树成荫硕果满枝；展望未来，柳暗花明蹊径独辟。

提高自身修养，做一个勤学守纪、文明礼貌、道德高尚之人

同学之间，难免有磕磕碰碰、难免会有矛盾、难免话不投机、难免有这样那样的纠纷或分歧。问题是：出现了问题，我们如何去化解。这就需要我们提高自身的修养，有一种宽容之心、仁爱之心、包容之心、豁达之心，能"得饶人处且饶人"。斤斤计较、把事放大、想方设法去报复、去教训、去使用武力，这些只能铤而走险，吞食苦果。这些想法不仅要不得，要付诸行动更是不允许的，若你要付诸行动，必将付出沉重的代价。

你们是学生，不是社会的"黑老大"；你是父母的掌上明珠，不是社会上的闲散人员；你是父母心中的希望，不是颓废之人；你是老师眼里的"乖乖女""精明宝贝"，不是粗野蛮横之人；你是老师精心浇灌的花朵，不是班内的害群之马！在同学面前要威风、逞霸气、露痞气、带邪气、假仗义的言语和行为，都是十分不可取的！

有了问题要及时与老师沟通、与父母交流，我相信问题都会得到圆满解决的。个人英雄主义、江湖义气的思想要不得，同学们，我给你们说说美国前总统奥巴马竞选总统前的故事。

2008年9月，美国大选正在如火如荼地进行，以奥巴马、拜登为候选搭档的民主党和以麦凯恩、萨拉·佩林为候选搭档的共和党，正在进行激烈的大选争夺战。两党阵营的幕僚们恨不得挖地三尺找出对方候选人的缺失和弱点，以击倒对方在选民中的形象。

就在这个时候，有媒体曝出一个惊人的事件：共和党副总统候选人佩林的17岁女儿未婚先孕。这个"丑闻"无疑给佩林的脸上抹上了尴尬的灰土，因为佩林一直声称自己是反对早孕的人，而作为一个副总统候选人，居然连自己的孩子都没管好，如何去管理国家呢？

佩林本人和共和党顿时陷入一种极度尴尬的境地。这个时候，民主党的很多人士和支持者，都认为这是上天赐予奥巴马选举阵营的一个宝贵机会，只要奥巴马向佩林发起强烈抨击，就会在人气上再胜一筹。

一天，记者终于截住了奥巴马。记者拥到他的身边都急着问同一个问题："请问奥巴马先生，您就萨拉·佩林17岁女儿怀孕一事有何评价？"

这时，对奥巴马来说是一个绝好的机会，他一句话就可能成为给对手的致命一击，这也是他的很多支持者希望听到的。但是奥巴马只是轻轻地摇摇头微笑着说："我想说的是，我妈妈18岁时便生下了我！"

喧闹的现场一阵沉默！谁都没有想到奥巴马会给出这样一个仁慈、朴实和高尚的回答，这分明是在帮佩林及她的女儿辩护，甚至为此牺牲自己的选战形象。他拥有很多的答案可以选择，但是他却给出了这样一个高尚的回应。现场的沉默终于被一阵热烈的掌声打破，远处又传来了"奥巴马！奥巴马！"的呼声……

奥巴马的表现令评论界一片哗然，就在政治评论家和分析师们都在目瞪口呆甚至扼腕叹息的时候，奥巴马的支持率却猛地拉升起来。据调查，很多中间意向的选民开始倒向奥巴马，因为奥巴马博大的胸怀打动了他们，他们认为只有宽厚的人才能胜任美国总统。

最后，美国人民把奥巴马抬到了一个最高的舞台，成就了美国历史上第一位非洲裔总统。所谓的"仁者无敌"，大概就是这个意思吧。

送给大家几句话：

在有怨恨的地方，我们要播种仁爱；在有伤害的地方，我们要播种宽恕；在有猜疑的地方，我们要播种信任；在有绝望的地方，我们要播种希望；在有黑暗的地方，我们要播种光明；在有悲伤的地方，我们要播种欢乐。只有爱与宽容，才是彻底医治不和谐的药方。

还要谈谈手机问题：手机的推广使用，给我们的生活带来了很多的好处，更多的便利、便捷。但是，对学生而言，由于认知有限，好奇心又强，抵抗诱惑的能力不足，带来了种种不良后果。发信息、玩游戏、聊天，甚至浏览一些不健康的网站，扰乱了学生的斗志，把心思分散到与学习无关的事情中去。手机泛滥于校园、课堂，已经到了家长苦不堪言，学校、老师不能容忍的地步。为什么浙江某中学用金属探测仪查收学生手机？此举看来偏激，但也是无奈之举，确实有不得已而为之的苦衷。"手机综合征"已经给学生的学习带来了极其严重的后果，所以我们要治理！尽管老师反反复复地讲，手机不是不可用，什么时候可用、哪些地方可用、应该做什么，但结果收效甚微。无奈之下，我们就出台硬性规定，禁止学生在学校内使用手机，用"一刀切"的做法来遏制。试想，如果军队没有铁的纪律，就不能培养出步调一致、令行禁止，又有强大战斗力的部队。随着我国民主法制进程的加快，人们更加懂法、守法，进行法律诉求的意识增强，在禁止学生在校园内、课堂上使用手机的问题上，他们以所谓的理性、人权、法治为标榜，与老师、学校进行周旋，更有一些家长的思想认识也没有统一到学校的要求上来。其实，学生的态度是在为自己辩护，家长的思想是对学生的戕害。

学校的无奈之举其实是为学生的正常学习、生活保驾护航，是服务，是特殊阶段的规范，同时也是对学生的保护，从这个意义上说，"一刀切"的做法理应得到学生们的支持，并赢得家长的赞赏与认可。有的学生或家长也会反问："携带手机对学生的危害毕竟只是少数啊？"但我们决不能因为只是少数而放弃，而松动政策，或者麻木不仁。关注学生中的少数，我们才能掌控全局；挽救学生中的少数，我们才能实现教育的最优化。

现在带手机已经由公开转为秘密、由地上转移到地下、由校内转移到校外、由班内转移到宿舍。同学们想想：为什么我们不禁止新华字典、英汉词典等学习工具带入课堂呢？因为它对我们的学习有用。我们是学生，我们的生活、学习很有规律，社会圈子很简单，没有过多的应酬。你带手机将绝大部分精力放在手机上，你的学习成绩怎么能提高呢？

手机作为通信工具，其本身并不具备好坏之分，关键是学生在不恰当的时候使用，就有了好坏之分了。我们要有引导，有规劝，但我们还是有底线、有红线的。一旦触碰了学校的底线、红线，我们决不姑息，决不能让手机成为学生玩物丧志的"凶手"。

处罚不是目的，只是一种手段。守规则，才能更好地学习；守规则，才能获得更大的自由。

同学们，评价一个人道德情操的高尚与否，关键并不是看他在为自己标榜着什么，而是要看他为别人付出了什么。有的同学为班级增光添彩，有的同学为班级抹黑，抹黑的同学无论怎样为自己辩解，都是在为自己开脱。人与人之间，任何一种图谋不轨、把自己的一时之快建立在对别人侮辱和伤害基础上的交往，都会丧失生命本身所拥有的纯度和馨香。你自己永远无法做自己的镜子，只有通过别人才能映照出自己的影像！

同学们，大家都知道：佛教有戒律，道教有清规；国家有国法，家庭有家规；学校有校规，班级有班纪。有句话是这样说的："有文凭没文化，有学历没能力，有教育没教养，有规则没规矩。"而我们不缺文化，不缺知识，不缺教育，也不缺规则，缺的就是规矩。

让你的高中生活充满阳光

题记：生活中不会每天都有太阳，但你的心中应每天充满阳光，如此便能有一个阳光的高中生活，一个阳光的人生。

一、环境的力量，决定作为人的价值

有一个这样的故事。有一天，一位禅师为了启发他的门徒，给他徒弟一块石头，叫他去蔬菜市场，并且试着卖掉它。这块石头很大，很好看，但师父说："不要卖掉它，只是试着去卖。注意观察，多问一些人，然后告诉我在蔬菜市场它最多能卖多少钱。"这个门徒随后便去了。

在蔬菜市场，许多人看着石头想：它可以做很好的小摆件；我们的孩子可以玩；我们可以把这当作称菜用的秤砣。于是他们出价，但只不过是几个小硬币。

门徒回来后说："大家说这只是一块平常的石头，它最多只能卖几个硬币，没有人愿意出更高的价钱来买它。"

师父说："现在你去黄金市场，问问那儿的人。但不要卖掉它，只问问价格。"

从黄金市场回来后，这个门徒高兴地说："这些人太棒了，他们竟然愿意出到1万。"

师父说："现在你去珠宝商那儿，但不要卖掉它。"

门徒听从师父的指示，表示不愿意卖掉石头，想不到那些商人竟继续抬高价格，出到10万，但门徒依旧坚持不卖。他们说："我们出20万元、30万元，或者你要多少就多少，只要你卖！"门徒觉得这些人简直疯了，竟愿意花一大笔钱买一块毫不起眼的石头。

门徒回到禅寺，师父拿回石头后对他说："我们不打算卖掉它，它也并不是无价之宝。不过现在你明白了，它的价钱完全取决于你，看你是不是有试金石、理解力。如果是生活在蔬菜市场，那么你只有对那个市场的理解力；而你到了黄金市场，便有了对黄金市场的理解力；在珠宝店你又有了对珠宝店的理解力。如果你不去更高层次的市场，那么你就永远不会认识更高的价值。我让你这样做主要是想培养和锻炼你充分认识自我价值的能力和对事物的理解力。什么样的目标，是靠自己选择的。"

这个故事在许多成功学书籍里以不同的面目反复出现，但是，其寓意只有一个，那就是告诫人们：

你选择怎样的平台，将决定你拥有怎样的人生。一个人要获得更大的发展，就要不断地为自己寻找更大、更高的平台。

而事实上，你有没有更深层次地思考这个故事？倘若禅师给门徒的只是一块普通的石头，会出现如此戏剧性的效果吗？因为禅师给门徒的是一块有着石头外表的黄金，所以在识货和不识货人的眼中，价值才会有如此大的差距。是金子，当然要寻找黄金市场。

中国有句古语："物必自腐而后虫生，人必自侮而后人侮之。"如果说你是一粒种子，发展的平中则是肥沃的土壤；如果说你是一艘小船，开拓的平中则是浩瀚的大海；如果说你是一只小鸟，奋进的平中则是美丽的蓝天。

二、目标的重要性

曾经有人做过这样一个实验：组织 3 组人，让他们沿着公路步行，分别向 10 公里外的 3 个村子行进。

甲组人既不告诉他们所去村庄叫什么名字，也不告诉他们路程有多远，只告诉他们跟着向导走就是了。

刚开始大家并没有什么疑问，觉得跟着向导走不会错，一路上说说笑笑，欣赏着路边的野花。但走了两三公里以后，大家的话少了，路边风景也引不起大家的兴趣了，有人开始叫苦，并询问向导他们此行目的地在哪，还要走多久才能到达。向导没有回答，队伍继续前进。走到一半时，大家已经厌倦了交谈、看风景，有些人就几乎愤怒了，他们抱怨为什么让大家走这么远，何时才能走到，目的地究竟在哪。有的人甚至坐在路边，不愿再走了。越往后人的情绪越低落，七零八落，溃不成军。

乙组人知道去哪个村庄，也知道它有多远，但是路边没有里程碑，他们只能凭经验估计大致要走 2 个小时。

这个组走到一半时才有人叫苦，大多数人想知道他们已经走了多远了，比较有经验的人说："大概刚刚走了一半的路程。"于是大家又簇拥着向前走，当走到四分之三的路程时，大家的情绪再一次低落，觉得疲惫不堪，而路程似乎还很长，有些人开始抱怨究竟何时才能到达。当有人说："快到了！"大家又振作起来，加快了脚步，很快便到达了目的地。

丙组人不仅知道所去的是哪个村子，它有多远，而且路边每公里有一块里程碑。人们一边走一边留心看里程碑。

每看到一个里程碑，大家便有一阵小小的快乐，这个组的情绪一直很高涨。走了七八公里以后，大家确实都有些累了，但他们不仅不叫苦，反而开始大声唱歌、说笑，以消除疲劳。最后的两三公里，他们越走情绪越高涨，速度反而加快了。因为他们知道，要去的村子就在眼前了，所以这组以最快的速度到达了目的地。

这个实验告诉我们：当人们的行动有明确的目标，并且把自己的行动与目标不断地加以对照，清楚地知道自己的行进速度与目标的距离时，行动的动机就会得到维持和加强，人们就会克服一切困难，努力达到目标。

以下是哈佛大学关于人生目标的一项追踪调查。

有一年，一群意气风发的天之骄子从美国哈佛大学毕业了，他们即将开始"穿越各自的玉米地"。哈佛大学有一个非常著名的关于目标对人生影响的跟踪调查，该项调查的对象是一群智力、学历、环境等条件都差不多的年轻人，调查结果发现：

27%的人，没有目标；60%的人，目标模糊；10%的人，有比较清晰的短期目标；3%的人，有十分清晰的长期目标。25年的跟踪调查发现，他们的生活状况十分有趣。

那3%的人，25年来几乎都不曾更改过自己的人生目标，他们始终朝着同一个方向不懈努力。25年后，他们几乎都成了社会各界的顶尖成功人士，他们中不乏白手起家的创业者、行业领袖、社会精英。

那10%的人，大多都生活在社会的中上层。他们的共同特点是：那些短期目标不断地被达到，生活质量稳步上升。他们成为各行各业不可缺少的专业人士，如医生、律师、工程师、高级主管等。

那60%的人，几乎都生活在社会的中下层。他们能安稳地生活与工作，但都没有什么特别耀眼的成绩。

剩下的27%的人，他们几乎都生活在社会的最底层，他们的生活都过得很不如意，常常失业，靠社会救济，并且常常在抱怨他人，抱怨社会。

其实，他们之间的差别仅仅在于：25年前，他们中的一些人知道为什么要"穿越玉米地"，而另一些人则不清楚或不是很清楚。你想要成为什么样的人，取决于你。如果你是有梦想，有规划的人，根本没有时间去虚度年华。

目标对人生有巨大的导向作用。成功在一开始往往仅是一个选择，你选择什么样的目标，可能就决定了你有什么样的成就和人生。

三、人应该有梦想

《开学第一课》的主题是"我的梦·中国梦",节目分为"我的梦""坚持梦想""探索梦想""中国梦"4个部分,既有袁隆平院士、试飞英雄李中华、李连杰、成龙等知名人士参与录制,也有一批少年英雄登台亮相。节目还通过网络征集了全国中小学生的10万个梦想。

2010年获得诺贝尔生理学或医学奖的英国科学家罗伯特·爱德华兹确立的梦想是:要为不育家庭带来欢乐,挑战科学尖端领域。梦想第一步:1958年,他开始试管婴儿的研究。梦想成真:1978年7月25日,世界上第一例试管婴儿的诞生,是爱德华兹不懈努力的最好回报。这项技术被称为医学史上的一大奇迹。到目前为止,大约有1200万例试管婴儿受惠,其中许多人现已成年,有的已为人父母。罗伯特·爱德华兹使全球超过10%的夫妇解决了生育问题,给众多家庭带来幸福和欢乐。

巴拉昂是一位年轻的媒体大亨,以推销装饰肖像画起家,在不到10年的时间里,迅速跻身于法国50大富翁之列,1998年因前列腺癌在法国博比尼医院去世。临死前,他留下遗嘱,把他价值4.6亿法郎的股份捐献给博比尼医院,用于前列腺癌的治疗研究;另有100万法郎作为资金,奖给揭开贫穷之谜的人。

巴拉昂去世后,法国《科西嘉人报》刊登了他的一份遗嘱。他说:"我曾是一位穷人,去世时却是一个富人。在去世前,我不想把我如何成为富人的秘诀带走,现在秘诀就锁在法兰西银行我的一个私人保险箱内,保险箱的3把钥匙在我的律师和两位代理人手中。谁若能回答'穷人最缺少的是什么?'而猜中我的秘诀,他将能得到我的祝贺。当然,那时我已无法为他的睿智而欢呼,但是他可以从那只保险箱里荣幸地拿走100万法郎,那就是我给予他的掌声。"

遗嘱刊登之后,报业公司收到大量的信件,多数人寄来了自己的答案。

绝大部分人认为,穷人最缺少的是金钱;还有一部分人认为,穷人最缺少的是机会,一些人之所以穷,就是因为没有遇到好时机;另一部分人认为,穷人最缺少的是技能,现在能迅速致富的都是有一技之长者,一些人之所以成为穷人,就是因为学无所长;还有的人认为,穷人最缺少的是帮助和关爱。另外还有一些其他的答案,五花八门,应有尽有。

后来在48 561封来信中,有一位小姑娘(蒂勒)猜对了巴拉昂的秘诀,她和巴拉昂都认为穷人最缺少的是野心,即成为富人的野心。也许野心可以让人得到自己最想要的东西。

野心就是梦想！你既不缺乏机会也不缺乏帮助，或许就缺乏面对未来、面对机会的野心和梦想！不敢面对未来，没有勇气出发，那怎么有可能到达？

一个人贫穷，主要是脑袋贫穷。想过富有的生活，要先有富有的思想。

试想：一个人连想都不敢想，他能迈出那一步吗？能付诸于行动吗？给他机会，他能抓住吗？恐怕他连要也不敢要。

观念不变，你不变；观念在变，你在变。观念决定机会，选择决定命运，努力改变生活。有了梦想，还要通过不懈的努力，才能破茧成蝶。梦想有多大，舞台就有多大。

帝王蛾的故事或许能给我们更多的启迪：在蛾的世界里，有一种蛾子叫"帝王蛾"，之所以得此名，是因为它长着一对长达几十厘米的翅膀，大得与它的身体不成比例。帝王蛾的幼虫时期是在一个洞口极其狭小的茧中度过的，当它的生命要发生质的飞跃时，这上天注定的狭小通道对它来讲无疑成了"鬼门关"。那娇嫩的身躯必须拼尽全力才可以破茧而出，太多太多的幼虫在往外冲杀的时候力竭身亡，不幸成了"飞翔"这个词的殉葬品。

有人怀了悲悯恻隐之心，企图将那幼虫的生命通道修得宽阔一些。他们拿来剪刀，把茧子的洞口剪大。这样一来，茧中的幼虫不必费多大的力气，就从那个"牢笼"里钻了出来。但是，所有因得了救助而见到天日的蛾子都不是真正的"帝王蛾"——它们无论如何也飞不起来，只能拖着丧失了飞翔功能的累赘的双翅在地上笨拙地爬行！

原来，那"鬼门关"般的狭小的茧洞是帮助帝王蛾幼虫两翼成长的关键所在。穿越茧洞的时候，通过用力挤压，血液才能顺利送到蛾翼的组织中去；唯有两翼充血，帝王蛾才能振翅高飞，人为地将茧洞剪大，蛾子的翼翅就失去了充血的机会，生出来的帝王蛾便永远与飞翔绝缘。

没有谁能够施舍给帝王蛾一双奋飞的翅膀。飞吧！生命中永恒的灿烂！

我们不可能成为统辖他人的帝王，但是我们可以做自己的帝王！我们一定能够冲破暂时的困囿，奋力走出一时的困境，从而拥有飞翔的快乐。

同学们，在我们高中生活刚开始的日子里，让我们播下梦想的种子，开始新的成长吧——或许你的学习不够出众，或许你的生活不够精彩，但是没关系，只要你还有梦想，你就是一个天才。梦想，是晚上的那一弯月牙，给你光亮给你温暖；梦想，是枝头的那一枚新叶，给你生机给你希望；梦想，是不恐惧、不放弃、不哭泣；梦想，是你一生最宝贵的财富。

四、在规则面前低头

央视《百家讲坛》推出的《三字经》《弟子规》节目，可能很多同学都看过。为什么要向人们讲述这些东西？因为现代社会最需要的是文化、是规则。有一句话是这样讲的："有文凭没文化，有学历没能力，有教育没教养，有规则没规矩。"佛教有戒律、道教有清规。我们不缺知识，不缺营养品，缺的是一种规矩。

中国的留德大学生见德国人做事刻板，不知变通，就存心捉弄他们一番。大学生们在相邻的两个电话亭上分别标上了"男""女"的字样，然后就躲到暗处，看"死心眼"的德国人到底会怎么做。结果他们发现，所有到电话亭打电话的人，都像是看到了"男""女"厕所的标志那样，毫无怨言地进入自己该进的那个亭子，有一段时间，"女亭"这边电话闲置，"男亭"那边人宁可排队也不去"女亭"这边。

留德大学生惊讶极了，不晓得德国人何以"呆"到了这个份上！面对大学生们的疑问，德国人平静地耸耸肩说："规则嘛，不就是让人来遵守的吗？"

甘愿接受规则约束的心灵是真正自由的心灵。相反，无视规则、对抗规则的心灵是被魔鬼钳制着的不自由的心灵。在规则面前低头，是人类崇高精神的最佳体现。

五、人生有三只兔子不可追

有一位大学教授对他的学子们讲过这样一段话：

"人生有三只兔子不可追。少年时代，教室之外的嬉戏玩耍是一只诱人的兔子，你若去追赶它，它就带给你荒芜的一生；青年时代，校园之外的名利富贵是一只诱人的兔子，你若去追赶它，它就带给你虚荣的一生；中年时代，社会上的灯红酒绿是一只诱人的兔子，你若去追赶它，它就带给你堕落的一生。"

的确如此，老教授说得太在理了。与其挖很多口井，不如挖一口最深的井。放弃多个目标，是为了突出放大一个目标。何况，没有一只兔子在正道上奔跑。所以当你正在赶路时，不要被草丛里窜来窜去的兔子弄得眼花缭乱，从而偏离了前进的方向。记着自己是在赶路，唯一要干的是，看脚下，看前方。

由此，我又想起了古时候楚王打猎的故事。

在猎场上，一只兔子从草丛中蹿出，楚王弯弓搭箭，正要射时，忽然一只山羊从他身边蹦出，于是他把箭头对准了山羊。正在此时，从右边又跳出一只梅花鹿，楚王又掉转箭头对准了梅花鹿。而这时,一只珍贵的苍鹰忽然从树梢飞起,楚王又选择了苍鹰,待要瞄准时,苍鹰已迅速在空中划过一道弧线远遁而去。等楚王回过头来找其他猎物时,前面的目标早已无迹可寻了。楚王拿着箭比画了半天,结果一无所获。

所以说,任何人的一生都会有很多诱惑,只要坚持自己的信念,专心地做一件想干的事,而不要像楚王那样三心二意,最终都会"水到渠成"的!

六、早春行动

有这样一则故事:有三个人要被关进监狱三年,监狱长让他们每人提一个要求。美国人爱抽雪茄,要了三箱雪茄。法国人最浪漫,要了一个美丽的女子相伴。而犹太人说,他要一部与外界沟通的电话。三年过后,第一个冲出监狱的是美国人,嘴里、鼻孔里塞满了雪茄,大喊道:"给我火,给我火!"原来他忘了要火了。接着出来的是法国人,只见他手里抱着一个小孩子,美丽女子手里牵着一个小孩子,肚子里还怀着第三个。最后出来的是犹太人,他紧紧握住监狱长的手说:"这三年来我每天与外界联系,我的生意不但没有停顿,反而增长了200%,为了表示感谢,我送你一辆劳斯莱斯!"这个故事告诉我们,什么样的选择决定什么样的生活。今天我们的抉择将决定我们三年后的生活。

瑞士著名教育家裴斯泰洛齐曾说过:"今天应做的事没有做,明天再早也是耽误了。"别人还在沉睡,他已经醒来;别人醒来,他已经起身;别人起身,他已经行动,那是早春的行动!如果我们追求有价值的目标,如果我们有"早春的行动",如果我们一开始就把事情做好,那么,未来没有悬念。

有这样一本书,书名叫《成功并不像你想象的那么难》。这本书,曾让当时韩国总统朴正熙十分关注。这本书的作者是一位到剑桥大学主修心理学的韩国学生,在喝下午茶的时候,他常到学校的咖啡厅或茶座听一些成功人士聊天。这些成功人士包括诺贝尔奖获得者、某些领域的学术权威和一些创造了经济神话的人。他们幽默风趣,举重若轻,把自己的成功都看得非常自然和顺理成章。时间长了,这位韩国学生发现,在国内时,他被一些成功人士忽悠了。那些人为了让正在创业的人知难而退,普遍把自己的创业艰辛夸大了。也就是说,他们在用自己的成功经历吓唬那些还没有取得成功的人。后来,这本书伴随着韩国经济起飞而畅销。同时,这位青年也获得了成功,他成了韩国一家汽车公司的总裁。成功并不像你想象的那么难。

同学们,置身于平中这个得天独厚的环境与平台,就应该确立自己的高中奋斗目标。有了远大的目标,就应该为自己的梦想插上奋飞的翅膀。在追逐梦想的路上,要守纪律、讲规矩。梦想的路边还有很多诱惑向你招手，只有抵制诱惑、战胜浮躁才能抗拒"风"的招摇。

　　同学们，早点行动吧！我们都不是上帝的孩子，我们只是有梦想的孩子。有梦想并付之行动，你的高中生活一定充满阳光。送给大家一首名为《选择》的小诗共勉：

　　选择了勤勉与奋斗／也就选择了希望与收获／选择了纪律与约束／也就选择了理智与自由／选择了痛苦与艰难／也就选择了练达与成熟／选择了拼搏与超越／也就选择了成功与辉煌！

放开眼界原无碍　种好心田自有收

题记：花开的美丽，其实是表达着对大地的哺育之恩。

每到毕业的时节，我很纠结，内心总涌动着不舍，犹如母亲目送游子远行般的留恋。也有落寞和悲凉，好像一毕业，自己就像被抛弃一样。理智和情感真是两回事，既不能把两者完全对立，也难以把两者完整地统一起来。

一、最后一次班会

三年来，大大小小开过无数次班会。大多数都是我霸占着话语权，学生是倾听者，他们或被表扬，或被批评；我滔滔不绝地讲班级的目标、建设，给学生勾画前途，学生还是倾听者，他们或群情激奋，或默不作声；我语重心长地给他们讲爱情，以过来人的身份谈感受，学生依然还是倾听者，他们或窃笑，或羞涩……

我知道这是最后一次班会了，事前我做了充分准备，还想与即将分别的学生唠叨一番。我准时来到教室后，班长走了过来，悄悄地在我身边耳语，申请最后一次班会由他们自己主持。我频频点头，让出了自己独占的话语权。看来学生是有准备的，先是学生代表发言。

陈敬宇：别人说越是快乐的时光消逝得越快。转眼间，两年时光已在我们匆匆的脚步中溜走。两年中，有欢乐、有泪水，泪水随着时间风干，留下更多的是欢乐，在欢乐与泪水中我们慢慢成长。我们从老师那里学到的不仅是知识，更多的是做人，做一个大写的人！同学间互相帮助、互相搀扶，一起走过风风雨雨，曾经一时的灰暗已成历史，在大家共同努力下，打造了我们这个不败的18班！还记得有本书叫《无往而不胜的童话》，可是童话毕竟是童话，永远缥缈。而我们要的也是无往而不胜，但不会是童话。两年来的成绩证明那不是一个童话。还记得两年前刘老师憧憬的大丰收目标吗？炎热的6月过后，我们会让所有的人知道，高三（18）班这朵奇葩如何绚丽，我们也会让这朵奇葩装点平中校园，让平中因为我们而骄傲！

班长席腾龙：他是 62 位同学的老师，他是 62 位伙伴的朋友，他是 62 位儿女的父亲。这位老师、这位刘老师、这位名叫刘东兴的老师，是一位开明的老师，是一位不在乎自己牺牲多少的老师。刘老师为我们付出得太多了，他太累了，或许你们没有那么深刻地感受到。你们是否曾想到过，刘老师教育你的话语，都是一句句顺耳或逆耳的忠言？你们是否感受过，刘老师在班级生活中的每一个细节里不同方式的爱？你们是否知道，刘老师身心上背负着多大的压力？这种压力是我们所不能感受到的，因为刘老师每天依然用笑脸面对我们，用饱满的激情为我们上课！我们从心底敬佩他，无论高考成或败，我们都会感激他一辈子。

　　这个班，倾注了刘老师所有的精力与爱，融汇了 62 位同学的真诚友谊。这是一个团结的集体，刘老师将这盘沙聚在一起，将 62 颗心凝在一起；这是一个友爱的集体，62 位同学手牵手，心连心，互帮互助，互助互利；这更是一个可以创造奇迹的集体，因为我们充满了强大的力量与必胜的信念。

　　我不会忘记三年来与大家共同奋斗的生活场景，不会忘记这份来之不易的同窗情，更不会忘记 62 位兄弟姐妹与一位父亲的故事……

二、教室里的合影

　　教室是净土、是乐园、是我们的精神家园。在这里，我们有汗水、有泪水；有悲伤、有欢笑。多年后我们再回首的时候，多的是难舍与魂牵梦绕。6 月 6 日，是一个既平常又特殊的日子。说它平常是因为时间依然在大多数人的身边静静流淌；说它特殊是因为我的学生与我在教室里合影留念，要把我们共同战斗过的地方作为日后难忘的回忆。知道要在教室内合影，这天早晨，我穿戴整齐，来到了教室。刚跨入教室门，我惊呆了，全班同学站在教室内，齐声鼓掌，高喊："刘老师，我们爱您！"等我回过神来，再往黑板上看，"刘老师，我们爱您"几个大字耀眼醒目，字的周围是密密麻麻的学生签名。我被温暖包围着、被真情感动着，三年来的辛劳、付出、困惑、抱怨在此刻感到值得。就连平时认为不懂事、甚至有偏见的学生，此时都感到他们也是那么可爱，同时，心底也泛起一股酸涩感。真想对自我认为不懂事、故意与老师唱对台戏、自己对之有偏见的学生说：请原谅老师！也想说：以前老师该关心而没有关心到的同学、该照顾而没有照顾周全的同学、因批评而错批误批的同学，如果让我再做一次你的班主任，我将弥补。

　　是啊，三年来的一点一滴，此时他们的笑脸正如一朵朵姹紫嫣红的小花，开在我的心里。也许，不是每朵花都美丽得惊天动地；不是每朵花都香艳得惊世骇俗；也并非每朵花都能结出丰硕的果实。但那些花儿真真实实地在我心中绽放过，也确确实实留下过花开的甜香。

忽然想起薛瑞萍老师写的《给我一个班，我就心满意足了》。在书中有这么几句话："现在我发现，我连尽职都谈不上，我之所以努力，是因为除了教书，别的什么也不会。这一行再干不好，就只有喝西北风了，而且，我是那么贪婪地想得到尊重。所以，我的敬业，骨子里透着自私呢。"的确是这样，我还能干什么？我还能干好什么？只有把更多的心思用在学生身上，把更多的爱倾注在学生身上，才感觉睡觉更踏实，走路更稳重，吃饭更香甜。

三、提前的告别

其实，这种告别早在4月就拉开了序幕。

临近毕业，接近高考，学生的思想感情是复杂的。有的为前途而忧心忡忡；有的为毕业的分别而感伤；也有的因怀恋老师而黯然……有这样一封信，我每次读都很感动，从那颗稚嫩的心灵流淌出来的文字，字字句句敲打着我的心扉。

刘老师：

您好！

看来本想高考以后再和您说的这些话只能提前说了。谢谢您两年来对我无微不至的关怀，我感激您，我们全家感激您。对您我有着强烈的依赖和依恋之情。您问我想不想去大学，我说不想。其实您知道吗？我舍不得您——一个让我终生难忘的老师！

您说不相信"永恒"，可我相信，我试图努力证明给您看，虽然我知道这需要时间，需要很长的时间。您不知道，您真是让我感动、一生感动！我不会忘记您对我那信任的微笑、鼓励的话语、期待的眼眸，一次次成为我前进的动力，让我从阴影中走出，坦然地面对一切"不幸"；是您教会我什么叫坚强、什么叫仁爱。

……

我是幸福的，更是幸运的。今生能遇到您，我是满足的。当一位老师"错误"地将我看成他的女儿时，您知道我有多诧异、多惊喜、多激动吗？当您第一次叫我"明霞"时，我有多兴奋吗？当您第一次拍着我的肩膀让我努力时，我又是怎样地充满动力吗？当您将200元钱塞给我时，我更是怎样地泪流满面吗？

……

当有一天您不在我身边踱来踱去，我一定觉得少了些什么。看到您才是我最大的安慰、最大的动力,我是靠您才不滞而前的。虽然成绩有时出现波澜,但大体趋势还是前进的。在最后这段日子,我努力将您的身影刻在心底,深深地铭刻下,因为他会时时鞭策我、激励我、磨砺我、锻造我、成就我……

一名老师对学生来说就是一笔财富,是一生都取之不尽、用之不竭的财富。而我却又很"不幸",只拥有短短的两年时间来接近您、挖掘您;但我又是幸运的,我遇到了不一般的财富,再短暂的一瞬,也将成为永恒,让我用后半生去感怀、去享用。我没能给您留下什么深刻的东西,也许就是一张普通的成绩单。可我会珍惜您无形中留给我的一切,它珍藏在我心灵最柔软的地方,轻轻地触动一下,就会如潮水般涌来,浸泡我、柔软我、感化我。

夜深人静,默默地回味这两年来所发生的一切,我们似乎在演绎着一段美丽的故事:一位高中老师信任的一个微笑成为这个美丽故事的开端,他呕心沥血、兢兢业业地为他深爱的学生做他能做的一切,执着于自己的事业;这一路的坎坷与感动成为这个故事美丽的经过;然而,这个故事只差一个美丽的结尾,它不由老师来完成,而应由他的学生用一颗颗进取的心燃烧出一个耀眼的结局。我不知道我能否为它增添几分美丽。(李明霞)

面对此情此景,我除了幸福、欣慰、满足之外,我也在深思一个问题:如果说是老师把学生举起,让他们飞得更高,那么,也是学生成就了老师,老师的不断进步,得益于一届又一届学生搭建的阶梯。在我的心里一直铭记着这样一个历史故事:

美国南北战争刚结束不久,一位将军和一位士兵参加国会议员的竞选。功勋卓著的将军叫陶克,普通士兵叫约翰·海伦。战场上,他们同甘共苦,亲如父子。此刻,他们成了对手。几乎所有的人都把赌注押到了陶克身上。

竞选演讲开始了。陶克将军意气风发地走向讲台,他的演讲激情飞扬,他说:"诸位同胞,我相信任何人都忘不了17年前那个激战的夜晚。那晚,我率领士兵到山上阻击敌人,那是多么艰苦的战斗呀!但我从没想过退却,因为我知道,为了我们的国家,为了正义和自由,我愿意付出所有,哪怕是生命,我也在所不惜。我三天三夜没合眼,血战之后,敌人撤退,而我竟躺在树林的血泊中睡着了……"

比起陶克将军的演讲,约翰的演讲就朴实多了,他说:"亲爱的同胞们,陶克将军说得很对啊,他在那次战斗中立下了汗马功劳。我当时只不过是他手下的一个普通士兵,和他一起出生入死是我一生的荣耀。那次,他在树林里睡着时,我就站在他的身旁守护他。寒冬时节,我携带着武器在风中瑟瑟发抖,但是,我却力求不要让自己发出声响,将军为了国家累成这样,他容易吗?那个时刻,我想到的已不是再为国家报效什么,因为,我能做的就是准备着用我的胸膛为他阻挡随时会射来的子弹。我是一名士兵,我要保护将军的安全……"

约翰·海伦的演讲刚结束,就赢得了广大民众热烈的掌声,原本决定投票给陶克将军的人,竟然把选票放进了约翰的票箱里。约翰·海伦,一个和将军竞争的士兵,以他亲切、忠诚的心灵赢得了最终的胜利。

评价一个人道德情操的高尚与否,关键并不是看他在为自己标榜着什么,而是要看他为别人付出了什么。人与人之间,任何一种与功利相挂钩的交往,都会丧失生命本身所拥有的纯度和馨香。自己永远无法做自己的镜子,只有通过别人才能映照出自己的影像!

有时候,重要的并不是看你自己站得有多高,而是谁把你举起。老师在成就学生,学生也在成就老师。

多年的班主任工作,我知道自己的天职就是育人。使学生有尊严地学习、呵护学生的自尊心、及时给学生以鼓励、每天送给学生的是笑脸、传递给学生的信心。这些都是老师应该做到做好的,而且,我能给予你们的只是那么一点点,呵护你们的也只是那么一点点啊!

曾经读过张丽钧老师的两篇文章,因为深有启发,当时就把它抄录在笔记本上了,不妨备录如下:

(一)《抬爱生命》

邻居的大姐养了一只漂亮的白猫,她和我说起有关这只猫的故事——这只猫十分有趣,当它脏了,浑身的白毛呈现出灰黑颜色的时候,它就表现得十分不自爱,哪里不干净就专往哪里钻,要么钻到床底下,披一身尘土出来;要么钻到厨房的洗菜池下,弄一身油水出来。主人看它那副埋汰相,难免冲着它训斥责骂。它呢,无耻地看着你,抗议般地龇牙叫两声,似乎在说:反正也这么脏了,再脏一点又怎样呢!但是,当它洗过澡,浑身的皮毛美丽光亮,它就会变得特别自爱起来,绝不往床下、洗菜池下钻,自赏地舔着漂亮的皮毛,连看人的眼神都显得十分自尊。

在一本书上读到一只狗的故事——这是一只勇猛而又忠诚的狗。一天夜里,狼来袭击主人家的羊,主人不顾一切地冲了出去,和狼展开了殊死搏斗。在万分危急的时刻,狗扑上去,一下咬住了狼的喉咙,使恶狼瞬间毙了命。主人带着他的爱犬一道返回了蒙古包,为了表达感激赏爱之情,主人赐给了狗一条羊腿。狗欣然地接受了主人的赏赐,得意地享用起来。这时候,主人走过去,爱怜地抚摸爱犬毛茸茸的脑袋。狗顿时舍弃了美味的羊腿，乖巧地仰起头，撒娇般地低声呜呜着，专心享受这被主人爱抚的幸福时刻。

我的心，在这两个故事面前久久驻留，我试图在这"阿猫阿狗"身上思忖人心，体悟人性。

我想，当一个人生活在一种失却尊严的环境中，一贯地被轻慢、被鄙视，反复地经受屈辱的心理体验，他就很容易滋生出一种"再脏一点又怎样"的无赖心理，不再自尊，不再自爱，在自暴自弃的泥潭里越陷越深；相反，如果他被护爱，被尊重，他就会不自觉地向着更值得护爱和尊重的方向努力，竭力收敛自己，克制自己，将最美好的那一面展示出来，以期收获更多的肯定，也使自我得到更大的心理满足和心理愉悦。

几乎没有人讨厌物质的奖赏，因为那是一种眼睛能看得到的、实实在在的奖励。但是，你又不得不承认，越是卓然的心灵越是看重精神的奖励。自我价值被认定的那一刻，美味的"羊腿"顿然显得无足轻重，这是因为，那一颗灵慧的心，那一腔赤诚的血，都未曾将获取"羊腿"作为自己的终极目标，那巨大的内驱力，源自一个生命渴盼被赏识、被关爱的原始冲动。

不论你是家长、教师还是管理人员，都应该明白这样一个道理——你若想提升一个人的尊严，就该设法保护好他现有的尊严，因为尊严能催生尊严；你若想促使一个人更好地实现生命价值，请不要忽略了对其精神层面的入微关照，因为精神能派生精神。

（二）《呵护那么一点点光》

有一天，一个两岁的小孩子看见一只蚂蚁。孩子正要去一脚踩死那只蚂蚁，可是母亲却柔声地对他说："儿子，你看它好乖呀！蚂蚁妈妈一定很疼爱它的蚂蚁宝宝呢！"

于是，小孩子就趴在一旁惊喜地看那只蚂蚁宝宝。蚂蚁遇见障碍物过不去了，小孩子就用小手搭桥让它爬过去。看着这情景，母亲一脸欣喜。

后来，孩子上幼儿园了。有一次，他吃完了香蕉随手乱扔香蕉皮。母亲让孩子把香蕉皮捡起来，带着他丢进垃圾箱里。然后，母亲又耐心地给他讲了一个故事："有一个小女孩，在妈妈的熏陶下，总要把垃圾扔进垃圾箱里。有一次，女孩拾起别人扔在地上的雪糕纸，走向马路对面的垃圾箱，妈妈看着她正走过去，然而一辆闯红灯的汽车飞奔过来，小女孩像一只蝴蝶一样飞走了。她的妈妈疯了，每天都在那个地方捡别人丢下的垃圾。"

孩子的眼眶湿润了。他说："妈妈，我再也不乱扔东西了。"

孩子上小学了。可是有段时间里，他总是迟到。老师找了他的母亲。她没有骂他，也没有打他。临睡觉的时候，她对他说："孩子，告诉妈妈为什么那么早出去，却还要迟到呢?"孩子说他发现在河边看日出太美了,所以他每天都去,看着看着就忘了时间,所以就迟到了。第二天,母亲一早就跟他一起去河边看了日出。

她感叹地说:"简直太美了,儿子,你真棒!"傍晚时,他放学回家,看见书桌上有一只好看的小手表,下面压着一张纸条:因为日出太美了,所以我们更要珍惜时间和学习的机会,你说呢?爱你的妈妈。

从那一天起,他就再也没有迟到过。

也许这个孩子就是你、我、他,也许这位母亲就是你、我、他的母亲。这个极其聪明、伟大的母亲懂得,在孩子的缺点中发现那一点点优点并用无微不至的圣洁母爱,呵护他生命中的那一点点光!而那一点点不曾被扑灭的光,总有一天会洒成满天的星星,变成月亮和太阳,照亮这个我们深爱着的世界。

飞驰吧,我们的高三

题记:破茧是一种勇气,化蝶是一种美丽,让我们共同期待迎风起舞的那一刻!相信自己,高考我们一定会成功!

有人说:"没有经过高三的孩子永远长不大。"

眼下的我刚刚迈进高三的大门。

也许人总是对未知的命运抱有恐惧:上了高三,我会怎么样?同学们会怎么样?老师会怎么样?结果又会怎么样?前途的未知让我们恐惧。

可是一想到"人生能有几回搏"这句话,豪情壮志顿时充溢胸间。乘风破浪后的畅快淋漓、天生我材必有用的欣慰与满足,让我们期盼着拼搏的快感与刺激,所以,我们应该迫不及待地去迎接高三。

高考的成功就像山顶灿烂的鲜花,我们仰望着它,渴望得到它,但收回目光,却看到上山的路布满荆棘,陡峭骇人。我们害怕过程的艰难会使自己退却。所以,我们有时又畏缩着。真是百感交集!

我们都不想扭曲自己的思想,说一些"啊,高三,我多么期盼你"之类的话。可是我们又真实地感受到自己对艰辛及奋斗的渴望。

以上是我们对高三的感情,万丈豪情中夹杂着一丝丝惶恐。

也许你反复告诉自己:"高三了,要好好学习了。"心中却依然一片茫然。

不管你我怎么想远离高三,或者是怎样盼望高三,高三还是不紧不慢,一步步走来。它带着特有的节奏和表情,看着你们这一群惴惴不安的少年。

既然该来的躲不掉,为何不向步步逼近的高三展示一下勇气呢?为何要让畏缩的恐惧盖住豪情呢?韩寒写的一本书叫作《像少年啦飞驰》,正当青春年少的我们就向着高三飞驰吧!

当所有人都在飞驰时,看着身边与自己并驾齐驱的同伴,再看看身前那已经领先的同学，还有身后人的穷追不舍……我们心中自然会感到压力。我们知道，当压力不能把我压垮时，它便成了动力。当飞驰的我们感受到御风而行的快乐时，我便离那高山上的灿烂不远了。

回头看看来的路，李白说："却顾所来径，苍苍横翠微。"到成功之时，我们也会深有同感吧。

虽然有未知的恐惧，但只要心中还有一点豪情，就去拼吧！为了那百分之一的希望，我们要付出百分之百的努力。何况，那心中的希望岂止是百分之一。若有百分之百的希望，那便应付出百分之一千的努力！

向着高三，飞驰吧！

每届高考成绩揭晓后喜获丰收的时刻，我都按捺不住心中的喜悦，因为所有的付出、所有的困难、所有的委屈此时都觉得值得。欣慰至极，有感而发，草作了一首诗以表达当时的心情：

云淡风轻六月天，望花拂柳眺前川。谁人能识吾心乐，快慰偷闲似少年。

高考喜报刚发出不久，我的手机就收到一条没有署名的短信：

高考后，我的心流落到哪里？醒后，总有一种淡淡的悲凉，虽然距高考结束只有一个月，却恍如隔世。领成绩条那天，别人笑时，我却在哭，心还在滴血，却猛然发现，一个人，一辈子，很多事情还要自己扛！走吧，走吧，人还要学会慢慢长大。那颗滴血的心留下的痕迹也许会使走过的路更加清晰。原来选择，是要付出这么大的代价。

虽然这位学生没有署名，但我能猜出她是谁。因为，班级里50多名学生的理想、志向、选择、信仰追求、平时成绩与高考的落差，我都烂熟于心。她的选择没有达到预期的高度，她的理想破灭在高考的战场上，我心生悲怜，但又爱莫能助。

记得刚升入高三时，我给全班同学布置了一个任务，让每位同学写出"我与高三有个约定"的励志作文，写出自己的理想、志向，以及如何克服困难走过这一年。待高考成绩揭晓后，我把同学们写的与原先的励志约定进行对照，结果发现，发自内心写出来的，平时脚踏实地履行自己诺言的，大多数都取得了很好的成绩。下面我就摘录几个，以供大家参考借鉴：

高考，像一阵准时的风，刮过来，又过去。学长们潇洒地甩了甩头，离开了这孕育着下一阵风的港湾。留下的是一样有理想、有追求的我们，向高考做着自信的冲刺。

那闪光的终点，曾经遥望，如今近观。高考，十二年的汗水、泪水尽付于此；十二载春夏秋冬，只为这一朝结出丰硕成果。高考，像一匹疾驰的骏马，勇敢与恒心是驾驭它的缰绳。有人说，"读书有三境界"，最后达到"众里寻他千百度，蓦然回首，那人却在，灯火阑珊处"。有了正确的学习动机，再苦再累也无怨无悔！

树欲静而风不止，我一定能成为一棵不为"风"所撼动的坚韧之树。人能为之，吾亦能为之！

高三，机遇与挑战并存，抓住机遇，迎接挑战；高三，悲喜苦甜交融，先选择悲苦，然后再品尝喜甜。选择天空，就不要渴望风和日丽；选择大海，就不要渴望一帆风顺；选择大地，就不要渴望道路平坦。水不激不跃，人不激不奋。来吧，我们的高三！

坚定去北大的理想，放下自卑、猜忌、不平、自欺；做回书呆子，但不死读书；抵制各方面阻力，但不故步自封；用宽容保持自己的清净心，不用清高；坐得住，盯得牢，想得纯，耗得起；坚持到最后一刻。

虽然有的人没有达到自己的预期，但他们拼搏进取、孜孜以求的过程同样让人感动，他们同样是成功者。

新东方集团董事长俞敏洪在北京大学2008年开学典礼上的演讲，题目是《穿越地平线的渴望》，其中有这样一段话：

"有一个故事说，能够到达金字塔顶端的动物只有两种，一是雄鹰，靠自己的天赋和翅膀飞了上去。有另外一种动物，也到达了金字塔的顶端，那就是蜗牛，蜗牛肯定只能是爬上去的。在金字塔顶端，人们确实找到了蜗牛的痕迹。我相信蜗牛绝对不会一帆风顺地爬上去，一定会掉下来、再爬，掉下来、再爬。但是，同学们需要知道的是，蜗牛只要爬到金字塔顶端，它眼中所看到的世界，它收获的成就，跟雄鹰是一样的……"

"只要有两样东西在心中，我们就能成就自己的人生。第一样叫做理想。我从小就有一种感觉，希望穿越地平线走向远方，我把它叫做'穿越地平线的渴望'。第二样叫做良心。什么叫良心呢？就是要做好事，要做对得起自己对得起别人的事情，要有和别人分享的姿态，要有愿意为别人服务的精神。……人的一生是奋斗的一生，但有的人一生过得很伟大，有的人一生过得很琐碎。如果我们有一个伟大的理想，有一颗善良的心，我们一定能把很多琐碎的日子堆砌起来，变成一个伟大的生命历程。"

回顾俞敏洪求学、创业、成功的足迹，或许能对我们产生深刻的启迪。高三一年，面对一次又一次的模拟、检测，你们的成绩将出现起起伏伏、高高低低的变化，你们该怎样应对？拿出怎样的心胸去宽容自己？对未来满怀怎样的乐观情怀？毛泽东有几句诗我很欣赏：春江浩荡暂徘徊，又踏层峰望眼开。风起绿洲吹浪去，雨从青野上山来。

在接下来的一年里，我们会有暂时的挫折、一时的困囿、短暂的迷茫，或者面对模拟的成绩无所适从。我相信，过程的曲折和艰难必定会换来结果的灿烂。

滚滚模拟走白沙，飘飘卷影卷红霞。直逼高考豪情涌，明日校园遍地花。

同学们，在这个时候，我还想提出以下几个问题：你是谁？这是什么地方？你来这里干什么来了？我是高三学生；这是托起我梦想的地方；我来这里是学知识、学做人的。如果能把个人的前途梦想、家长的嘱托、老师的期望、集体的荣誉集合在一起，你就会有一往直前、百折不挠的勇气。我举个与奥运会有关的例子，来说明这个道理。

在1968年的墨西哥城奥运会上，马拉松比赛的最后一名选手，是来自坦桑尼亚的阿赫瓦里。

这位来自非洲的一个小村庄、习惯了赤脚跑着上学的年轻人，代表刚刚独立不久的祖国来参加奥运会。主办城市的高海拔让他难以适应，跑到一半的时候就扭伤了大腿。一个又一个选手超过了他，救护车就在一边，招呼他上去，但他拒绝了。天黑了，体育场内颁奖仪式已经结束，看台上的观众已有不少人离去了。就在这时，阿赫瓦里一瘸一拐地跑了进来，在冲过终点时颓然倒地。记者问他为何明知是最后一名还要坚持跑完，他用虚弱的声音说："我的祖国把我从7000英里外送到这里，不是让我开始比赛，而是要我完成比赛。"

阿赫瓦里的话，不知感动了多少人，同时也激励着人们为自己的梦想而坚持到最后。把个人的使命与集体的荣誉融合在一起，阿赫瓦里堪称典范。在过去的高考中，你们的学长、学姐中不乏把自己的前途与集体的荣誉结合在一起，最终成就自己的事例：

每当我成功一步，我都不会忘记今天的成功是18岁那年，一个对我爱到极点、关心到极点、负责到极点的班主任的铺垫！饮水思源。高中结束感情未了，人生因为有您，精彩！待到成名日，必报师恩情！

我要坚定地按自己的座右铭"得意必忘形，忘形必失态"来规范自己的学习心态，克服学习上的骄傲自满心理，以平和的态度对待考试，不因成绩而影响自己的学习效率。"业精于勤，荒于嬉。"

无论生活如何平淡，总会有它的波澜，一点一点的无奈，堆积了太多的沧桑，潺潺岁月里的微笑，是否还依然灿烂……

同学们，还记得我们的班训吗？我向往！我奋斗！我成功！还记得班歌吗？《我的未来不是梦》。我们还是以体育明星的感人事例来契合我们的班训和班歌的理念吧。

美国短跑明星盖尔·德弗斯，人称"从坟墓里爬出的冠军""100米栏女王"。她是靠田径天赋得了奖学金进大学的，并且在1988年被选入美国奥运代表队参加汉城奥运会。然而就在汉城参加100米栏比赛时，她突然感到头痛恶心，带病参赛的成绩自然不理想。回国后，她的病情加重了，体重从65公斤骤减至40公斤，头一疼起来就像要裂开，双手不停地颤抖，记忆力几乎丧失。对于她得的怪病，医疗专家们说法不一，有的说她患了病毒性感冒，有的说是运动过量疲劳所致，有的还说她脑子里长了东西。直到1990年底，她的病才确诊，原来她患的是甲状腺功能亢进症——人称"甲亢"，而且距离病变的危险临界点只有几个星期了。

化疗与放射治疗使她的头发大把大把地脱落，左眼几乎失明，经常恶心，关节疼痛。有时候她会持续昏睡十几个小时，而有时，她又会一整夜一整夜地失眠。这种治疗持续了近一年，她的身体状况差到了极点，人瘦得皮包骨头，头发全掉了，双眼像青蛙的眼睛一样凸出，关节扭曲变形，像个可怕的怪物。每走一步，她都疼得要哭。因为她的脚浮肿出血，她只能跪在地上爬行。医生警告她：脚痛是放射疗法引起的，如果她总是试图用脚行走的话，那脚以后就得锯掉。

不得不远离赛场的她常在夜里暗自流泪，对田径运动视如生命般的热爱，使她觉得不让她跑比让她死更残酷，所以只要活着，她就下决心一定要重返跑道。

1991年2月，她开始在教练的指导下逐渐恢复训练。但由于她心太急，加上放射治疗的后遗症，变得肿大的脚在她每次训练后一脱袜子就几乎要被揭掉一层皮，脚上都是血。医生再次警告她：再这样跑下去，就得截去她的双腿。家人只好将她软禁起来，不准她外出活动。

经过两个月的治疗，她的病终于痊愈，她又开始了训练。战胜了病魔，重新回到田径场的她，在1992年巴塞罗那奥运会和1996年亚特兰大奥运会上，奇迹般地赢得女子100米短跑金牌。另外，在亚特兰大奥运会上她还和队友获得女子4×100米接力冠军。而且在巴塞罗那奥运会后的一系列国际大赛中，她几乎垄断了女子短跑项目的金牌，创造了世界体坛一个不朽的神话。

这个凭借着惊人毅力战胜了病魔，年已40的美国短跑明星盖尔·德弗斯，在运动场外始终保持着乐观而爱美的心态。她有着矮小但匀称的身材，浓密略卷的长发，黝黑而富有光泽的皮肤，极富感染力的笑容，泉水般清澈的眼神，人送美称"紫蝴蝶"。然而最引人注目的是她那双闻名于世的手——准确地说是她足有三四寸长并时而染成炫目的蓝色或红色的指甲。她把指甲留得这么长，主要是为了测定自己的疾病有没有复发。如果三年之内，指甲没有什么异样，便证明她的身体安然无恙，然后，她会修剪指甲，等待下一个三年到来。

面对这样一种恐怖的怪病，德弗斯怎么能够挺住，并且还用生命书写了一部世间的传奇呢？她的右手手腕上，戴着一个写有"F、R、C、E"4个字母的饰品。她说，这4个字母有着各自不同的含义，组合起来，就是她对人生、对事业的看法和基本态度。

F 是 focus（专注）：做任何事情，都要投入自己的全部。R 是 respect（尊重）：以自己努力所换来的成绩，博得外界的尊重。C 是 consider（认同）：你可以欺骗别人，但不能欺骗自己，所以必须要认同自己。E 是 excellent（杰出）：做事不能半途而废，要做就做到最好。

德弗斯说，正是这样的信念，支撑着她战胜了一个又一个困难，一直走到今天。

同学们，在高三一年里，追逐梦想的道路上，不能分心，不能走神，一旦分心走神，你的梦想就会与你擦肩而过。现在，我再举两个例子来说明问题。

1988年，第24届夏季奥运会在韩国汉城举行。在这届奥运会上，美国黑种人女运动员格里菲斯·乔伊娜大放异彩，摘得女子100米、女子200米、女子4×100米接力比赛3枚金牌，成为这届奥运会获得金牌最多的田径运动员，被誉为"世界第一女飞人"。

每次参加比赛时，乔伊娜都是那么与众不同。她披散着飘逸的长发，穿着自己设计的色彩斑斓的运动服。她仿佛不是站在赛道上的运动员，而是站在T型台上的模特，耀眼得连她的对手都忍不住多看她几眼。

每次比赛结束后，总有人问她："你为什么老是喜欢在比赛中穿自己设计的那些奇装异服？"她听后只是微微一笑，并不回答。这个谜底直到她退役之后才被揭开。当记者再次问她这个问题时，她的回答是："其实我这样做只是想吸引对手的注意而已，因为对于短跑运动员来说，每秒钟都弥足珍贵，只要对手分我一个0.1秒的眼神，我就有可能领先0.1秒，取得最终胜利。"人们这才明白，原来，乔伊娜每次穿这些自己设计的奇装异服，只是为了能从对手的一个眼神"偷"走那关键的0.1秒。

汉城奥运会16年之后，第28届夏季奥运会在希腊雅典举行。在这次奥运会上，中国出了第一位世界飞人，他就是刘翔。

刘翔在男子110米栏决赛中，以12秒91的成绩夺得了金牌，这也是中国选手在奥运会田径比赛中夺得的第一枚男子项目金牌。但可惜的是，他这一成绩刚好平了由英国选手科林·杰克逊于1993年在田径世锦赛上创造的世界纪录。也就是说，刘翔只要再快 0.01 秒，就可以打破世界纪录，但是当时他与这一荣耀擦肩而过。

很多人都认为刘翔已经尽了全力，他与刷新世界纪录失之交臂，只能证明竞技体育的残酷。但是，后来专家的分析却让人惊讶——其实刘翔完全可以打破世界纪录，只不过他在冲刺的最后阶段，侧头瞄了对手一眼。这一眼也许只是一个下意识的行为，却令他错失了 0.01 秒的先机。

乔伊娜的胜利和刘翔的遗憾，这一切，其实都只发生在一个眼神之间。比赛如此，备战高考如此，人生亦是如此。只有专注的人，才能在激烈的竞争中取得最后的胜利。

青春如歌，这一次，我们有理由也有资本对着高考放声高唱。

人生如河，这一回，我们有力量也有豪情掀起如豹尾一般高亢有力的奋进雄风。

十年磨剑剑走偏锋锋芒毕露，一朝出鞘笑看金榜榜上有名。

同学们，向着自己的梦想，在高三的轨道上飞驰吧！

再高的天也要落在眼里，再大的海也会装在心里，再远的行程必定有归期。黑夜的尽头是黎明，花落的尽头是收获，我目光的尽头是你的金榜题名。

用真爱和宽容教育"问题学生"

以下的记录和感悟是我在班主任工作中的点滴，其内容，有的琐碎、有的平常、有的进退两难、有的……截取其中的片段，拿出来"晒晒"，谨与大家共勉。

【记录1】

A同学，刚入学时，很多记录都是由他创立的：开学第一周，因说脏话、上课讲话、与老师顶嘴……在班级日志中竟然被记名10多次。英语老师课上说了他几句，他便拍案而起，冲出教室。之后，我拉着他见英语老师，他还恶狠狠地瞪着英语老师。在"假如我是老师"的周记中，他有一句话震撼了我："假如我是老师，我会把我今天所受的苦加倍地报复在学生身上。"

◎感悟：

寻找问题背后的根源。A同学的主要问题是逆反心理强，从心理上不接受老师对他的批评，对教育他的人充满敌视。于是，我就约了他的母亲谈。从他母亲那里了解到：以前由于英语成绩不好，英语课上老师不是对他训斥，就是挖苦讽刺，或者对他视而不见……所以，他片面地认为所有的英语老师都会轻视他。

A同学在那样的课堂环境中学习，难怪他的行为如此偏激，对英语老师充满仇视。如果再"享受"以往的课堂待遇，接下来换来的只能是更疯狂的叛逆行为。可见，A同学问题的根源就是缺乏别人对其真诚的关爱。

【记录2】

说起B同学，每个老师都"恨"得牙根疼：课上多是趴在桌子上，有时候还能听到他均匀的鼾声；而课下却精神抖擞，班里班外追逐打闹；作业逼急了或抄袭或胡乱应付；更有甚者，班里几个有姿色的女生都不同程度地遭到他的"骚扰"。一天，他又把写好的纸条悄悄地放在了一个女生的书里，课上，女生看到纸条，怒不可遏，揪着B同学的衣领到我办公室评理。因为他是"惯犯"，所以我安慰女生先去上课，把他留在我的办公室里接受训斥。我越说越生气，拿起电话通知他家长来学校一趟，想的是让家长先把他领回去反省。十几分钟后，他的父亲气喘吁吁、满脸怒气地来了。见到他没问青红皂白，粗糙的大手就是一记耳光，接着还要打。看到这样的阵势，我惊呆了，说道："这是学校，不是打骂孩子的地方！再说你也没问清楚孩子究竟怎么了就动用武力，太粗暴了！"听到我强硬的话，B同学的父亲神情比来时缓和了些许，我暗想：这样的家长请来不仅不能解决麻烦，反而还可能制造出更大的麻烦。我灵机一动，把本想告状的话语变成了平息事态的谎言："孩子没有做错什么，他近来的表现和作业的完成质量比以前好多了，我就是想把孩子的变化告诉你，希望我们共同努力，巩固成果……"家长听到这，脸上露出了笑意，承认刚才的鲁莽和冲动。送走家长回过身来，看到B同学泪眼婆娑，还没等我开口，他羞赧地说："老师，因为我，让您撒了谎，我对不起您！更何况您从来没有放弃过我……通过今天的事，我知道了您真的很爱我……"此后，B同学渐渐改掉了懒散的学习态度，也知道如何去尊重他人了。

◎感悟：

慎把家长请到学校来。如遇特殊情况非请不可的时候，方式也要策略些、言语委婉些。在与家长的沟通上，尽量多使用激励性的语言，如进步了、好转了、提高了、希望如何如何……这样，比单纯地"状告"取得的效果要好。

【记录3】

C同学是从乡下考到平中，人很本分，很坦诚，相信老师。有一天与我讲起了他心中的小秘密：喜欢上了班里的一名女孩。可是，对方不喜欢他，他很是懊恼、郁闷。问计老师该怎么办？

◎感悟：

让学生理解并接受我的忠言。我及时与C同学谈心，将他的想法和可能发生的不良行为解决在萌芽状态。我告诉他：爱情是人世间最美好的东西，是你的权利，不是罪不可赦的，更不是邪念，也不是洪水猛兽，从中恰恰说明你长大了。但得学会控制自己的感情，把时间和心思用在学习上，当你攻克一道又一道难题的时候，你就会发现，这比追求女孩更有成就感。

老师要让学生理解并接受自己的意见，取得学生的信任。老师要让学生看到人生的价值与希望。在学生出现问题时，老师要有说服学生的能力。"亲其师，信其道"就是这个道理。

【记录4】

D同学，对自己的问题虽然有所认识，但就是屡教不改，或者屡改屡犯。"老师，我也想改，可我改不了呀。"在他一次又一次的反复中，我失望过、愤怒过，但仍然以宽容与真诚对待他。每当他犯错误时，我虽恼火，但总是在自己的怒火平息后，才找他谈话。D 同学曾在自己的日记上写道："这个世界上，我只敬畏两个人：一个是我爸爸，他以他的拳头让我屈服，这里少有敬畏，更多的是臣服；另一个是老师您，每次我做错事了，您总是跟我讲道理，让我不得不服，我对您更多的是敬畏。"

◎感悟：

学生承认了自己的错误，并明确了自己改进的方向，一般说来，都会自主地将自己的认知转化为自觉的行为。但有时，说是一回事，做起来又是另一回事，往往只有心动而没有行动。这时，老师除了及时地反思自己与学生沟通的真实效果之外，还要看看自己的意见是否真的被学生接受。再者，还要耐心、耐心、再耐心，给学生经常性的提示，对学生的每一个小小的进步都给予鼓励。

【记录5】

我班里 80% 的同学有手机，一些同学把它变成课上玩游戏、发短信交朋友，甚至是考试作弊的工具。一天，在教室外看到 E 同学正在课堂上摆弄手机，我回到办公室给她发条短信：

"老师的心与母亲的心一样柔软，老师的付出从不要求回报；老师对你美好的愿望如果天上的星星都知道，那么它也会为你发出最夺目的光芒！美丽的天使啊，收起手机吧！"

之后，我经常用手机与她交流，由社会流行的东西渐渐转向学习问题。在那以后，我再也没有见到她在课堂上摆弄手机。

◎感悟：

教育学生是老师的责任。批评是一种教育方式，尊重也是一种教育方式，而我更喜欢尊重的教育方式。尽管她做得不对，但采取严厉批评或没收手机的方式远没有这种方式更能打动她的心，以后我再也没看到过她在课上摆弄手机。这件事让我深深地感悟到：尊重是老师送给学生最好的礼物，有时候老师一次得体的尊重，或许能改变学生的一生。"浓绿万枝红一点，动人春色不须多。"老师会心的微笑送给学生的是欣赏；老师坚毅的目光送给学生的是自信；老师由衷的赞扬送给学生的是动力。

【记录6】

F 同学是众多女生"粉"的对象。高三上学期的时候，他与一名女生的恋爱关系已经发展到了高潮。一天，晚自习后，学校负责巡查校园的工作人员在操场的角落里，发现 F 同学与女生偷食禁果。事情败露后，F 同学羞愧难当，追悔莫及。工作人员找到我，要求汇报学校，给予严肃处理。我知道，如果要让学校介入处理此事，除了开除，别无选择。F同学对自己的丑行供认不讳，态度诚恳。恳求我们为他保守秘密，千万不要告诉学校，更不要通知家长。我在震怒之余，辗转反侧，如何处理，煞费脑筋。如果不上报学校，有"欺君"之嫌，如果上报，昭然于校园，不仅F同学抬不起头，羞于见人，而且更有被劝退或开除的处理结果。若是这样，F同学的高考梦付诸东流，前程毁于失足。看在他青春年少，懵懂轻狂，我决定说服工作人员，为他守口如瓶，给他高考的机会。就是因为老师原谅了他的过错并严守了秘密，最后F同学考上了大学。

◎感悟：

虽然教育不是万能的，但老师要真正把学生当作自己的孩子来看待、来爱护、来包容，那么，学生必然会以此为动力，必然会以感恩之心、感恩之情来回报你。15年后，F同学来了，带着他的成绩、带着他的成就。再忆及往事，他说："如果没有老师当年的宽容、包容与胆识，就没有我的今天。千里迢迢寻找到老师，是我最大的愿望……"

泰戈尔说：不是锤的打击，而是水的载歌载舞，才使鹅卵石臻于完美。是的，教育需要激励和鼓舞，也需要适当的惩罚，对待犯错误的学生，是不是可以换一种方式惩罚？如罚他们唱首歌、讲个小故事、做一次值日……这样既锻炼了他们的勇气，展示了他们的才华，又使学生清楚地认识到自己的错误，学生也不会产生抵触情绪。

美国前总统林肯也曾说过：一滴蜂蜜比一加仑胆汁更能吸引苍蝇。有多少次，由于我们期望过高而忽略了学生的优点；有多少次，我们只顾自己的期望而忽略了学生的感受；有多少次，我们只顾谈成绩而对学生学习中的困难和无奈视而不见；有多少次，我们把关注的焦点放在了成绩优异的同学身上而全然忘记了个体差异。我们要拿放大镜来找学生的优点，我们会天天快乐，学生也会有成就感；要是我们能更多地考虑学生的感受，我们就会和学生有着无障碍的沟通；要是我们能从更多的侧面来评价我们的学生，他们的精彩会让我们瞠目结舌。有时候，一句鼓励的话，一个激励的眼神就能给学生带来莫大的动力。我们作为教师，没有理由吝啬自己的鼓励。老师教育学生的同时，不妨给他指出一条前进的路，让他看到光明，看到希望，更重要的是指给他努力的方向。

总之，"问题学生"的转变工作不是一天两天就能实现的，最容易出现反复。而当他们出现反复的时候，他们也在为自己的错误而备受煎熬，这正是学生成长的代价。老师应以更宽容的心态，耐心地拉他们一把，扶他们一程，使他们在跌跌撞撞中不断地成长起来。老师要克服对学生的不满与埋怨情绪，相信每个学生都是可教之才，都有自己独特的闪光之处。从学生的实际出发，给学生提供切实有效的帮助，促进其稳步提高。

【由中国教育报、中国教育学会中小学德育研究分会、全国班主任工作学术委员会举办的"第九届全国中小学和中职学校思想道德建设优秀成果展评活动"征文中，本文获得一等奖，并被收录在由九州出版社出版的《全国德育优秀成果汇编》中】

慎把家长请到学校来

及时把学生在学校的情况反馈给家长，这是班主任工作的一个重要的组成部分，也是一种不可推卸的责任；同时家长对学生在学校的各种表现也有知情权。但有些班主任老师在平时的教育管理中，常常轻易把那些"问题学生"的家长请到学校来。这种工作方法有的时候所起到的效果是：事倍功半。

【记录1】

那年，网吧在学校周边地区像雨后春笋般冒了出来，其魔力吸引着缺乏自制力和分辨力的学生。A同学每天放学后都泡在网吧里，致使他课上精神萎靡，学习成绩每况愈下。我多次劝教失败后，决定必须把他的行为告诉家长。但打了多次电话，他家的电话一直无人接听。一天，我找到A同学，在严厉批评后，强令他把家长请到学校来。第二天下午，我不仅没有等到他的家长，而且A同学也没有出现在教室。我既气愤又很担心地在办公室内来回踱步，这时班长送来一封信，是A同学给我的："老师，您读此信的时候，我能想象到您的满腔愤怒，您命令我的任务没有完成，究其原因不是不能完成，而是不想完成，因为我那曾经美满的家现在已经破碎了。我每天除了进网吧，就是游离在两个父母新的家庭中，那种滋味您是体会不到的！网吧是最能让我超脱的地方。但我又不想让任何人知道我的家庭，我怕别人的目光！我怕别人在我的伤口上再撒把盐……"读罢，辗转反侧，心潮难平，可能是我太急躁了，也可能是A同学太敏感了，我能想象出A同学的内心是多么苦楚和无助啊！以后他还是去网吧，可我再也没有强求他把家长请来，而是在保护他隐私的同时，用情去开导他。当他再去网吧的时候，我"尾随"其后，用我焦灼的目光把他唤回；用我真诚的行动把他感化；用我细腻的情愫给他温暖。几次劝导之后，A同学渐渐地少去网吧了，学习成绩也缓慢地提高着。

【记录2】

　　B同学家庭条件非常优越，脚下踩着的是千元左右的名牌运动鞋，身上穿的尽是高端品牌的休闲衫。盛气凌人的话语、财大气粗的恣肆张扬，让同学非常反感！更可气的是，他对班里家庭条件差、穿着朴素、生活简约的同学总带有鄙夷的眼光，有时还公然带着羞辱的语气。他这样的做法不知道伤害了多少同学。每次开家长会，都难得见到他的家长。有一次我强邀他的家长来参加家长会，会后我本想与他的家长推心置腹地聊聊孩子的在校表现，可还没等我开口，家长就滔滔不绝地与我讲起了他的家庭："家里应有尽有，生活舒适；住房宽敞，买卖做得很大，资产超过千万……"我插不上嘴，想把话题扯到孩子的学习上来，听到我要说这个，他眉飞色舞："我肚子里没有几滴墨水，可依然事业做得不小！孩子考上考不上无所谓……"最后似意犹未尽地点拨我的愚：现在书读多了也没用，考上大学又如何？……本科毕业的不也照样给他这个"小老板"（小学毕业）打工嘛，还担心被他炒了"鱿鱼"呢！家长走后，我心境瑟瑟、沮丧至极，翻来覆去地想：我为什么非要见B同学的家长呢？"望子成龙"真的不是所有家长的希冀？家长与老师南辕北辙的愿望，为什么我非要强求呢？哦，是良心！是责任！在教育管理中，允许家长糊涂，但老师绝不能放弃啊！我们有的就是尽自己的职责。看来对B同学的教育只有另辟蹊径了，通过与他交朋友、讲道理、想方设法发现长处给予表扬等办法，最后B同学明白了贫穷不是同学的过错；知道了今非昔比、知识改变命运、躺在父母的"安乐枕"上只能颓废一生的道理；也认可人与人之间尊重是相互的这个道理。

【记录3】

　　手机走进成人生活的同时，也进入了学生的书包。但有的学生把手机当作玩游戏、发短信聊天，甚至是考试作弊的工具。尽管学校三令五申，禁止把手机带入课堂，但个别学生还是我行我素。C同学很顽固，不仅带手机，而且有时候在课堂上还弄出声来。任课老师很反感，总责备我为什么不把她的手机没收呢？！我曾与C同学多次面谈上学带手机弊大于利而无济于事；电话里几次与家长说明她的实情，而家长总无奈地强调三个字："管不了！"手机是家长买的，家长的态度在一定程度上纵容了她的行为，再把家长请来谈此事也是徒劳，我只得自己想办法了：于是决定以发短信的方式与C同学交流，使我的师爱在信息中流淌。"如果你此时正在玩游戏，我想你是很费神的，因为刚才的数学课本来对你来说就有困难；如果你此时正在发短信，我想你应该放松一下疲劳的眼睛,本来你的座位距离黑板就较远。"这是一次我在课间看到她摆弄手机时发的。"我知道你们此时正在学白居易的《琵琶行》,读'座中泣下谁最多'这句话了吗?如果你正在玩游戏,那么'隔壁泣下我最多'……"这是一次语文课上,我在门外看到她正在玩手机时发的。在休息日的时候我也发些搞笑或滑稽的短信给她……以前虽然人近在咫尺但心却远隔天涯,通过短信攻势,我们的心渐渐靠近了。这些事让我深深地感悟到:尊重是老师送给学生最好的礼物,有时候老师一次得体的尊重,或许能改变学生的一生!

现在信息发达,班主任与家长沟通多采取电话联系的方式,除此之外,登门家访、信函交流等方式也能收到很好的效果。如果盲目把家长请来,或请来了家长不起任何作用,或请来了家长更要添麻烦,抑或遇到家长根本管不了等诸多情况,都无助于问题的解决。从亲历的事例中我感悟到:有时候要慎重请家长到学校来,因为老师的教育方法更多时候比家长的更有效。尽管个别学生的言行存在着这样或那样的缺点与不足,但他们的本质还是善良的;虽然青春期的叛逆心理使学生抗拒家长的教育,但更多时候还是能听从老师规劝的。我听到家长最多的一句话是:"这孩子就听老师的!"只要我们走近他们、尊重他们、真爱他们,把师爱化作涓涓细流滋润学生的心田,把师情化作缕缕春风温暖学生的心灵,一切都不是我们想象的那么糟。失之东隅,收之桑榆!

另一种伤害

15年前,我从师范学校毕业,被分配到县城的一所高中任教,这是我的母校。

因为我也是从大山里走出的穷孩子,所以做了老师,尤其是当班主任后,对家境贫困的"寒门学子"格外关注,特别是他们的衣食方面。

一、"内容依旧"的饭盒

班里大多数学生都早早从饭厅吃完饭回教室上自习,而晓吴同学每天总是踏着铃声进入教室,因为他是住宿生,更引起了我的注意。一天晚自习前我去了他的宿舍,推门进入的一刹那,眼前的情景让我愕然了:他坐在床沿上,左手拿着从学校食堂买来的窝头,右手掐着从家带来的咸菜疙瘩,窗台上放着热水缸子,正在努力地吃着,似有一种速战速决的架势。看到我到来,他神情非常不自在,好像做错了什么,不知所措。旋即麻利地把剩余的窝头和刚咬了几口的咸菜疙瘩投到饭盒里,连连说:"老师我这就去教室。"

我无言。哦,原来晚去教室是要躲开别人瞧见他简陋就餐的视线。眼前的一幕让我想到不堪回首的从前,他在走着我曾经走过的路。回到家里,我心绪难宁,出于老师的同情心,也怜惜他经历着我曾经的经历,我怎么帮助他呢?每天给他送个炒菜既不现实也办不到。于是,第二天又是他吃饭的时间,我从家里给他带来满满一饭盒用素油炒的芥菜咸菜,其中掺杂着豆芽、瘦肉丝。"尝尝这个吧,它凉吃也不腻,吃完了我再给你拿。"我踏实又满足地走开了……一周后我再去宿舍的时候,那个咸菜饭盒静静地躺在窗台上,里面的内容依旧,而没有看到他在这个时间开饭。我心中漫溢着苦涩,犹如瑟瑟的寒风吹打在我的身上!很长时间心中有个谜:为什么他不接受我的好意呢?

他考上大学后给我的信中,除了满怀真挚的感激之辞外,还有这么一句:"穷且益坚,不坠青云之志……"我心中的谜底揭开了:他不愿意接受我的"施舍"是因为我的做法伤害了他的自尊。其实我是善意地帮助他，绝不是居高临下的施舍，更不是让他丧失自尊来换取我的怜悯。而且我俩有着共同的起点：家境贫寒！家境贫寒的人之间有着共同的情愫——相惜。

二、不被接受的半袖衫

1992年的夏天似乎来得早，6月中旬已经是炎热难当。教室里没有空调和电扇，学生们挥汗如雨地备战着高考。别人都早已经换上了轻薄、吸汗、透气的半袖衫，可苗山同学依旧穿着与这个季节不太协调的装束——厚厚的、密不透风的长袖褂子。他坐在位子上俨然是班级里的一道"风景"，与其他同学格格不入。看到他脊背沁出的汗渍，热在他身上，痛在我心里！

"兄弟，这是我去年刚买的半袖衫，没穿多久，把你的褂子换下来吧。"那时我刚参加工作不久，虽是老师，但是没比他大几岁，这样称呼想拉近我们的距离，消除其心理障碍。他的表情我看得出来，是进退两难的选择，不接受，怕亵渎了老师的好心；接受呢，又有悖于自己的本意。那天他勉强从我手中接过半袖衫。穿了两天后，我看到他又恢复了"原貌"。我感到很委屈，因为我的善意没有被他理解和接受。当时我最大的奢望就是能看到他穿着那件半袖衫。

临近毕业了，班级要照集体合影，头一天我又特意找到他，希望在明天的合影时他能"旧貌换新颜"。他答应了我的要求，可第二天照相的时候，他姗姗来迟，依然穿着那件厚实的褂子。此时我的心不仅是酸涩，更多的是气愤。暗骂他愚、固执、不知道好歹……在那年的高考中，他升入了重点大学，继而读了研究生，毕业后留在省府机关工作。

去年我去省城开会，他拿出毕业照给我看，10多年过去了，往事依然清晰，同时我也知道了当年照相他迟迟而去的原因：在宿舍里反复掂量是穿还是不穿我给予的半袖衫，最后还是决定不穿，为的是给自己的过去留点影子！席间再追忆起旧事的时候，他颇有感慨地说："现在我1个月的工资收入，能买1车当年那样的半袖衫！"此语可能是从穷困里飞出后的自豪，也可能是对当年痛苦煎熬的无奈与不接受我帮助的坦然。我无言以对，默默地安慰自己，善意是金钱买不来的。

三、退还的100元钱

李金同学也是从大山里走出的穷学生，父母没有别的挣钱门路，只能困守着几亩贫瘠的山坡地供其上学。那时学校每月都按时发放助学金，贫困生多，分摊在每人身上很少，尤其对他杯水车薪。每当生活委员发助学金的时候，我都要在原来的基础上给他添 10 元钱（同时告诉生活委员不能泄密）。我很踏实也很欣慰地期待他克服困难，成就学业。

高考结束后，我在办公桌的抽屉里突然发现了一封信，现在还能依稀记得这封信的大致内容："谢谢老师的关心！您的良苦用心是支撑我克服困难的精神动力！我本来每月就拿着比别人多的助学金，可您还从自己的兜里拿钱给我，我承受不起这份爱！10 个月您共给我添加 100 元钱，退给您。"信的最后还有这么句话，让我终生难忘："有些东西我们无法改变，如低微的门第、丑陋的相貌或痛苦的遭遇，这些都是我们生命中的'茧'。但有些东西则人人都可以选择，如自尊、自信、毅力和勇气……它们是帮助我们冲破命运之茧，由蛹化蝶的生命之剑。"富有哲理的语言里，藏着他对生活的领悟。其实每月 10 块钱对我无关痛痒，而对他可就是几顿饱饭或两本备考资料，老师只做了自己力所能及的小事而已，不是让你牺牲自尊来换取我的善意之爱。

风雨从教十几载，面对"寒门学子"有着那么多的无可奈何。当我没有办法逃避也不能逃避的时候，袭来的心痛不由自主地要伸出援助之手，欲献绵薄之力。我的帮助掩饰着怜悯与同情；我的馈赠遮盖起"施舍"与怜爱；我的给予尽可能维护老师和学生之间的平等。我知道，伤害有切肤之痛，也有心灵之隐。切肤之痛随着岁月的流逝而淡忘，而心灵之隐可能历久弥新难以愈合。但老师善意的伤害不带任何功利色彩，完全自发于内心的良知。有一种谎言，虽口是心非，但能达到比真话更好的效果，这就是美丽的"谎言"；有一种伤害，虽非出本心，但适得其反地使别人的心灵隐隐作痛，这就是善意的"伤害"。

【此文于 2005 年发表在《班主任之友》第 2 期】

QQ 洒下难忘情

网络时代，喜忧参半。有的学生痴迷于网络难以自拔，深陷"网海"之中，或沉醉于游戏，或钟情于聊天，学业荒废，意志消磨。家长对此心急如焚，少有良策；老师亦是忧心忡忡，一筹莫展。怎样把坠入"网海"的孩子拯救出来呢？我曾经有这样一个故事。

我接待过这样一位家长，她说自己的孩子曾经是个非常优秀的学生，在初中和高一阶段不仅品德优秀，而且成绩突出，是老师和同学公认的"前途生"。尤其让家长自豪的是，他非常喜爱文学，所写的作品曾经在省、市级刊物上发表并获过奖。可自高二下学期开始，他渐渐迷上了网络聊天，学习成绩一落千丈，与家长的沟通越来越少，再也看不到他提笔写东西了……结合家长的诉说，我终于找到了这个学生学习成绩处于班级下游的答案了。

为了使他步入正轨，也为了让母亲的心不再淌血，我怎么拯救他呢？一天，我突然产生了个"奇想"，企望奏效：我也上网聊天，以"毒"攻"毒"！我知道，进入青春期的学生，往往非常留意异性同学的一颦一笑、一举一动，喜欢对异性同学品头论足，也很重视异性对自己的评价，总想在异性面前表现自己美好的一面，希望能以自己某些特点或特长得到异性的青睐。于是，我决定利用"异性效应"来拯救他。

抱着试试看的心态，我申请了个QQ号，扮作女生，起的网名是"小轩窗"；然后从他家长那里得到他的QQ号，他的网名是"春潮带雨"。从此我与他开始了网上的斗智斗勇。

一个周六的晚上，"春潮带雨"准时上线了，我首先跟他搭讪。

小轩窗：你好，你的名字好有诗意呦！

春潮带雨：你好，网海相逢，甚幸！你的名字也很有词意呀！

看得出他很老到，打出的"词意"俩字也很内行。我暗想：不愧是他母亲说他喜欢文学，果然知道我网名的出处。

小轩窗："春潮带雨晚来急，野渡无人舟自横。"我知道你名字的出处呦！……

春潮带雨："小轩窗，正梳妆，相顾无言，唯有泪千行……"你看，我也不含糊吧？……

经过第一次的聊天，我这个"女生"给他留下了才女的印象，他也极力在向我炫耀对唐诗宋词的"精通"，最后我要走的时候，他有些"依依不舍"。我思忖，就得给他一个悬念，下次再聊的时候好让他"听我摆布"。第二天上课，我偷视他的时候，他正在翻阅一本宋词。我暗笑，一定是为下次与我对阵时要派上用场的。

又是一个华灯初上的夜晚，"春潮带雨"准时"上班"了。

春潮带雨："从别后，忆相逢，几回魂梦与君同。"

小轩窗：真的是我？你不是有很多 MM 吗？为何偏偏与我聊天？

春潮带雨："春风十里扬州路，卷上珠帘总不如。"

小轩窗："相思一夜情多少，天涯地角思量遍。"

这次的聊天，我们聊了很多：理想的憧憬、当前的学习、对父母的看法、网络的认识及情窦初开的美好……尤其是他很在乎女生对自己的看法。我最后在网上与他说："你很有才情，如果能把精力多用在课堂上，提高学习成绩，那你一定是个既有才情又潇洒的'帅哥'"，并且告诉他我就是他的同班同学。他问我什么时候再来，我说学习任务很紧张，短时间不太可能来。他失落地期待着再次网逢。

以后连续两周我没有上网。两周里我在观察着他的变化，上课时他的注意力比以前集中了许多，作业完成的质量也有所提高。在他的周记里还清楚地记载着与我聊天的实录，并有一段让我感到欣慰的话："……要跳出消磨我意志的陷阱，心犹在，梦就在，从头再来……"

在以后断断续续的聊天过程中，我投其所好，海阔天空地与他侃足球、侃歌星影星，重点侃他喜欢的文学：从唐诗到宋词、从莎士比亚的《罗密欧与朱丽叶》到中国的《梁山伯与祝英台》、从《战争与和平》到《伟大的前程》、从金庸到琼瑶等，他真的被我"俘虏"后，再与他聊网络的优劣、学习方法、当前紧要的任务是什么等等。在此过程中，他确实显现了很宽广的文学知识。我为了与他聊天，每次都要提前充分"备课"，要不然真的对付不了他。

很快就要到了学期的期末，他自恃才高，感觉我这个"美眉"可能对他有了丝丝好感，便在网上试探性地问我。

春潮带雨：你喜欢什么样的"帅哥"？

小轩窗：我喜欢的是不仅文学方面好，而且能全面发展的！尤其是有志向、有追求、能从网络里拔出腿的"帅哥"。

春潮带雨：那你为什么也上网？

小轩窗：我上网是为缓解学习的紧张压力，是消遣，是学习中的"调味剂"！网瘾无情深似海，幡然醒悟力回天！我觉得最明智的是戒掉网瘾而不是戒网。

临近期末复习的日子里，我发现他明显地变化了：课上课下主动问老师问题、整理的笔记非常工整、在各科测试中成绩有了快速的提高。看到这样的变化，一种欢畅沁入心脾。

我们依旧上网，但更多的时候我打开 QQ，就在上面挂着，一个字也不给他发。他有时寂寞难耐，就急切地问我为什么不理他。我回答：看书！准备期末考试！

一天，他看到我依然在上面挂着，便主动问我。

春潮带雨：请问，你究竟是哪位聪慧的"MM"？嘿嘿！

小轩窗：呵呵！暂时保密。看看咱俩谁能在期末考试中取得更好的成绩！然后再告诉你也不迟……

让我惊喜的是，在期末考试中，他的成绩从原来的下游一跃成为中等偏上的水平。在升入高三的一年里，他很少上网了，班级里的表现和成绩简直与以前判若两人。最后我向他说明了真相，这段"网络情缘"以完美的结局画上了句号，从"网友"成为真正的朋友！当他拿到大学录取通知书的时候，我们紧紧地拥抱在一起。现在他还在 QQ 上给我留言：难忘 QQ 情！难忘老师的良苦用心……

科技革命方兴未艾，影响着人们的衣食住行……教师，在传道授业的同时也要紧跟时代的脚步。面对新形势、新变化，教育教学理念要时时更新，与时俱进。网络时代对我们提出新的挑战：粉笔黑板这个"刀耕火种"年代所拥有的积累要注入新的血液，在各方面都要有新发展，时时充好电，备好课，不妨做个"时髦"的教师。

【此文发表在 2005 年《北京教育》第 6 期，2017 年重新刊发】

我们的班训

班级文化是一个班级的师生精神面貌、生存状态的体现。不建立班级自己的文化，班级的管理、改革和发展就只能在较低层次上徘徊。学生的诚实、信任、责任、正直、忠诚等价值观念虽然存在于无形之中，但要通过不同的方式、具体可操作的形式进行渗透，铸就尊重、民主、理解、信任的人文精神，营造文明、团结、奉献、进取的班集体氛围，建立起宽松、高雅、清新、温馨的班级文化。

曾经读到过这样一个真实的事例：

一位母亲送自己的儿子上学，那孩子腿上打着石膏。保安拦下了他们的三轮车，说什么也不让进。那位母亲非常生气，便和保安争吵起来。在母亲和保安争执不下的时候，一位校领导走过来了，问明情况后对保安说："三轮车不得进校园，这个规定没有错，你严格执行这个规定也是应该的。不过，我想提醒你的是，你别忘了学校的《员工宣言》第一条是怎么说的。"那小伙子立即领悟话中的意味，他让另一位同伴在门口继续值勤，自己背着那孩子往教室里走去。

这则事例告诉我们：是制度，把三轮车拦在校门外；又是文化，把孩子送到温暖的教室。

班级管理可分为经验管理、制度管理、文化管理。经验管理重在人治，制度管理重在法治，文化管理重在德治。学校毕竟不等同于社会，学生毕竟不是社会人，所以，班级的文化管理是必要的。

我管理班级过程中就很重视班级文化，以班训为例，我就曾经制定过这样的班训，愿意与大家分享。

2003年9月，我接手一个B层高三毕业班。这个班学生的纪律松散、学习气氛低落、思想波动很大。接手班级后，我曾做过一次关于升学前景方面的调查，在58份调查问卷中，竟有34人对升学不抱希望，占58.6%。面对这样的状况，我惊诧了！一次次地问自己，班级的出路在哪里？作为班主任，点燃学生心中希望的火把，把学生摆渡到成功的彼岸，是我义不容辞的责任。15年的班主任经验也告诉我，不抱希望的学生其实心中不是没有希望、没有理想，因为希望的花朵应绽放在每个人心中，理想之梦应装点着每个人的生活。

有位教育家曾说过："哪怕天下所有的人都看不起我的孩子，我也要眼含热泪去拥抱她，欣赏她，为这个生命自豪。"怎样把班级凝聚成一个积极向上、学习氛围浓厚的集体呢？除了与学生心与心地沟通交流、因人而异的学习方法的指导、不失时机地鼓励和表扬等办法外，考虑到我们是文科班，在一次班会上，我给学生布置了任务，去查阅3首宋词：晏殊和柳永的《蝶恋花》、辛弃疾的《青玉案·元夕》。学生不知道我要干什么，在下一次班会上，我先引导学生背诵其中的名句，然后我把精心制作的有关3首词的多媒体课件展示给大家。

随着多媒体画面声情并茂地演示，我告诉学生：近代学术大师王国维以诗人的灵动、美学家的敏感、哲学家的参悟，串联了宋代词人晏殊和柳永的《蝶恋花》、辛弃疾的《青玉案·元夕》中的三句话，把本不相干的三句名言连缀成治学的"三境界"说，脍炙人口，催人奋进。

"昨夜西风凋碧树，独上高楼，望尽天涯路。"昨天晚上，猛烈的西风刮来，碧绿的大树上，一片一片树叶凋落。带来一点迷惘、一点凄凉。从这个树叶飘零当中，知道秋天到来了，后面紧跟着的是冬天，而冬天过后，将是灿烂的春天。这就好比我们的求学之路，充满艰辛与坎坷，所以先要有理想的追求，再准备脚踏实地去努力。通过对这句词的感悟，我把它诠释为"我向往"。

"衣带渐宽终不悔，为伊消得人憔悴。"王国维曾经有这样一句诗，"玉女粲然笑，照我读奇书"：天上的月亮太美了，就好像一个美女展露着她美好的笑容，在照着我读书。我是多么地聪明，多么地有智慧，多么地巧妙！我们每个人都是天才，在老师的眼里都是天使。当确定了奋斗方向后，就坚定不移地走，勇往直前，不回头，不后悔。通过对这句词的感悟，我把它诠释为"我奋斗"。

"众里寻他千百度，蓦然回首，那人却在，灯火阑珊处。"这是一个非常优美的意境，元宵佳节里良辰美景，鲜花、脸庞、灯笼相交织！没有跟心上人约好在什么地方，这么多人怎么找？所以"众里寻他千百度"。一次偶然回头，看见了我理想的佳人就在那里对着我笑呢，笑得那么地甜蜜。"阑珊处"不是在一片灯火的地方，而是在稀稀落落的灯火的地方；不是在通亮的地方，而是在比较阴暗的，没有几颗灯的地方找到。人山人海中，突然找到这样一个佳人，是何等地激动！何等地愉快！这是一种必然当中的偶然，偶然当中的必然；是处于情理之中，又在情理之外的；是在意料之中，又在意料之外。经过高三一年炼狱式的磨炼和追求，锲而不舍，辛勤劳作，初衷不改，最后必定取得成功，回报我们的就是那"美丽的佳人"（大学录取通知书）！长年累月地坚持不辍，一旦当你找到了答案，那种心中的快活，是无法形容的。通过对这句词的感悟，我把它诠释为"我成功"。

赏析完3首词后，我告诉学生，今天班会的主题是：制定一条班训。然后我又在多媒体屏幕上打出了这样几句话："竟！静！净！敬！""勤学守律！开拓创新！""文明朴实！团结友爱！""我向往！我奋斗！我成功！"。让学生从中选择，哪一条作为班训更好，学生不约而同地喊出了"我向往！我奋斗！我成功！"，最后我就把此句定为我的班训。

课后我把"我向往！我奋斗！我成功！"的班训醒目地写在教室后面，意在从思想上灌输给学生自信，潜意识地告诉学生：在一个团结向上的班集体内，只要有理想的向往，并脚踏实地地奋斗，最后就能取得成功。学生每天跨进教室，迎接他们的不仅有老师的笑脸，还有这无声的鞭策，这是多么让人亢奋啊！

班训是班主任老师教育理念的一种体现，也是一种无声的教育，意在使学生能够将其入耳、入脑、入心，并转化成自觉的行动。我喜欢这个班训，尽管学生又换了新的一届，但我还沿用它，因为它能激励学生向更高人生目标挺进。

学生毕业了，他们可能很快就忘记了老师所教授的具体知识，但老师一句鼓励的话、一个坚毅的眼神，甚至是班级的班训，他们会记忆犹新的。在感恩节的时候，我曾收到过这样一条短信："老师啊，朋友！老师啊，父亲！老师啊，恩人！'我向往'时刻在我的心中默念；'我奋斗'实践于我的行动之中；'我成功'必将成为生命中的必然。您教会我的不只是知识，更有一种东西叫生存哲理。"一看署名，是几年前毕业的学生。可见，当年的班训在她的心中依然留存着深深的印记，依然鼓励着她的学业进步和不懈的人生追求。

我以我名荐成功

——高考前的主题班会

一、铿锵名姓蕴希望，奋进旗帜迎风展

师：一行草青春已深，一缕风暖夏正临。且听流水抚琴弦，又是一年高考前。奋进在备考的路上，战鼓频催，老师读出一首诗，大家猜猜看，这首诗的特点是什么？

陈情爱徒师良言，一飞冲天蓄势端。阵阵战鼓频催我，顶天立地男儿炫。

陈一阵：老师，这是以我的姓名写的藏头诗，老师在提醒我们时间紧迫，每个人都要像战士一样去战斗。

师：今天的主题班会是《我以我名荐成功》，我给每个人都写了一首藏头诗。你动听的名字就是迎风招展的旗帜，指引我们奔向理想的彼岸。时不我待，我们该怎么办呢？

白宏远：风华正茂的我们，正是奋进拼搏的时候，只有只争朝夕，不懈奋斗。

师：白日放歌少年狂，青春作伴大志向。宏壮学业益精进，远阔前程博四方。

田浩然：在春天的田野上，一切都是那么生机无限。在奔赴理想的路途中，只有勤学苦读，才能不负青春、不负时代。

师：田陇耕耘我为魁，浩荡正气金戈挥。然超自逸举鸿图，天罡可吞文武威。

马语涵：燕语莺声，春光无限，我们的每一次进步都是胜利在望的前奏。

师：马骏蹄疾奔前方，语燕飞来绕画梁。涵淡澎湃青春志，一字妙诀唯是闯。

王心远：远方的理想在召唤着我们，我们要像翱翔的雄鹰一样，在高中的天空画出美丽的弧线。

师：王者捭阖似雄鹰，心向明月皎皎情。远方梦想召唤我，强松傲雪六月成。

雒子豪：虽然每天有做不完的卷子考不完的试，但我们知道，"读书百遍，其义自见"的道理。

师：雒诵诗书百遍精，子似骏马任驰骋。豪气干云男儿志，勇吞云梦击长空。

范子艺：紧张的备考，忙而不乱，焦而不躁。生活是有规律的，学习是有章法的，尊重规律，科学备考，这是天道天理。

师：范矩有法成方圆，子丑寅卯勇向前。艺精序明蕴玄机，成就大业天理篇。

李俐烨：在这个关键时候，男儿当自强，巾帼不让须眉。

师：李家娇女胜儿郎，俐落娴淑柔中刚。烨烨生辉明日月，强者无敌向前方。

梁钧畅：李俐烨说得好，高中是我们成长的重要时期，高考是人生的重要转折点。打磨每一道题，细细推敲每一篇文章，精益求精，为将来成为各行业的优秀人才奠定初步基础。

师：梁橡檩柱擎宫厦，钧旋毂转出大家。畅游学海浑不怕，强林独发状元花。

王思涵：以上同学讲得都非常好，因为我们都是强者，我们都是王者，数风流人物，还看今朝。

师：王者风范虎咆哮，思维缜密备大考。涵文蕴理才情涌，强弓满弦射大雕。

二、拆分名姓蕴厚望，别有洞天铸神奇

师：为了更好地表情达意，我把有些同学的姓名进行了拆分，大家看，这是谁？

木秀于林挺脊梁，子在川上莫彷徨。豪气冲天鸿鹄志，强弩神弓任飞扬。

李子豪：这是我的名字。在高考冲刺的日子里，我们就应该不畏惧、不彷徨，有豪气冲天的干劲和勇气。

师：弓重敢挽射玉衡，长缨劲舞缚苍龙。天马行空凌云志，驰骋贡院学业成。（张天驰）

弓重弦满叩苍天，长歌潇潇易水寒。宜将剩勇追穷寇，赫赫英才红又专。（张宜赫）

张天驰：这是老师写给我和张宜赫的。逼自己一把，拿出壮士断腕的决绝，不给自己的高中生活留下遗憾。

白苏娅：三年的高中生活如白驹过隙，回首来时路，我喜欢我自己，放眼当下，我摩拳擦掌，拥抱、享受每天忙碌的日子。老师您送给我的藏头诗是什么？

师：白驹过隙光阴催，苏扶枝叶正葳蕤。女娇气傲我为先，亚冠伯仲摘星魁。

朱籽溇：是啊，高中三年过得真快，入学的情景仿佛就在昨天。我们要立足当下，勇往直前。赤橙黄绿青蓝紫，我持彩带当空舞。

师：赤橙黄绿青天舞，耒耜锄犁铲荆途。子心一片磁针石，溇水欢歌耀门户。

孟小涵：是啊，在信息化、智能化的今天，唯有读书、拥有广博的知识，才能推

开未来世界的大门。

师：子有诗书气芳华，皿器精雕文明花。小轩推开大世界，涵韵娇妹在我家。

三、励志故事鞭策我，镶嵌名字铸新奇

师：赞美、激励一个人，最好的表达是赞美他的名字，名字是最动听的音符，名字中蕴含着一个个催人奋进的故事。我们班的誓言中有这么一句话：大风起兮云飞扬，3A精神放光芒。我们班谁的名字这么霸气呢？

项王力大举千鼎，秦汉天空任驰骋。乾坤风流垂青史，成败不输大风勇。

项乾：这是我的名字。虽然我没有"力拔山兮气盖世"的神力，但我有"不信东风唤不回"的执着和信念。

冯子辉：在学习中难免受挫，在考试中难免失误，请不要慨叹"冯唐易老，李广难封"。

师：冯子辉的姓名就是我们不屈斗志的最好注释。

冯唐易老我年轻，子在川上唱大风。辉煌铭刻勒石日，强者何须问西东。

王可心：没有人能随随便便成功，更不能相信命运的摆布。

师：王侯将相本无种，不让须眉巾帼勇。可胜男儿真本色，心向金榜女儿红。

孙骁：备考、考试就像一场攻坚战，要讲求战法、要有策略，要科学备考。

师：是啊！孙子兵法凝智慧，勇者无敌策马追。骁将自有冲天志，搏杀学海醉朝晖。

何旭涵：练好每一个学习动作，爬坡过坎，胜利在不远处向我们招手！让我们共同重温心中不变的信仰与追求。

大家齐声诵读班训："我向往求A，我奋斗奔A，我成功得A！3A精神放光芒，高考成绩我最棒！我以我名荐成功，高三4班必胜！"

师和大家：何惧赤魔文武全，倚剑斩妖勇向前。旭日东升红旗卷，涵英咀华绽笑颜。

【此文系海淀区"名师示范课"的文本稿样，录像课被推送到北京市中小学智慧教育平台课程资源，在"名师示范课"专栏中展示】

桃李园中勤耕耘　愿将碧血化丹心

是谁把我们的希望点燃？是谁奉献的激情把我们感染？是谁拨正了我们前行的航向？哦，是刘老师！是谁不辞辛苦地在贫瘠的土地上播种？是谁无畏地挑起这副重担？是谁锲而不舍地与我们同行每一天？哦，是刘老师！

这首小诗是一封感谢信的结尾。

2004年7月13日，在平谷中学全体教职工大会上，巩福利校长激情洋溢

在报告会上讲话的刘东兴老师

地宣读了这封感谢信，题目是：《是刘东兴老师拯救了我们》。品味着45名同学用心写就的感谢信，倾听着校长发自肺腑的激昂朗诵，我心潮澎湃；过去300多个与学生朝夕相处的日子，我浮想联翩；从学生信件的字里行间，我不仅收获着他们成功的喜悦，还收获着45颗感恩的心！

我从事教育工作15年，担任班主任工作也是15年，带过10届高中毕业班，2003年8月从河北承德一中调入平谷中学。我满怀喜悦地接受了学校分配的教学工作：高三历史课，担任18班班主任。据老师们说，这个班的层次属于B等，学生的纪律比较松散、学习气氛低落、思想波动很大。接手这个班级后，我曾开展过一次关于升学前景的调查。在收回的58份问卷中，竟然有34名学生对升学不抱希望，占比高达58.6%。面对这样的结果，我感到十分震惊！我不禁一次次地问自己：这个班级的未来究竟在哪里？作为班主任，我深知自己肩负着点燃学生心中希望之火、引领他们走向成功彼岸的重任，这是我的职责所在，更是我不可推卸的使命。15年的班主任经历让我明白，那些看似对升学不抱希望的学生，其实内心并非没有希望和理想。因为希望

之花本应绽放在每个人的心中，理想之梦也应装点着每个人的生活。

望子成龙、盼女成凤，"龙"腾重点，"凤"舞名牌，这是家长的希望，也是老师的企盼。尤其在当今追求高考本科升学率的竞争压力下，这样的希望和祈盼无可非议。我也是有意无意地在班会上、课堂里、与学生谈话中，把追求本科升学率作为口头禅。清晰地记得开学初的一次班会，我大谈特谈考入本科的光明前景，以及考入专科的迷茫……然而，与我激情澎湃的讲话格格不入的是，教室里的情况让我又失望又恼火！有的学生趴在桌上，有的悠闲地翻看杂志，甚至还有人昏昏欲睡。我强压怒火，叫起其中几个学生询问情况，有的懒散地说："我累了，头疼。"有的漫不经心地说："杂志太吸引人了。"还有的直言："老师，您讲的太脱离实际了。"……这次班会不欢而散，效果可想而知。课后我把这3名同学"请"到了办公室，怀着酸涩的心情询问趴在桌子上的同学："你是真的头疼吗？""老师，现实头疼是假，课上头疼是真。"翻杂志的同学无奈地说："我连升学的希望都没有，可您还说什么本科。"昏昏欲睡的同学此时的眼睛明亮，仿佛告诉我：老师，你真的太理想化了！

在这次不太成功的班会中，我从学生们发自内心的话语里，突然领悟到：脱离实际的盲目说教是多么的苍白无力。我也深刻意识到，必须真正走到学生中间，与他们进行心与心的交流，倾听他们内心的声音。于是，我立刻在全班展开了一次全面调查，深入了解学生的学习情况、思想状态以及升学目标，认真倾听他们发自肺腑的倾诉：听学生讲述曾经的豪情万丈；听学生讲述厌学的缘由；听学生讲述来自父母的压力和逆反心理；还听他们讲述情窦初开的灿烂……学生向我敞开了心扉，这是我获得的第一份珍贵礼物。打开心窗一片海，真情实感述情怀。在此过程中，我不失时机地与学生谈论理想、憧憬未来、谈良好的学习习惯怎样养成、谈因人而异的学习方法如何运用，还有我自己的求学经历……

深入到学生中间，做学生的知心朋友，是树立学生自信的主渠道。学生在课上听腻了语文、数学、英语和文科综合，自然觉得枯燥乏味，课下我以年轻的心态投其所好，海阔天空地与之侃足球、兴致盎然地与之侃网上聊天、意乱情迷地与之侃歌星影星……其实这些我懂得并不多，但确实能拉近我与学生间的距离。课堂上做学生"信其道"的严师，课下做学生"信其心"的朋友。因为在班级的教育管理中，融洽的师生关系往往胜过严厉的教育。

我还想方设法寻找学生的长处。令人头痛的迟到现象屡禁不止，怎么解决这个难题呢？我没有采取谢绝入室、入室罚站、写检讨，或者赫然将迟到者的名字写到黑板上等方式……我曾经这样对待过一名总迟到的学生，第一天我用劝慰的口气让他不要迟到了，可第二天他依然如故，于是我就用商量的口吻与之说："如果一下子让你不迟到很难办到，那你明天比今天提前5分钟到教室行吗？"第三天他虽然又姗姗来迟，但比昨天真的提前来到了教室。我不失时机地表扬了他："你真听话，今天是你进步的开始，要想不迟到很简单，只需从家早走10分钟。"我还在班里与大家讲："今天咱们班有个新现象，某某同学来得比平时都要早，这让我多么高兴啊！"经过不厌其烦的调教、约束、规范，不仅这名同学改掉了迟到的毛病，能提前到达教室，而且全班同学的迟到现象也寥寥无几，班里升腾着一种紧张向上的学习氛围。

遥不可及的星星无论怎样跳跃都难以摘到，可近在咫尺的苹果踮起脚尖还是能够到的，"够苹果原理"或许能燃起学生心中的求知欲望。高三历史复习课上，知识容量大、密度高，古今中外纵横交错，这对基础很差的学生无疑是在"听天书"。我一改遍地撒网的授课法，变学生被动为主动，师生互动，先精心设计问题，然后让学生看书归纳。尽管学生归纳得不到位，甚至只是皮毛性的肤浅东西，但我还是从中找出闪光点，肯定其长处，夸奖他有一定的阅读、理解和归纳的能力，以此来激发学生的自信心和学习兴趣。看到受表扬的学生美滋滋的，还给周围同学做了个鬼脸的样子，我知道，他那是在体味成功的快乐。有一次在课堂测试中出了10道选择题和1道材料解析题，有个学生10道选择题错了8个，材料解析题竟然一问都没有做对。我在给他讲题的时候说："你其实很聪明，10个题中有2个是最难的，你都做对了，简单的做错了，说明你太马虎了。"这要比"10个题你怎么做错8个呢？"的责难所起的效果强百倍！虽然材料题答得不着边际，但我没有就问题而论问题，而是发现他的字写得很规整，我说："学文的字写得规范是答好题的重要一环，判卷老师如果看到你这样规整的字，自然也会给你几分感情分。"接着给他分析讲解依据材料回答问题的方法……让学生在成功的良好感觉下轻松愉快地飞翔，这是何等惬意的心境呀！如果学生每天都在压抑中缓慢爬行，又是多么痛苦呢！

我承认人与人之间有差异、班与班之间有差异，所以从不轻易把自己的学生与其他班学生比。盲目、不切实际的比较会伤害学生的自尊心。哪怕是虚荣心，都需要我小心翼翼地呵护。我诚恳地向学生坦言："咱们不与别人比，只与你自己比。"在各种类型的考试过后，我往往忽略的是学生在年级或班级的名次，重视的是他自身的提高，即便是总分没提高而个别科目提高了，也要抓住机会鼓励一番。有个学生数学成绩从一开始的30多分，后来能考60多分，我诙谐地说："底子薄，速度快，这就是'有中国特色的社会主义'！"

当学生取得进步的时候，明确表达自己的高兴，让学生感受我的心也在飞扬。记得有个学生，平时学习非常刻苦，态度颇为认真，可就是在考试时成绩不理想，这使他非常困惑，陷入深深的自我怀疑之中。在一次模拟考试中，他的成绩有了大幅度提高，在办公室里我紧紧握住他的手："天道酬勤，耕耘必有收获……"我还写了1首诗在班会上送给他："学业维艰坎坷多，心中甘苦不必说。大器晚成再磨砺，儿时梦想终收获。"当他考上大学后激动地对我说："老师，那次您在办公室的鼓励，滴水藏海；紧紧抓住的不是我的手，而是我的自信。"

据说生长在美国加利福尼亚州的红杉树，是世界上最雄伟的植物，可以生长到110米高，但是红杉树的根却浅浅地浮在表层的土壤中，这样的个体很难抗拒风雨侵袭。当一片红杉树长在一起，根部紧密相连，就能抵御狂风暴雨，屹立不倒。抓好班级建设，班主任老师"独舞"跳得再美也缺乏力量，把各科老师协调起来，集思广益，众人划桨开大船。崔占国老师既是年级处主任又是政治老师，主抓文科教学，她有经验有魄力，精明强干；刘桂敏老师诗情画意的语文课；张秋成老师充满魅力的数学课；徐占山老师把地理课变成磁石；张晓东老师把英语课变成乐园。同时年级处薛营顺主任的指点迷津、王福义书记兄弟般的关爱，这都是我克服困难的动力。他们经验丰富、方法得当，能紧紧抓住学生的心，这些有利的条件为我所用，帮助我出谋划策，齐抓共管。那封感谢信确切地说，不是感谢我自己的，而是感谢我们大家的！像我们这样的 B 层班，竟有 13 人被大学本科录取，从不抱升学希望的 58.6% 到升学率为 82.7%，这全都是大家智慧的结晶。

曾有人戏言班主任是世界上最小的主任。是啊！它难有"力拔山兮气盖世"的神奇，但我有"不信东风唤不回"的耐心和韧劲。我无条件地去爱高三（18）班，在自己的言行中，区分积极与消极的尺度是态度，学习成绩不是唯一目标。真正让学生体会到：班级内人人是平等的，在老师的眼里是一样可爱。每次阶段考、期末或模拟考试，我都要一个个找谈话，从未间断，从不放弃任何一个人，而且第一个找谈话的，是成绩最不理想的那位学生。对学生的教育体现"人文关怀"，以自己人格魅力和亲和力去感染学生；以自己积极进取和奋发向上的激情去带动学生。了解学生、尊重学生、热爱学生，践行着"不敢妄为些子事，只因曾读数行书"的座右铭。

其实成功的教育没有捷径，它全部的秘诀就是真爱。有位教育家曾这样说："所谓真爱，就是把学生当成真正的人，尊重其人格，满足其需要，引导其发展。"我们需要的就是这种纯粹的爱、科学的爱、理智的爱。作为一名平凡的教育工作者，只有真爱学生，才能收获秋天的丰硕；只有在学生的心田播下真爱的种子，才能扬起他们希望的风帆。站在讲台上，我付出的是一种精神，而收获的多是一种境界！300 多个日子我曾身心疲惫；300 多个日子看着学生进步的步伐我又欣喜万分。这种痛苦与快乐的感觉就是幸福的另一层含义吧！来到美丽的平谷，把他乡作故乡，能为平谷的父老乡亲贡献微薄的力量是我的荣幸！进入平谷中学一年来，我热爱平中，融入平中。平中英明得力的领导集体是我坚强的后盾；平中高尚的师德群体陶冶着我的情操；平中严谨求实的教风激励着我的进取；平中浓厚的教科研氛围感染着我的心灵。桃李园中勤耕耘，愿将碧血化丹心！最后我要说：

"做老师是我的快乐！做班主任是我的快乐！做平中老师是我更大的快乐！"

报告会现场坐在台下的干部和教师

【此文系在平谷区中小幼全体干部和教师师德报告会上的讲稿，由北京市教育工会、北京市教育学会汇编，被收录在《为了每一个孩子的健康成长·教育成功案例》一书中，2005 年 3 月由中国人事出版社出版】

第三部分

文化引领育英才　精神追求绽奇葩
——做教师价值的追求

生命的尽头是精神，教育的深处是文化，正如德国哲学家黑格尔所说："人是靠思想活着的。"教师的天职是奉献，坚守与淡定是教师精神世界的信仰。高扬起教育理想的大旗，有乐教的境界、善教的智慧、仁教的情怀，追求理想的教育、幸福的教育、艺术的教育、愉快的教育、道德的教育。教育是一种职业，更是一种精神，精神的意义在于奉献；教育是科学，科学的价值在于求真；教育是艺术，艺术的生命在于创新。没有一种根基，比扎根于学生中更坚实；没有一种力量，比从学生中汲取更强大；没有一种资源，比赢得学生的心更珍贵持久。作为现代教师，需要进行一次思想与灵魂的再塑造，做一个"古色古香"、平静淡泊、精神高贵的真正知识分子。

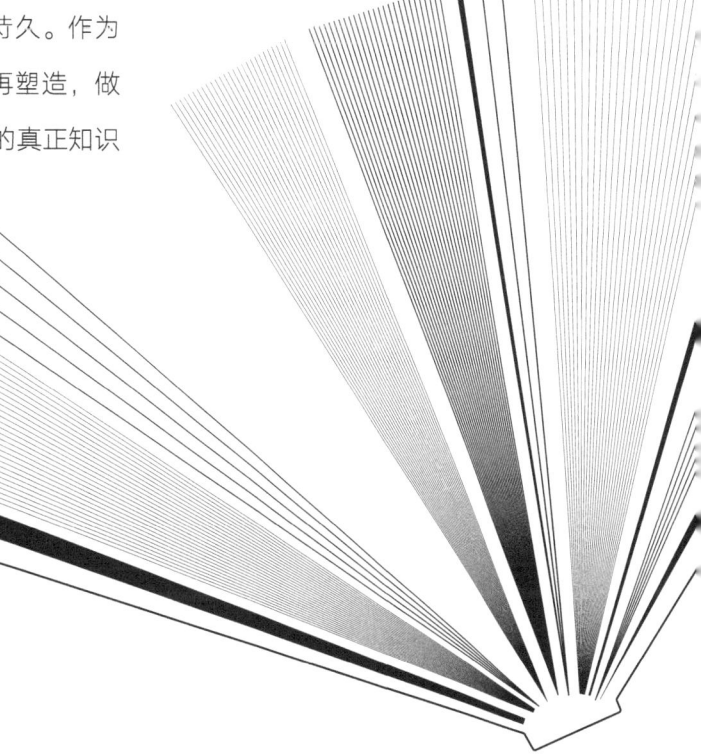

栽桃育李闲逸少，滋兰树蕙辛劳多

老师们，我们刚刚掸去高考的征尘，今天又披上新征程的战衣。今年我校高考取得骄人的成绩，正是我们全体教师发扬"脚踏实地的专注精神，吃苦耐劳的创业精神，敢打硬仗的拼搏精神，勤心敬业的奉献精神，顾全大局的协作精神，再铸辉煌的超越精神"的"高三精神"的诠释。今天是新学期高一年级全体教师大会，也是新学期工作思路的大会。对于新学期年级的工作思路，我想与各位老师共同学习、共同研讨、共同思考。

一、指导思想和年级目标

认真贯彻、执行学校的办学方针和政策，全面推进高一年级的教育教学工作。

教师的教学有针对性，学生的学习有方向性，打造平安年级、快乐年级、魅力年级、书香年级。打好坚实的学习基础、养成优良的生活习惯、培养健康的身心素质，为高二、高三顺利地教育教学创造条件，让合格考顺风顺水、高考风生水起。

二、提出以下几个问题

有两个问题在我的头脑中一直挥之不去：一个是分班；另一个是岗位竞聘。分班时，都希望有个负责任的班主任。竞聘的残酷与无情，让很多老师心有焦虑。其实这两个问题的核心就是一个：家长需要优秀的老师，学生需要优秀的老师，学校需要优秀的老师。分析高考成绩，虽然让我们倍感欣喜，但依然还有许多不尽如人意的地方，尤其是"学困生""心困生"的帮扶环节和力度还存在着很大的不足，这正是我们今后教育教学工作亟须改进和完善的着力点。提出以下8个问题，不知老师们是否反思过：

①为什么我们的老师早出晚归，而我们的教学效果不甚理想？

②为什么我们的学生孜孜以求，而他们的学习成绩提升得如此缓慢？

③为什么我们的老师专业水平较高，而学生的接受能力较低？

④为什么学生的学习兴趣越来越淡薄？

⑤为什么"堂堂清、日日清、周周清"只停留在理念里、口号中？

⑥为什么备课只备知识环节，而忽视对学生、学情的了解？

⑦为什么布置的作业只管留，而轻视批改、反馈、沟通？

⑧为什么教了半年或一年，甚或两年、三年而叫不出几个学生的名字？

如果能正确回答以上的为什么，或许我们就能破解教学过程中存在的诸多问题，或许我们就能少走弯路，或许我们就能事半功倍。上面问题的出现不可避免有社会因素、政治意志、教育政策的导向等原因，而这些原因我们难以改变，既然改变不了，那么就从改变我们的思想开始吧。

三、问题的认识

以上的 8 个为什么，概括起来就是：只管讲不管会；只管教不管学；作业只管留不管改；课只管备不管深浅难易；上课提问学生只管称呼前、后、左、右（男生或女生）而不管姓甚名谁。

①提高思想认识，把自己的工作确实当成一件惠及学生，功德无量的事业来对待。就拿记住学生姓名这件看似小事其实并非小事的事情来说吧。名字是一个人的记号，一种最简单、最明显、最重要的获得好感的方法，那就是记住他人的姓名，使他人感觉自己很重要。在西方，一名政治家要学习的第一课是：记住选民的名字就是政治才能。因为，对于一个人来说，名字是所有语言中最突出、最动听的声音，清清楚楚地把名字叫出来，就是对他的赞美，就会获得他人的好感。美国民主党全国委员会前主席、美国邮政总局前局长吉姆·法利曾说："记住人家的名字，而且很轻易地叫出来，等于给别人一个巧妙而有效的赞美。"诺贝尔和平奖获得者埃利·维瑟尔说：每个人都有自己的名字，每个名字的背后都有故事，这些故事构成历史。学校，何尝不是如此？学校是由独特的学生个体所组成的，每个学生都有自己的名字，每个名字的背后都有故事，这些故事构成学校文化。美国华盛顿州《优秀教师行为守则》第 1 条就是：记住每一个学生的名字。在帕夫雷什中学，全校六七百名学生，作为校长的苏霍姆林斯基能叫出每个学生的名字。与苏霍姆林斯基相比，自己觉得汗颜。美国著名心理学家马斯洛也说过：人都希望受到别人的尊重、赏识和承认。记住学生的名字，就是对他们人格的尊重，就是赏识、激励和爱。

②注重课堂教学方法的改进，在传授知识的过程中，更加注重学习方法的点拨与传授。"授之以鱼，不如授之以渔。"（"授之以鱼"只管一餐一饭，"授之以渔"才能解

决长久生存之计)"授之以金子，不如授之以淘金术"也是这个道理。

③授课水平高超，讲得精彩，头头是道，这是老师最基本的素质。但不能忽视学生的接受能力、理解能力、吸收能力是否与我们的授课技巧相匹配。超越了学生们的接受极限，当然收到的效果就是事倍功半了。

④我们不能回避学生对知识的渴求，学生对知识的好奇。要想办法把学生的学习兴趣激发出来，课上紧跟老师思路走，把学生紧紧地控制在你的思路之中，让学生产生意犹未尽、还想继续去探究的兴致，千万不能把学生的兴趣讲没了。这就需要我们的老师增强自己的学养、具有深厚的文化底蕴。

⑤"堂堂清、日日清、周周清"是多么好的理念。我们怎样去清？去清什么？不能清的时候该怎么去弥补？千万不要"积小患而成大祸"，千万要谨防"千里之堤，溃于蚁穴"。

⑥备课中知识的环节不能出错，这是最低层次的要求。学生、学情的环节如果被我们忽视，那只能是老师滔滔不绝，学生茫然无措；只能是老师在弹自己的曲，学生在找自己的调，曲调难以合拍，课堂还哪有生命？哪有和谐？哪有接受？

⑦作业是反馈我们教学效果的有效手段，只有从批改作业中，才能发现我们教学中存在的问题或疏漏。在学生的作业本上写出我们的批语，或鼓励或建议，都能对学生产生极大的积极引导作用。个别学生的作业能否面批？千万不要小看面批这一环节，它不仅是师生对知识的探讨，还能增进师生之间情感的交流与融合，耳提面命就是此道理。

四、问题解决的思路

①认清全区和我校的教育实情，增强教师的职业道德感。我反对"老师就得甘于清贫"这样的说法，但我赞成"老师应该有丰富的精神家园，老师应该有对教育守望的信念"。

②消灭课堂中只管讲课、不管学生的现象，更要消除管学生怕对自己的评教有影响的顾虑。事实证明：凡是对学生敢于管理的老师，不仅教学效果好，而且最能得到学生的好评。当"老好人"只能博得学生暂时的认可，长久下去，学生绝不会买账的。如果是这样，不仅毁了学生，也毁了自己。

③年级处、班主任、任课老师，多管齐下，齐抓共管，营造鲜活、浓厚的学习氛围。学生在课堂中出现了问题，先追究任课老师，再问询班主任。一定要改变"管理学生是班主任的事"的旧思想、旧观念。

④认真执行"周检测和月考"制度。命题—印刷—分卷—考试—分数登统环节严密、公正。周检测务必把卷子全批全改，发现问题及时解决，尤其是学习有困难的同学，老师要及时帮扶，做到不让一个学生掉队。月考后，把每个班级、每一科的成绩排名，作为考核的重要依据。还要采取座谈会、反馈会、抽样问卷等形式，追踪教情学情。

⑤班主任是班级的核心，是班级的凝聚力所在。形成怎样的班风和学风，班主任的引领作用极其重大。教育学生除了日常行为习惯养成之外，还要通过班会、座谈会、个别交流等方式，在学生中灌输理想教育、目标教育，尤其是要灌输：考上大学并不难，要考上好的大学并不容易。

⑥备课组长是学科组的核心，提高学科成绩，关键在于备课组长。备课组长的权威性、榜样性、示范性要最大限度地发挥出来。本组的老师可以先听组长的课，然后再上课。去粗取精，使自己的课堂教学臻于完美。

⑦新课程背景下的高考我们已经实践了，对于高考试题，我们要报着敬畏的心态去研究、去分析、去探讨。切忌抱着无所谓的态度、就是那么回事的眼光来对待。我们为之奋斗的目标就是让学生学会如何应对高考题。高一年级所学的知识在高考中占多大比重？高一年级所讲的知识要讲到怎样的深度？要求学生掌握到什么程度？这些都是要求我们在备课、上课、作业批改、与学生交流过程中有清醒认识和把握的。

⑧各位老师都要认真研究，如何做好初高中知识的衔接，如何实现高一学生尽快适应高中学习的转变。使学生不掉队、不厌倦。

⑨年级要不间断地会同备课组长，推门听课。

以上9点无非是让我们再多些责任心，备好课、摸清学情、把课上得出彩、留了作业多花些时间批改、对学习困难的学生我们及时推一把拉一下、花些心思与学生沟通。我们不是学生永久的拐杖，我们是学生的台阶、爬梯，是学生前行的导航仪、定位仪，是学生迷茫无助时候的灯塔、风向标。

学生发言有误，老师不责备，修正加激励；学生听课违规，老师不训斥，提醒加劝告；学生练习出错，老师不打"×"，问号加批语；学生主动质疑，老师不回避，肯定加赞赏。

教育学生是既复杂又重复的事情，我还是信奉：复杂的事情简单办、简单的事情认真办、认真的事情重复办、重复的事情创造性办。把我非常欣赏的一句话送给大家："不敢妄为些子事，只因曾读数行书。"只要我们尽力、尽心、尽职地投入，何愁学生的成绩提高得不快。

五、做最好的教师的几条建议

①教师不仅要会教，更要乐教。教学兴趣是教师对教学质量的保证。对教学有浓厚兴趣的教师就善于营造积极、和谐的课堂气氛，激发学生的求知欲，能使学生产生满意、愉快的体验，还会影响、感染学生，促使学生更好地接受新知识，进行创造性学习。在抱怨学生"就像一根木头似的""给这些学生上课真不来劲"的时候，应该反思自己的教学兴趣，找出解决问题的方法。教师首先乐教，学生才能乐学，两者有机结合在一起，才能取得最佳教学效果。

②教师要有高度的责任感。教师的威信，首先是建立在责任心之上。对全体学生负责、对学生的未来负责、对传授的知识负责。应该承认，教师的工作是辛苦的，日复一日、年复一年地处理大量平凡琐碎的事务，可能显得单调而乏味。但想一想，我们从事的是良心工作，我们做的事是公德无量的，心中的不平衡就会豁然开朗。

③做一个富有激情的教师。一个优秀的教师，是应该充满激情的。有了教师的教学激情，才会有学生们接受的热情，才会有课堂上师生双方如痴如醉、物我两忘的教学气氛。饱含情感的教学语言，抑扬顿挫、缓急有度的讲课声，鼓励的眼神，一句不经意的表扬都是激情的外在表现。教学需要激情，课堂需要激情。教师用激情的火花燃烧学生的心灵，培养富有激情的人才。

④教师需要有自身的人格魅力。教师人格魅力的力量是巨大的，对学生有强烈的感召力和凝聚力，可以给学生以震撼人心的影响和冲击。俄罗斯教育家乌申斯基说过：教师的人格对学生的影响是任何教科书、任何道德箴言、任何惩罚或奖励制度都不能代替的一种教育力量。法国文学家罗曼·罗兰说过：要播洒阳光到别人心中，先得自己心中有阳光。

⑤教师要有自我认同感。一个连自己都不爱的人，还指望谁去爱你呢？一个连自己都不认同的人，还能指望谁去认同呢？一个连自我价值都不敢承认的人，还要指望谁去承认呢？肩上的责任、心里的良知、职业的使命，需要我们有自我认同感。

心态比什么都重要。有一句话说得非常好："你改变不了环境，但可以改变自己；你改变不了事实，但可以改变态度；你改变不了过去，但可以改变现在；你不能控制他人，但可以掌握自己；你不能预知明天，但可以把握今天；你不能样样顺利，但可以事事尽心；你不能左右天气，但可以改变心情；你不能选择容貌，但可以展现笑容。"

"放开眼界全无碍，种好心田自有收。"毋庸讳言，教师难当，学生难教，个别家长还很难缠。但让我们感到欣慰的是，我们挣的是辛苦钱、干净钱，我们面对的是纯真的学生，我们从事的是积德行善的事情。"我们应该选择积极的角色进入生活"，这是魏书生老师的智慧悟语。德国诗人荷尔德林也说过：人，充满了劳绩，但还诗意地栖居在大地上。我们从事的是教书育人的职业，学生又是天真烂漫的，而书又是诗意的、芬芳的。

德国哲学家康德在《实践理性批判》中说："有两种东西，我对它们的思考越是深沉和持久，它们在我心灵中唤起的惊奇和敬畏就会日新月异，不断增长。这就是我头上的星空与心中的道德定律。"我想：教师头上的星空就是教育者和被教育者的纯洁；心中的道德定律就是恪守教育规律，提高自身修养，以学生为中心，对学生施以博大宽厚的爱。

六、具体工作的几个想法

①狠抓学生的常规管理，养成良好的生活习惯、学习习惯、文明礼貌习惯，使学生既有学识又有教养、既有文化又有文明、既有规则又有规矩。

②旗帜鲜明地禁止留长发、怪发；严禁把手机、随身听等电子娱乐产品带入校园、课堂、宿舍等场所。

③创设教学楼内安静的学习环境。严查教学楼内追逐打闹行为、成群结伙的聚集行为、拍篮球打羽毛球等行为。

④营造年级、班级的文化氛围。年级处每个月都要利用电子屏幕，推出每个月的文化主题：9月份是"我和学校有个约定"、10月份是"我爱学校我爱家、我爱班级我爱家"、11月份是"夸夸我的班主任、我的老师"、12月份是"感恩老师，感受温暖"。班级要制定班训、班歌。

⑤举办丰富多彩的文体活动，活跃学习生活氛围。例如，歌咏比赛、拔河比赛、篮球比赛等。

⑥举办各种学科知识竞赛。英语的单词竞赛和演讲赛、语文的朗读和演讲比赛，以及数学、物理、化学、生物的竞赛。发奖状、发奖品，激励先进，鞭策后进，形成浓厚的"比学赶帮超"的学习氛围。

【2013—2014学年度第一学期高一教师教学会上的讲话，2013年9月】

耐心浇灌，静待花开

本次月考是高一新生入学以来的第一次大规模考试，学生的成绩令我们不太满意。老师心目中想要的成绩没有达到，偏激者转而抱怨学生基础太薄、天资不够聪颖、学习习惯太差，更有甚者把学生的成绩差简单地归因成一个字：笨！急功近利者有之、哀怨悲观者有之、顺其自然者有之。其实，一个"笨"字怎么能说明问题呢？我想谈谈我的几点粗浅想法和建议。

①我相信，成绩只能说明过去，不代表未来的道理。但我们应该从过去的过程中了解学生的现状，反思教与学的不足。认真总结过去，才能开辟美好的未来。传递给学生以信心，才能教学相长。

②学生正处于转型期、迷茫期，师生正处于磨合期、适应期。在学生的转型期，我们是否能戒急躁，勿冒进，把正确的学习方法、思维习惯渗透给他们；在学生的迷茫期，我们是否能用爱心与耐心给他们指点迷津、拨正方向；在师生的磨合期，我们是否能多亲近学生，与他们多沟通，缩短师生间的距离；在师生的相互适应期，我们是否能换个视角、换个思维，用学生能接受的方式方法组织我们的教学。

③对于"学困生"，我们是否可以及时拉他们一把、推他们一下、与他们谈一次心、给他们一个笑脸、送他们一句鼓励的话、共同解决一道课业难题……不要吝啬你能给予他们的。或许你一次温情的谈心、一个期望的笑脸、一句让人振作的话语，就能产生无穷的动力，就能帮助他们度过难迈的门槛。不放弃任何一个学生！牡丹固然华贵，芍药却因自己的独一无二向世界展开笑靥，我们怎么忍心拒绝它们的一番美意呢？赠人玫瑰，手有余香。

④不要再独霸课堂了，不要再独享话语权了。该讲的时候，我们就是滔滔不绝、思维缜密的演说家；该不讲的时候，我们就是视角敏锐、环顾课堂的观察家。沉默是金，守口如瓶有时未尝不是一件好事。讲练结合、讲思结合、讲义结合、讲评结合、讲忆结合……如此这般，做起来真的不那么难。留点空闲、留点时间，做个守望的"懒老师"又有什么不可以呢？师生的角色、定位把握准了，训练一群"勤学生"，能

使您少流多少汗水啊！大包大揽，只能事倍功半。

⑤课堂讨论、课堂分组学习是多么好的教学形式。我们是否能压住阵脚，收放自如有序？如果把讨论的课堂变成了"麻雀开会"、把分组探究学习的模式当成一种摆设，不仅得不到预想的效果，而且还影响了邻近班级的安静秩序，是否很讨人厌烦呀？

⑥要把讲台变成有魔力、有磁场的地方。不时地走下来巡视一番，你就会发现一些你想了解的问题，也使个别学生的精力能够集中起来。既满足了你，又提醒了学生，何乐而不为呢！

⑦别忘记：以教师为主导，以学生为主体，以问题为主线，以激发学生兴趣为主旨的课改理念；突出一个实字，落实一个改字，体现一个新字，鼓励一个活字的课改方针。课堂上能否做到低起点、小步子、多活动、快反馈。我们是否可以这样：选题精一点、要求低一点、过程性强一点、指导上实一点、鼓励多一点、参与面广一点。

⑧一个学生的青春只有一次，高中三年的教育将奠定和影响学生的一生，这是我们爱学生，对学生负责的出发点。教育的对象无法选择，只要是你所教班级的学生，都要真心实意、全心全意地爱他们，这是我们坚守的信念。

⑨做一个有思想的教师，做一个对教育有认识、有想法、有独立见解的教师。有思想的教师是一条永不干涸的河流，河的左岸写着"童心"，永远年轻的心态可以使学生像鱼儿一样在其中遨游；河的右岸写着"激情"，用心底潺潺的真诚和血脉中滚滚的力量充分享受着工作给自己带来的快乐，带领学生一起快乐地奔向梦想的远方……

尊敬的老师们，一年之计，莫如树谷；十年之计，莫如树木；终身之计，莫如树人。最初的播种需要滋润，您就是那从天而降的雨露；辛勤的耕耘祈盼明媚，您就是那播撒大地的阳光；迷茫的心灵需要激励，您就是那火红的理想；求学的航船远行千里，您就是那无穷的力量。人与人的沟通，手把手地进步，肩并肩地成长，把教育当成一种幸福的享受吧！

尊敬的老师们，新的征程才刚刚起步，只要我们有甘为人梯、乐于奉献的精神，静下心来教书，潜下心来育人，只要我们多一点责任心、多一点关爱心，我相信，您就是受学生爱戴、不愧本心的教师；我相信，一切都不是我们想得那么糟。

著名教育家于漪说得好："我一辈子做教师，一辈子学做教师。"从于老师的话里我们不难悟出：不满足是师德、师魂高尚的老师不懈追求。只有"为师从德至精诚"，才能"仁心艺馨溢杏坛"。

有一首《一点点》的小诗是这样写的，谨与大家共勉……（此处略）。

是啊，精彩在等待中绽放，美丽在等待中绽放。

【2013—2014学年度第一学期10月全体教师学情诊断分析会上的讲话，2013年10月】

教课就是教师用生命在歌唱

由流浪歌手组成的音乐组合演唱的《春天里》，在网络上走红，引起了很大的反响，甚至原湖南省委书记周强在省委常委中心组集中学习上，要求广大党员干部把群众的呼声作为工作第一信号。他举例道，最近互联网上流行的两位农民工歌手演唱的歌曲《春天里》，反映了农民工群体的真实心声，听来非常感人，这首歌多次让我热泪盈眶。歌词是这样的：

还记得许多年前的春天／那时的我还没剪去长发／没有信用卡没有她／没有24小时热水的家／可当初的我是那么快乐／虽然只有一把破木吉他／在街上在桥下在田野中／唱着那无人问津的歌谣／如果有一天／我老无所依／请把我留在／在那时光里／如果有一天／我悄然离去／请把我埋在／这春天里……

在网络上听完这首歌，恰是年级期中考试结束后。为了使老师的教学更有针对性，在全年级范围内进行了学生学情调查问卷，共收回问卷740份。在问卷中，反映了有很多学生对高中的学习生活是不适应的。作为人师，我在问自己：老师们是否应该对不适应的学生给予更多的关心呢？是否应该给他们一个"春天"呢？

一、学生学情问卷调查

【问题1】你对高中学习生活适应吗？

A. 适应	B. 基本适应	C. 不适应
14.9%	58.2%	24.7%

【问题2】如果你不适应，那么，是在什么方面？

A. 自己的学习方法和习惯	B. 课程的深度、难度	C. 老师的讲课方法和快慢节奏
21%	14.4%	15.9%

【问题3】老师布置下的作业

A．作业量适中，都能按时完成，但没有时间复习	B．作业量少，能轻松完成。完成作业后，还能有一定时间复习	C．作业量大，不能按时完成，根本没有时间复习
62%	11.1%	26.5%

【问题4】你有课后复习的习惯吗？

A．有	B．没有
29.2%	70.4%

【问题5】老师布置下的作业

A．能及时全部批改，我们也能及时发现学习中存在的问题	B．能及时部分批改，我们也能从其他同学存在的问题中找到自己的不足	C．有的学科不能全部或部分批改，我们不能及时找到自己的问题
30.3%	43.3%	26.2%

【问题6】当你学习中遇到困惑问题时

A．请教老师	B．请教身边的同学，因为没时间找老师或找不到老师
20.4%	79.2%

【问题7】你某个学科成绩不理想，平时或考完试后，任课老师

A．能及时找到我，帮我解决问题，给我鼓励，增强我的信心	B．偶尔能找到我，从老师的指点与鼓励中，我信心大增	C．从来没有得到老师的指点与鼓励，但我很需要老师的帮助	D．从来没有得到老师的指点与鼓励，但我不需要老师的帮助
32.7%	43.3%	19.3%	4.8%

【问题8】对于年级处、班主任的严格管理，你的态度是

A．赞成	B．反对	C．麻木
65.1%	4%	30.6%

【问题9】为了以后更好地学习，请你认真、诚恳、善意地提出你的建议或意见。

概括梳理学生的建议或意见，大致有以下几个方面。

（一）关注每一位学生

· 与我们交流，了解我们，及时发现我们存在的问题，给予及时的帮助。

· 尤其是成绩差的，多找我们谈谈、聊聊、指指、点点，我们需要。

· 老师多一些耐心、多一些鼓励。

（二）讲课与课堂

- 课讲得透彻些，深入浅出，切莫浅入深出，有的问题浅入浅出即可。
- 不要讲得太深奥。一定要让大多数人听懂了再进行后面内容，不要只顾一味地讲课。
- 课堂气氛好一些，不要太凝重、压抑。我们需要快乐地度过课堂的时光。
- 老师不要带着情绪上课，多些激情与活力，和蔼点、高兴点、微笑点。
- 希望老师讲课速度慢一些，不要只重课程的进度，我们跟不上老师的思路，不要认为我们对老师讲的问题都能理解，按我们的接受能力选择不同的方法授课。
- 课上讨论有时较好，有时很乱。花太多时间讨论，容易迷失方向。
- 老师不要总站在讲台上，要不时察看一下下面的学生究竟都在做什么。

（三）作业与复习

- 仔细更正学生作业中存在的问题。
- 有些作业最好留在课上完成，这样回到家里可以整理复习。
- 少留些作业，多一些时间复习；多指点一些复习方法，少一些枯燥的、简单的说教，使我们能够通过复习查漏补缺。
- 对学过的知识通过不同的方式给我们复习。留下的作业请给我们批改，不希望总是让自己研究讨论。

（四）自习课

- 不要讲课，实在要讲，就讲些共性问题。
- 也不要只顾在讲台上看电脑，不时下来看看学生在做什么。

二、问题·思考·建议

（一）许多学生还处于高中学习的适应期

从统计的数据和学生提出的建议或意见中，我们不难看出，学生目前依然处于过渡期、适应期、转型期，24.7%的学生不适应高中学习生活，足以说明问题，还有58.2%的学生属于基本适应。

在学生提出的建议或意见的话语里，我读出了呼唤、读出了呐喊、读出了歇斯底里。他们想得到老师的关注，有的是渴望、有的是期望、有的是盼望，还有的是恳求、是乞求、是奢求。大多数学生的一些要求都是普通的、朴实的，也是我们老师应该做的分内之事。多与学生聊一聊并非难事！教育就是用一颗心去唤醒另一颗心的过程，用一颗心照亮另一颗心的航程。

关注每一位学生，尤其要多提携成绩较差的学生，说崇高些，这是师德，说通俗些，这是我们职业所应具备的素质。记得柏拉图的《理想国》里有这么一段话：当某个人喜爱某样东西时，他是喜爱这样东西的全部，还是喜爱它的某个部分而不喜爱它的其他部分？对一位老师而言，你是热爱全部的学生，还是在关注成绩好的学生的同时放弃那些"顽劣""愚笨"的学生？答案当然是全部。做一位好老师要有耐心，教育是一个过程，它不会立竿见影。要有爱心，学生的心智并不成熟，出现问题是正常的，对学生的爱要始终如一。要有智慧，怎样才能培养出好的学生？除了耐心、爱心，更要有智慧。

不要再让学生乞求我们对他们施以关心和帮助了，分内之事我们有理由做好。不适应、跟不上课的学生本来内心就很痛苦、焦虑。一位身心疲惫的学生曾引用这句经典台词，描写自己的生存状态："世界上有一种鸟是没有脚的，它只能一直飞呀飞，飞累了就睡在风里，这种鸟一辈子才下地一次，那就是死亡的时候。"每每读到这句话，我的心都在颤抖。

（二）老师需要把课讲得透彻些，降低到学生能够接受的水平

其实这是老师的讲课与学生接受之间的不"匹配"。老师讲深了，学生不需要；老师讲难了，学生听不懂；老师讲浅了，学生听着不过瘾。老师掌握"火候"显得十分必要。深入浅出，那是技术与学识的体现，高屋建瓴，结果是"双赢"；浅入深出，那是给学生摆龙门阵、画八卦图，也无异于带着学生探迷宫、钻地道，最后学生只能是雾里看花、水中望月，老师孤芳自赏、怡然自得，结果是"双输"。浅入浅出，那是艺术与学养的体现，是老师驾驭知识本质与真谛的炉火纯青，是化复杂为简单、化繁杂为简约、化"腐朽"为神奇的妙笔，洞开一线，引领学生看见"洞"外的清风明月。

（三）站在讲台上，我们是导师，而不是法官、警察

用幽默、智慧、富有哲理的话语打破课堂的沉寂，使学生在轻松快乐中体验学习的乐趣。把课堂变成：师生互动、心灵对话的舞台；师生共同创造奇迹、唤醒师生潜能的时空。课堂是向着远方挺进的旅程，教师把美丽的图景展现给学生；课堂是向每一颗心灵都敞开温情怀抱的场所，学生享受着平等、民主、安全和愉悦，而不是被无情打击，甚至会遭到"法庭"式的审判；课堂是点燃学生智慧的火把，让学生走出教室的时候仍然面对问号、怀抱好奇……如果把学生的兴趣教没了，哪还有课堂的高效率？

（四）带着情绪上课，既黯淡了自己的心情，也传递给学生以压抑

在心理学上，有一种著名的"踢猫效应"：一位父亲在公司受到了老板的批评，回到家就把在沙发上跳来跳去的孩子臭骂了一顿。孩子心里窝火，狠狠去踢身边打滚的

猫。猫逃到街上，正好一辆卡车开过来，司机赶紧避让，却把路边的孩子撞伤了。"踢猫效应"描述的是一种典型的坏情绪传染，人的不满情绪和糟糕的心情，一般会随着社会关系链条依次传递，由地位高的传向地位低的，由强者传向弱者，无处发泄的最弱小者便成了最终的牺牲品。

综观我们的课堂，除了正当的批评，一些教师的情绪失态，一些体罚或变相体罚现象，不少都是"踢猫效应"的反映。因为教师是一个非常辛苦的职业，不仅劳力劳神，还背负着来自学生、家长和社会的压力，当教师遭到领导的批评，与同事、家人之间产生矛盾，或者生活上遇到难题时，如正赶上上课，学生往往成了出气筒，轻则阴云密布，重则暴跳如雷，似乎看每个学生都不顺眼，这便是俗话说的"找茬"。

佛经上有这样一则故事：有位高僧在外出云游前，把自己酷爱的兰花交予弟子，并嘱咐其悉心照料。谁知一天晚上风雨大作，弟子忘了将兰花搬回室内，原本开得正艳的兰花被打得七零八落。弟子忐忑不安地等待着师父的责骂。僧人云游回来，得知缘由，只是淡淡说了一句："我不是为了生气才种兰花的。"弟子从中得到启发，幡然悟道："胜人者有力，自胜者强。"那些在压力下能够保持风度、与人为善、宽以待人的教师，则让人如沐春风，时时让学生感到春天般的温暖。

我们正在构建和谐社会，但还是有那么多的不和谐。君必知：在这个浮躁、功利的社会里，男人抱怨、女人也抱怨；年轻人抱怨、老人也抱怨；乡下人抱怨、城里人也抱怨；忙的人抱怨、闲的人也抱怨；失去的人抱怨、得到的人也抱怨；贫穷的人抱怨、富有的人也抱怨；"草根"抱怨、当官的人也抱怨；失业的抱怨、就业的也抱怨……在一片抱怨声中，多少怨男怨女，惊了情绪，扰了生活，灰了意，冷了心。苍茫大地的沉浮，我们不能做主，但宁静心灵的家园我们还是能创造的。当今的世界，很多发达国家不再纯粹追求人均GDP了，而是追求"幸福指数"，因为幸福的滋味和体会与物质的多寡不是完全成正比的。我们的邻国尼泊尔，从经济指标衡量，是不发达国家中最贫穷的国家之一，但它是世界上幸福指数最高的国家之一。

删尽抱怨，我们心灵的家园就清净得只剩下天籁了，多么美妙！用心你是能听到的。其实，生活给予我们的并不少，我们觉得痛苦，不是生活太无情，而是我们太贪婪了。

现在很多人为了车子、房子等物质的东西奔命，但还是有不少人不去追求物质的东西，他们追求理想和真理，得到了内心的自由和安静。我们的老师不正是这样吗？

在薛瑞萍老师《给我一个班，我就心满意足了》一书中有这么句话，读完之后，我觉得说到很多老师心里去了："现在我发现，我连尽职都谈不上，我之所以努力，是因为除了教书，别的什么也不会。这一行再干不好，就只有喝西北风了，而且，我是那么贪婪地想得到尊敬。所以，我的敬业，骨子里透着自私呢。"

（五）设计作业还真是一门学问

作业不在于多而在于精，做一题能举一反三。对于学生反映作业多的情况，其实这个问题很好解决，就是把作业留得精练一些。

布置作业是教师教学过程的重要一环，科学地布置和运用作业，既能达到加深学生对所学知识的理解，提高运用的能力和水平的目的，又能比较准确地了解学生对知识的掌握程度，同时还能提高学生的学习积极性。

（1）作业是提高学生能力的一种重要途径

作业能使知识在运用中得到加深理解，在理解中对分散零乱的知识加以整合建构并综合运用，在运用中实现与生活实践密切相连，从而形成分析问题和解决问题的综合能力，在能力的提高中完成知识的升华与迁移。但任何事物都具有两面性，作业更是一把"双刃剑"。科学适量、灵活多样、针对性和实效性强的作业，不仅能起到提高学生能力的作用，并且还能够调动学生学习积极性。而一旦作业失控造成题海战术或生硬强制，不仅会造成学生的过重课业负担而影响学生创造能力的提高，更为严重的是会大大地限制和影响学生自主学习的积极性与创造性。在过量的作业训练下，学生会形成一种很糟糕的心态：凡是没有做过的题，似乎就不会做；凡是没有见过的事物，似乎就无法辨认，甚至做过了的题也不会做。因为学生成了做题的机器，头脑被各种试题形成的细节所占据。久而久之，学生会因为细节而淡忘了原理，淡忘了知识的整合与升华，造成学生只会死记硬背，而不会思考、分析和概括。因而作业不在于多而在于精，做一题能举一反三，触类旁通，能使学生明晓为什么要做这道题，做这道题要涉及哪些有关知识，如何在这些知识中寻找到解决本题需要的知识和方法。

（2）作业是教学评价的手段、互动的形式和沟通的桥梁

通过作业来评价教师的教和学生的学，通过作业来实现教师和学生的互动和沟通。既然是这样，我们就必须允许学生犯错误——做错作业或完不成作业，允许学生自主做作业。学生做错作业，说明学生的学习有缺陷；学习有缺陷，不是教师教得有缺陷，就是学生学得有缺陷，或者作业本身有问题——难、偏、怪等。寻找出这些缺陷并分析原因，继而采取措施补偿，正是我们要布置作业的目的之一。实际上，学生的学习过程就是一个不断犯错误而又不断改正错误的过程，不允许学生犯错误，就是不允许学生进步。学生完不成作业，一般不是作业量过大，就是作业过难，当然也不排除学生的积极性差或其他一些特殊原因。不允许学生完不成作业，就会堵塞这些信息通道，

失去信息来源,造成教学和指导的盲目和被动,甚至会迫使学生抄作业,造成学习品格上的缺陷,如果教师在教学行为上再有讽刺、体罚等不良做法,那就更容易使学生产生不良心理,把学生推到自信的对立面。我们常说要给学生更多的自主,自主应该包含着学生自主做作业的权利。教师布置的作业应该是一个动态的,可供学生选择的,做或不做、做多做少、做哪个题目,可由学生自主选择,只要他能说出所以然就行,如"我会了!""这道题我不会!""我做其他学科的作业了!""我补习了某方面的内容",等等。当然,对于那些因学习品质不良而不做作业或应该完成而没完成的学生,我们要进行批评教育。过去我们常说要解决差生陪读的问题,其实我们也要解决优生陪读的问题,为什么要让所有的学生做同样的作业呢?

(3)作业是调动学生学习兴趣的兴奋剂

学生做作业是一种创造性的劳动,从心理学上讲,当学生通过自己的努力完成一道作业的解答时,他会得到一种无比的成功感和喜悦感,这种成功感和喜悦感会进一步激励他付出更多的努力,获得更大的成功。因此,作业不但要难易适中、数量适当、富有灵活性,而且要富有创造性、趣味性和竞争性。所谓创造性,就是要不俗套、不照搬、不落入格式化。当前不少教师布置作业就是按本照抄照搬,没有自己的思想,没有自己的整体设计,而训练点又往往是单一的,且是本堂课学习的,因而学生做起来往往是依葫芦画瓢、生搬硬套就可以完成,难以激发起学生的兴趣。所谓趣味性,就是作业要不呆板,能激起学生的好奇心,要做到这一点,就要把所学知识与学生生活实际密切联系起来,通过作业使学生运用所学知识观察、分析生活现象,解决实际问题。所谓竞争性,就是要有挑战性和鼓动性,能激起学生的好胜心和战胜自我的信心。

总之,设计作业是一门学问。设计得好,能起到促进学习积极性、培养兴趣、提升能力的作用。设计得不好,不但不能提高能力,而且会损伤学生的学习积极性,这是很值得我们研究的。

首届全国教书育人楷模、上海市杨浦高级中学名誉校长于漪说:"一辈子做教师,一辈子学做教师。"也记得我的高中班主任老师的讲桌上有这么一首诗:"芭蕉心尽展新枝,新卷新心暗已随。愿学新心养新德,旋随新叶起新知。"后来我查阅一番,才知道这首诗是宋代学者张载咏芭蕉的诗。伴随着自己教学年龄的增长,我才渐渐明白了这首诗中"养新德"和"起新知"的精神与追求。其实这种精神与追求就是兢兢业业的教学精神,孜孜不倦的治学追求,坚持边教边学,锲而不舍。

"铸师魂、育师德、树师表、正师风、练师能"绝不是空洞的口号,我觉得这正是教师的信念、教师的思想、教师的语言、教师的习惯、教师的服饰、教师的微笑。教师每天带着"一颗爱心、一个微笑、一份激情"这三件宝贝走进教室，也绝不是什么难事。

"学问勤中得，萤窗万卷书。"能够专心致志地沉浸浓郁、含英咀华，本身就是很快乐的事。相对于身体的行走，我们因特殊的职业注定要喜欢精神上的行走，即让思想在脑际上行走、让激情在心弦上行走、让笔尖在稿纸上行走、让指尖在键盘上行走。

把教育作为一种职业，其价值在于谋职和生存；把教育作为一种事业，其价值在于兴趣和情感；把教育作为一种科学，其价值在于探索和研究；把教育作为一种艺术，其价值在于推陈和创新。

【2013—2014学年度第一学期高一期中考试教师分析会上的讲话，2013年11月】

教师不仅是一种职业，更是一种精神

一、落实出竞争力、落实出生产力、落实出创造力

踏实勤恳，把本职工作落实到思想信念、精神价值之中，最大限度地摆脱社会上心浮气躁的负面影响，坚守教师的责任和使命，坚守教师理想天职的精神家园，坚守教师心灵中的信念和信仰，实施"有为"教育。

什么是落实？落实就是将目标达成的过程，即把口头上讲的、纸上写的东西，付诸实施，并达到预期目标。落实是一种观念、一种责任、一种意志、一种文化、一种有效的执行力；落实是将宏伟的蓝图变成现实的"工具"；落实是由现实的此岸驶向成功的彼岸的舟楫。

落实应该是一个动词，载着人们大步前行。所以落实出竞争力、落实出生产力、落实出创造力。

那么如何才能做到"用心落实"呢？其一要对工作满腔热忱，激情万丈。忠于自己的职责，忠于自己的事业。其二要不惧困难，百折不挠。要着力为成功找方法，锲而不舍，不达目的决不罢休。其三要自动自发，完善细节。用心去落实的人，总是会努力跨越，追求卓越。只要我们用心去落实，就会把工作做得尽善尽美，就会像把信送给加西亚的安德鲁·罗文那样没有借口而着力执行。凡是能够用心落实的人，就会成为团队中最出色的一员。

美西战争（1898年美国与西班牙之间爆发的战争）发生后，美国必须立即跟古巴的起义军首领加西亚将军取得联系。加西亚将军在古巴丛林里，没有人知道其确切的地点，所以无法写信或打电话给他，但美国总统必须尽快地获得他的合作。怎么办呢？有人对总统说："有一个名叫罗文的人，有办法找到加西亚，也只有他才能找到。"他们把罗文找来，交给他一封写给加西亚的信。罗文拿了信，把它装在一个油布制的口袋里封好，吊在胸口，划着一艘小船，4天之后的一个夜里在古巴上岸，消失于丛林中，接着在 3 个星期之后，从古巴岛另一边出来，已徒步走过危机四伏的国家，把那封信交给了加西亚。他送的不仅仅是一封信，而是美利坚的命运，整个民族的希望。这个送信的传奇故事之所以在全世界广为流传，主要在于它倡导了一种伟大的精神：忠诚、敬业、勤奋，正是人性中光辉的一面。有关如何把信送给加西亚的故事，通过《致加西亚的信》这本书，在全世界广为流传。"送信"变成了一种具有象征意义的东西，变成了一种忠于职守，一种承诺，一种敬业、服从和荣誉的象征。

二、教师不仅是一种职业，更是一种精神

不久前，河南省"高中教师全员岗位远程培训"项目网站上，一篇学员博文引发了大家的关注。读后，引发内心更多的思考，这篇博文是这样写的：

"你是搞教育的？不，我只是个老师！

你是人类灵魂的工程师？不，我只是个老师！

你的工作是天底下最光辉的职业？不，我只是个老师！

你是辛勤的园丁，你是吐丝的春蚕，你是化泪的蜡炬？不，我只是个老师！

我有我的无奈，我承认有些学生的成功并不是我的功劳，他有天生的智慧，我只是点拨了一下；有些学生的失败也不是我所能左右的，我用尽了全力，可还是一无所获。有些家长放弃了，学生自己放弃了，只剩下老师还在努力想改变点什么的时候，这些老师们显得多么无助，真不知道那点成绩的提高到底能给自己带来什么……

忽然想到一句话：教育不是无能的，教育不是万能的！我只是个老师。"

读完博文后，网上议论、评论此起彼伏，莫衷一是。同为高中教师的我很佩服这位老师的勇气，他说出了许多同行想说而不敢说的话，也道出了当代中国教师尤其是高中教师的现实困境。轰轰烈烈的素质教育旗帜下，我们往往在身不由己地从事"扎扎实实"的应试教育。

然而，一个教师如此，许多教师如此，如果每一个教师都这样想、这样做，结果又会如何？

陶行知也只是个教师，但他却能够"捧着一颗心来，不带半根草去"，为民族教育事业鞠躬尽瘁，死而后已。苏霍姆林斯基也只是个教师，但他二十年如一日地阅读、思考、实践、改革，成为享誉世界的教育大家。他们就在与我们没有多少差别的课堂上，用自己的行动践行着这样一条真理：一个教师，一年可以影响几十个人的生命成长，一辈子可以决定几千个人的生命价值和质量。

有人说，我一个人做了，能改变什么呢？我想，火烈鸟迁徙的故事或许能对我们

有所启发：

每当需要迁徙的时候，总会有少数火烈鸟率先飞离湖面，拉开迁徙的序幕。然而，它们的行为并没有引起其他同伴的注意和反应，于是这一小群先行者只好又飞回湖面。然而，这些先行者绝不会放弃。第二天它们会继续起飞，并会吸引更多的火烈鸟，然而最终它们还是只能再飞回来。同样的尝试会持续好几天，每次都会有更多的火烈鸟加入，但大迁徙的计划仍一再搁浅。总有一天，情况会完全改变：当那些先行者再次挥动翅膀后，虽然马上跟随它们的火烈鸟仍只占少数，但它们的行动已足以起到决定性的作用。数千只火烈鸟同时挥动翅膀，壮观的大迁徙正式开始。由少数先行者导引的大迁徙能应付食物短缺和环境变化，使得火烈鸟这一种群已在地球上成功繁衍生息了3000万年。

从那些火烈鸟的先驱身上，我们可以受到鼓舞。我们不奢求通过一己努力，便可以改变并不如意的环境，但身为教师，我们不应该在不良的教育现象面前背过脸去，只做着理想教育的美梦。的确，教育不是万能的，但清醒之后的我们更要行动，中国教育改革更需要的是主体高度自觉的教师行动。

我是谁？我身在何处？我为什么活着？这些一直回旋于思想者大脑的追问，仿佛已经彻底与我们无关。

的确，很多时候我们不知道怎样面对我们内心的道德法则和浩渺的宇宙秩序，原因之一在于，我们已经迷失了自己或失去了面对自我的能力。在自我异化和相互异化的过程中，我们两手空空，竟然不知道怎样面对曾经给我们带来无限丰富联想和诗意的星空。在我们被物质主义如风卷残云般席卷的现代生存状态下，我们已经变得一贫如洗，但我们却保持着一副骄傲而无知的面孔，忽视或忘记了我们头顶的星空和来自内心的道德法则。

作为一名教师，除了要时刻面对内心法则和宇宙秩序之外，我们每天所要面对的还有另一个特殊的宇宙，即学生的笑脸和他们丰富而纯洁的内心。学生的笑脸和内心是比物质宇宙还要丰富千万倍的精神宇宙。这也是教师与其他职业最大的不同之处，因此，教师被称为太阳底下最光辉的职业。在一个价值失衡的时代，我们应该如何把教师这一职业还原到人类灵魂工程师的原点位置？时代对教师最大的考验不仅在于保持自身的纯洁精神，而且要在物质主义风沙中，搀扶起一个个时刻面对物质主义风沙的弱小心灵。

要想成为一个好老师，一定要做到脚下有地、头顶有天、眼中有人。脚下有地，就是要深入学生生活，与学生的命运融合在一起，用饱含热情的笔描绘学生的前途；头顶有天，就是一定要有教育理想，有教育信念，有教育志向，有高尚的教育道德操守；眼中有人，就是要倾情服务于学生，与学生心心相印，忠实地做学生的领跑人。

教师不仅是一种职业，更是一种精神。《后汉纪·灵帝纪》中说："经师易遇，人师难遭。"做教师，不但要有渊博的知识，有原创性、开拓性、前沿性的学术成就，更要做到文以载道，将知识和品格完美结合，成为知行统一的典范，成为"经师"与"人师"的统一。

做教师，有较高的专业知识水平是职业的基础，同时更需要大德和大道，这是师者的灵魂。大德就是教育理想，是我们奉行的价值观念；大道就是要把学生培养成富有理性、行为高尚的人。明大德者方能行大道，行大道者，则必须克服心浮气躁，以"十年树木，百年树人"的淡定心态，在教育学生上下恒久的功夫。

"向前走吧，沿着你的道路，鲜花将不断开放！"让我们带着泰戈尔的鼓舞走上行动之路吧。

三、让我们的心灵小康起来

这几天，我接连听到几个故事：

其一，是一个女孩，从大二开始到毕业后参加工作，整整11年没回老家看过父母，其理由是当年离家时抛下的豪言——不混出个人样决不回家。她所理解的"人样"，是包括有车、有房、有如意郎君和好工作，说白了就是有让父母向亲戚朋友们炫耀的资本。于是，11个春节，她都是在凄清冷寂的状态下度过的。11年，她和她的父母错过了很多亲切而温暖的东西。

其二，是我亲戚的儿子，大学毕业后，被一家外企录用，他为了不让同事们瞧不起，在买不起手提电脑的那段时间，愣是用电脑包装着一块菜板，每天上下班背着，走了差不多半年，直到攒钱买到手提电脑。我不明白，每天背着沉重的菜板走在上下班路上的他，究竟是什么样的感受，但我总觉得，这样的举动，太不可理喻。而他对我的不可理喻，也表示出程度相近的不可理喻，他说："你没在那里待过，体会不到没有好电脑如同没有穿裤子一样的痛苦。"

其三，是我很久之前的学生，在国企当老总，被各种宴请搞得快发疯了，作为一个"三高"人士，他的各项健康指标已亮起红灯，而他的妻儿，也因经常无法和他一起吃家庭餐而颇多怨言。他是在我随口说哪天找时间聚聚时，倒出以上苦水的。他甚至无限苦恼地说："现在我觉得，谁对我好，就是不请我吃饭，让我在晚饭之前能回家。"

以上3个风马牛不相及的故事里，有一种让人闻之骨寒的东西，我姑且将其称为"与小康社会不相符的心理状态"。这种心理状态，大多数时候都是隐性的，但它会主导人的喜怒哀乐，甚至使人干出惊天动地的事情来。比如像第二个故事里的愣小子，一个月3000多的工资，虽不足以致富，但养活自己并培养自己继续学习和发展的机会是完全有的。但就是因为心里亟欲让人觉得他和别人一样，而努力隐忍着，让自己成为别人，而其间忍受的苦恼，在我看来是完全不必要的——我不相信哪家企业，会无良到把没有手提电脑的人开除，而让他痛苦不已的，是他自己的感受。

第一个故事里那个女孩最终回去见父母没有，她的父母多年未见她，其心境是想念还是愤恨，都不得而知。但可以确知的是，他们失去的，是天伦之乐，是一种生活，而这种东西，往往是他们眼中的"成功人士"所欠缺和向往的。第三个故事里那个年薪过百万，有好房有豪车的老总所向往的，也只是一种平静安定、相亲相爱的生活。

多数人的生活已小康起来了。其过程颇有点像一个寓言：一群乞丐被关在饭馆门外，饿得眼睛发绿。突然有一天，饭馆老板宣布，大家可以进来吃饭，免费管够。当时的场景是可以想象的——争抢、抓扯、用手抓用衣服包，也不管什么吃相，不管什么食物，都薅一把在怀中再说，唯恐老板猛然宣布停止供饭，好日子戛然而止。

但老板并没有宣布停止，而是宣布无限量长期供应。这样一来，抓在手中的粉条或抱在怀中的红烧肉，就显得不那么好看了，大家紧张感消除后的第一反应，是收起不雅的吃相；第二反应，是提升档次，要求老板来两杯能提升就餐精神感受的酒。而酒杯在手，发现手上、脸上、身上的油渍斑斑，本能的愿望，就是换衣服；而一旦好衣服上身之后，自己的吃相和做派，也就不能不顾及了。一旦顾忌自己形象，并恬然面对食物的时候，他们也就不再是乞丐了，因为他们的心不穷了。

这个寓言所隐含的哲理，便是改革开放以来某些国人的心态变化过程。小康社会，不仅指的是物质，更指的是一种与物质相适应的精神状态。这种状态是闲适、安然和充满幸福感的，它不为物质所困，更不为身外之物焦灼，它是一种无论面对价高还是价低的东西，都能发现物质的本质，以及自己内心的真正需要，并安然乐享由此带来的快意。而不是计较它是否是名牌、价格贵不贵，是不是什么成功人士常用的。成功的标准中，物质方面的量化是有据可依的，发自内心的富足感，才是真正的富足。而富足感本身就是奢侈的，大多数人，终其一生，都在追逐它，一部分人，是因为它确实太远太难，无法企及，而更多的人，即使处于令人羡慕的富足生活中，却不知富足为何物。因为他们心灵中没有这种感知能力，他们永远无法安宁与满足，更难以真正"小康"起来。

英国莱斯特大学的社会心理学家们揭示出中国人幸福感下降的原因：

①爱攀比。比职位、比房子、比财富……比来比去，心中只剩下无法满足的欲望。

②缺乏信念。除了赚钱，人们不知道人生还有什么目标与追求。

③不善于发现阳光面。"只看到自己的不幸，忽略了自己的幸福""放大了别人的

幸福，缩小了自己的快乐"。

④不懂得奉献。乐于无私奉献的人越来越少，斤斤计较的人越来越多。

⑤不知足。有了房子还想换更大的，有了工作还想换更好的，有了钱还想赚得更多。

⑥相互不信任。

⑦过于焦虑。购房、子女养育、家庭养老、职场晋升、人际关系处理等都是"压力源"。这在更深的意义上表明，消费文化直接改变了人们内心深处的幸福观念，是当代中国人幸福指数普遍下降的重要原因之一。

黎巴嫩阿拉伯诗人纪伯伦说：我们已经走得太远，忘记当初为什么出发。

沈从文说：忠于你的生命，注意一下这一去不来的日子，春天时对花赞美，到了秋天再去对月光惆怅吧。一切皆不能永远固定，证明你是个活人，就是你能在这些不固定的一小点上，留下你自己的可追忆的一点生活，别的完全无用！

工作、事业取儒家态度，积极有为，自强不息；生活和名利则兼采道家、佛教思想——顺其自然，淡然处之，追求一种精神价值，这也是一种不争而争吧！

教师是知识分子，当大众趋于低俗时，我们应该提倡高雅；当大众趋于肤浅时，我们应该追求高深；当大众趋于功利时，我们应该坚守教育理想；当大众趋于平庸时，我们应该追求卓越精神；当大众变得浮躁时，我们应该坚持宁静致远；当大众趋于激进时，我们应该恪守正确的价值观。100多年前，法国大文豪雨果曾说："教育必须为社会的黑暗负责。"

老师们，注意教育中的6个细节：批评中充满善意；责怪中充满爱意；描写中充满赞扬；回忆中充满感恩；刻画中充满激励；叙述中充满风趣。

老师们，我们无法选择我们的工作，但可以选择我们的工作态度，进而享受我们的工作。乐教是一种境界，是理想的教育、幸福的教育；善教是一门智慧，是艺术的教育、愉快的教育；仁教是一种情怀，是道德的教育、完善的教育。

老师们，教育不仅是一种职业，更是一种教育精神，精神的意义在于奉献；教育是科学，科学的价值在于求真；教育是艺术，艺术的生命在于创新。

没有一种根基，比扎根于学生中更坚实；没有一种力量，比从学生中汲取更强大；没有一种资源，比赢得学生的心更珍贵持久。

《心曲——教师之歌》中这样唱道：愿将此生化作雨露，悄然落下滋润万物，也许一生耕耘含辛茹苦，却见花蕾绽放家园；愿将此生化作基石，执着坚毅铺就道路，也许一生默默无闻，却见知识化为力量。

【2013—2014学年度第一学期期末教育教学总结会上的讲话，2014年1月】

守望教育的美丽

题记：德国哲学家黑格尔曾说："人是靠思想活着的。"在浮华与躁动的年代，名利的刺激和激励或许只能一时、一事，闪耀出永恒光辉的是思想的笃定、信念的坚毅……

一、学生不可选择，就像我们每个人不可选择自己的孩子一样

刘东兴老师在教师会上讲话

如果非要选择，唯一的方法就是抛弃。孩子来到父母身边是生命的轮回，是父母的心头肉，无论优劣都舍不得抛弃；学生来到你的名下是教师教学生命的轮回，我们为了安身立命，又怎么能抛舍呢？摒弃一些抱怨，多一些关心与鼓励，尤其是学习困难的学生，更需要我们的搀扶。我们职业的责任、生命的价值就体现在把学习困难的学生搀扶到较高的层次上。冰心曾经说过：爱在左，情在右，在生命的两旁，随时撒种，随时开花。

现在有这样一句话："一个人如何才能住上别墅，吃上山珍海味，不是政府所能够关心的，也不是政府所能够解决的。但是，如何才能够让每一个人都有房子住，都有衣服穿，都有饭吃，才是政府所必须考虑并且要予以解决的。"班主任、科任老师治理班级也是同样的道理，不是看你的班级里有几个人能得最高分，而是要看你把班里最后几名学生的成绩提升了多少，"学困生"的思想状态转变了多少，慵懒学生的学习态度端正了多少。

二、铸造新形势下全新的教育理念

之所以把教育思想改称为教育理念，原因是：思想或现实或虚无，或奇怪或普通，

或遥远或近距，或想入非非或切合实际……总之，你尽可以放大地去畅想，但不一定有实现的基础和条件；而理念更接近现实，具备能操作的条件和可能。面对着我们日益熟悉的学情，基于我们自身的教情，我们应该有更具操作性的教学理念。

不可否认，学生在学习中得到的快乐已经缺失。学生缺乏自主学习的意识，缺少刻苦拼搏的精神，在学习中找不到快乐，这是共性，由彼推及自己的孩子，是否也有着同样的惰性？不得不承认，时代已经发生了巨变，我们当年奋发苦读的精神在如今学生的身上已经很难寻觅；"头悬梁，锥刺股""如囊萤，如映雪"式的古代学子勤学苦读的精神更是遥远的传说。意大利一位足球教练曾说："如果你给马拉多纳扔一个橘子，他会用脚接住，颠两下然后停在头顶。如果你给他儿子扔一个橘子，他会用手接住，剥了皮然后吃掉。"虎父犬子，这就是差别。事业还得继续，学子还得拿出耐心去调教，一味地抱怨于事无补。

苏霍姆林斯基曾经讲过一个故事：一位历史教师上了一节公开课，上得非常成功。课后，一位教师问他："您的每一句话都具有极大的感染力。我想请教，您花了多少时间来准备这节课？"那位历史教师说："这节课，我准备了一辈子。而且，每一节课，我都是用终生的时间来备课。"

可见，一个热爱教育并形成自己教学风格的人，一定过着"你中有我，我中有你"的生活，他和教育工作是一体的。多读书，备"我"的课，过着与教育亲密无间的生活，从中不断认识自己，发展自己，形成自己的教学风格，坚持自己的教育理念；以睿智的科学精神、高贵的人文素养、进取的创新意识、富有的学养情怀，调教让我们无奈的学子们，使他们在学习中找到快乐。正所谓"好雨知时节，当春乃发生。随风潜入夜，润物细无声"。

三、都说"医者仁术"，其实还有一句话，是"教者仁德"

"术"是专业技能，"仁"是爱人。医生治病，除了要有高超的医疗技术，还要有爱患者的"仁心"，与患者真诚地沟通，给予精神上的抚慰，有时要比"神丹妙药"更有疗效。老师也是如此，只有经常与学生沟通交流，了解学生的学习困难，才能"对症下药"。经常与学生沟通，要比抢时间、挤时间、占时间来传授知识有更好的教学效果。"上课来，下课走，其他时间影没有"，远离了学生，也就远离了想要的教学效果。心若沙漠，肯定连一根茅草也长不出来；心若沃土，再施以"仁德"的肥料，就能鲜花芬芳，就能生长参天大树。

四、大多数学生是顽皮，只有个别人属于顽劣

叶圣陶先生说：教育是农业而不是工业。的确，教育应像农业一样，需要一个缓慢的发展过程，需要很长的一段周期。每一粒种子都是有生命的，都需要精耕细作、悉心呵护，按照个体的不同进行不同的培育，而不能像工业一样批量生产，迅速出炉。农业上不能搞拔苗助长，教育工作也同样不能急功近利，不能只盯着结果，要盯住过程，要遵循教育的规律和人才成长的规律。教育的活力之源，来自教育过程中对人的尊重和关爱，来自通过创造性的教育活动，激发孩子们对世界的好奇和探索。教育的对象是一个个鲜活的人，他们有自己的思想、主张、爱好和知识结构，我们不应该把其看成有待加工的产品，更不应该把其看成考试机器，我们的教育只有在学生乐于接受、主动求知的情况下才能更加有效。因此，我们在教育中要更多地考虑"学生需要什么样的教育"，而不是"我们能提供什么样的教育"。我想，这些归结到一点就是要让我们的教育更多地充满人文关怀。在教学中，我们需要引导、启发学生通过自主学习、合作探究去发现问题、解决问题，而不是由教师来强力灌输知识。学生应该成为学习的主体，教师应当是学习活动的组织者和辅助者，要彻底改变"满堂灌""一讲到底"的教学方式，给学生留出足够的思考空间和自主合作探究的时间，使课堂教学在提高教学质量中发挥最大效益。

给顽皮的孩子插上梦想的翅膀吧！有梦想的孩子就有追求、有志向、有目标。梦想是学生飞翔的羽翼，拥有梦想的学生，长大后才能在天空中飞翔。现在给他们一个小小的梦想，长大后，他们回馈父母和社会的就是一个辽阔无垠的天空啊！

有这样一个真实的故事：在很多年以前，一个小男孩跟着他的父亲顶着太阳在地里干活。父子俩很热、很累，于是就坐在地头的树荫下歇息。小男孩出神地眺望着天边的云朵，父亲就问他："孩子，你在想什么啊？"小男孩说："等我长大了，我就不种地了，每天都待在家里，等别人寄钱给我。"父亲听了，哈哈大笑，对儿子说："孩子，哪有那样的好事！你这纯粹是白日做梦啊！"小男孩上学后，从书本上知道埃及有举世闻名的金字塔，就很想去看一看，他对父亲说："等我长大了，我就去埃及看金字塔。"他父亲这次可有点生气了："你赶紧做你的作业去吧，别再做梦了！"十几年之后，当年那个小男孩经过自己的努力成了一位畅销书的作家，他每天都坐在家里写作，报刊社和出版社源源不断地给他汇款，他后来也真的去了埃及，看到了金字塔。小男孩小时候的梦想，长大后全部实现了！这个小男孩就是著名作家林清玄。

五、追寻平凡工作中的快乐，守护教育的底线

2010 年被评为全国教书育人楷模的王生英，是河南省林州市横水镇卸甲平村小学的教师，37 年坚守，扎根山区小学教育。她的"三平精神"打动了无数教育工作者：平凡之中的伟大追求、平静之中的满腔热血、平常之中的极强烈责任感。

是啊，教师是平凡的，却不是平庸的。没有太阳的辉煌和山岳的巍峨，但可以是如水的月光、谦卑的野草、诗性的晚霞；可以是杏花春雨的江南、铁马秋风的塞北；可以是如泣如诉的埙曲、清亮婉转的笛声。只要你用心绽放，就会散发沁人心脾的幽香。

古希腊寓言家伊索讲过一个故事：有一天，伊索坐在沙滩上，有一个旅行者路过。旅行者问伊索："我来自城邦阿戈斯，去往哥林斯，你或许知道，那里的人们生活得怎么样？"伊索问他："你来自的那座城市里的人们过得怎样？"旅行者回答道："他们非常不幸，生活无聊乏味，人人都暴躁易怒、怏怏不乐。"伊索听后说："哥林斯的情况几乎一模一样。"旅行者听后，垂头走了。过了一段时间，又有一位旅行者经过。他停下来问伊索："雅典的人们过得怎样？"伊索照例反问这位旅行者："生活在你的家乡的人们生活如何？"旅行者称赞家乡的人们真诚善良、热情好客。伊索对他说："放心吧，雅典的人们也是一样，和善、友好，生活得非常幸福。"这位旅行者听后，昂着头，吹着口哨，继续向前走去。

这个故事同样适用于学生。如果学生总被人批评自私、无能、笨蛋，这个学生会不自觉地被这股力量牵引，渐渐变本加厉，负面评价会不幸应验。相反，当一个学生得到信任，经常被表扬，他会更加生气勃勃、幸福健康。老师对学生应该持有一种积极的信念。

教师要善于采摘一缕明媚的阳光，照亮孩子前进的方向；掬取一丝皎洁的月光，播洒在孩子稚嫩的心田。丝丝缕缕的爱，萦绕点点滴滴的平凡，闲适地笑看云卷云舒，惬意地聆听花开的声音。舒婷说："我简单，所以我快乐；我平凡，所以我丰富。"平凡的生活是丰富的，平凡的生活中，我可以尽情地享受幸福。教师要用平等的尊重和真诚的爱心打开每个学生的心门，每一扇门的后面都是一个宇宙，每一扇门的开启都是一个无法预测的未来。

社会的不公确实扰乱了我们的心境，但是，不管你有多大委屈，历史绝不会陪你哭泣，它只认你的贡献。

六、我们应该有"敬畏精神"

西方人把做好每一份工作看成是对上帝的敬畏,回归本心。中国台湾地区把"四书五经"列入高中语文必学的内容,其实就是教育青年人,在人人逐利的社会大环境里,洗涤心灵,"发明本心"。

中国有古语说:"举头三尺有青天""举头三尺有神明""不畏人知畏己知""人可欺,天不可欺"。在当今这个无所敬、无所畏、繁荣与危机并存的时代,应当树立三种敬畏的思想意识,即畏逝者如斯,生命短促,唯恐教书育人碌碌无为,有愧子孙;畏有负学校、学生、家长之望,有愧父老乡亲;畏不能成为学校教书育人之精英,有愧高尚职业之使命。

无所畏则必无所敬,无所敬则无所不敢为。一个无所敬畏的民族将是个可怕的民族,一个无所畏惧的人也将是个可怕的人。可以说,是否能从内心意识到并且时刻记住这一点,是每个人能否有所成就的前提。

粉笔书写人生风流,讲台化作千顷苗圃。既然选择了教师这一职业,就应勇敢地锤炼自己。我们只要用心血与汗水去浇灌,种子就能发芽,理想就能开花。人们都说学生是花朵,教师是园丁。其实,教师的生命也是一朵花,是悄悄绽放、默默吐芳、扮美人间的花。如果仔细聆听,你会听到生命的律动,会听到世界上最美妙的声音!

语文特级教师严寅贤有句名言:"甘为人师,善为人师,是老师的境界;专业自我发展、师德自我完善,是老师的追求;走进教室就兴奋,走进书房就安静,走进家门就温馨,是老师的幸福;远离社会奢华,舒张生命气度,是老师的崇高。"

投身教育即为家,滋兰树蕙应无涯。知行一体寻常事,桃李不言满庭花。面朝学生,静待春暖花开。

中国现代诗歌第一人穆旦曾说:我们站在这个荒凉的世界上,我们是20世纪的众生,骚动在它的黑暗里,我们有机器和制度却没有文明,我们有复杂的感情却无处可依,我们有很多声音而没有真理,我们来自一个良心却各自藏起。很多时候引用它都会觉得很贴切,但无论世事如何变幻,我们只有用一种淡定的力量,抗拒着现世的浮华与躁动,才能在教书育人的道路上一直延伸……

【2015—2016学年度第二学期高三第一次模拟考试全体教师分析会上的讲话,2016年4月】

修炼教育事业的真性情，坚守教育真谛的高信仰

为了更好地了解本年级的教情、学情，本学期我听了很多节课。这些课有的是推门课，有的是公开课，有的是招呼课。老师们在上课中还存在一些问题，如教语教情、教态教姿、教法教理、教规教趣等。我想把我的感受和体悟与大家交流，有则改之，无则加勉。

一、要毫不吝啬给学生多贴一些美丽标签

日本医学家江本胜写的《水知道答案》讲了一个关于水的情感测试实验的故事。他给一瓶水贴上不同的标签，结果发现水分子结晶竟然不同。当贴上赞美、感恩等让人快乐的、美丽的标签时，水分子结晶呈现出形态各异的美丽的图案。反之，当贴上痛恨、责骂等让人生气的标签时，水分子结晶非常混乱或像受委屈孩子的脸，呈现出一副杂乱、恐怖的图像。

从这个故事中，我们应该深受启发。在我们平时的教育教学实践中，在"恨铁不成钢"的心情下，动辄就讽刺、挖苦、呵斥、惩罚，习惯于给学生贴上"抱怨的标签""批评的标签"，或者"强迫的标签"，而对学生的"美丽标签"却视而不见。

我们不妨多一些"美丽标签"贴在学生的身上。

首先，多设一些"尊重的标签"。著名教育家爱默生说："教育成功的秘诀在于尊重学生。"研究、了解、理解高一学生的年龄特点、性格形成和养成的特点、对知识接受和感悟的特点，这是尊重的前提。然后进行有针对性的教育，不漠视、不疏忽、不放弃每一个学生，少一些抱怨标签、批评标签或强迫标签，多一些自我审视、检讨和修正。

其次，多设一些"耐心的标签"。顾及学生身心变化和学习需求的变化，不盲目借鉴、沿袭、重复原来的解决方法，不凭借自己以往的经验对待眼前的问题。用我们自己的"耐心标签"细致地粘贴各种育人技巧，用心挖掘积极价值，精心把握教育时机；用自己的耐心、细心、诚心去感染、激励每一个学生，以此调动学生的各种积极因素，

促进学生快乐学习，健康成长。

最后，多设一些"表扬的标签"。学生喜欢表扬，更需要表扬。从点点滴滴之处发现、挖掘学生的闪光点，用放大镜找学生的优点，适时、适度抛出表扬的标签，让学生在鼓励中发扬成绩，在微笑中认识不足，在轻松愉快的氛围中逐渐激发学生的荣誉感和自信心。反之，如果总看到学生不好的一面，哪壶不开提哪壶，专拣学生的缺点、短处来教育，这样做极易引起学生的对立情绪和逆反心理，既不利于改正错误，也不利于学生的身心健康。多一些肯定少一些批评，多一些表扬少一些挖苦，多一些奖励少一些惩罚，往往会起到"润物细无声"的效果。

学生需要不同形式的教育，也需要不同程度的帮助。我们应该多从自身的育人素质与理念、方式与方法等方面去反思，从学生的共性与个性差异、兴趣与情感等因素上多分析，多学一学，多试一试各种各样、丰富多彩的"美丽标签"，通过欣然地接纳、平等地对待、真诚地欣赏、持久地鼓励、良好地沟通、耐心地等待和不断地创新，在"美丽标签"的教育中达到良好的育人效果。

如果孩子总被人批评自私、无能，这个孩子会不自觉地被这股力量牵引，渐渐变本加厉，负面评价会不幸应验。相反，当一个孩子得到信任，经常被表扬，他会更加生气勃勃、幸福健康。

老师对学生应该持有一种积极的信念。

二、警惕不经意的隐性不尊重

【案例一】数学课上，教师让一名女生到黑板上解答一道练习题，女生没有解答出来，又叫一名男生到黑板上解答，男生完成题目后，教师点评。其间，那名女生一直被晾在讲台的一边，教师没有给予任何指导或帮助。女生回到座位后，整节课都没再抬头，直到下课。

这不是一个简单的教学方法问题，而是教师对学生的学习活动是否尊重的问题。这名女生会不会从此以后对数学就不再感兴趣了呢？这件事情会不会影响到她的学习心理呢？很难讲。

【案例二】生物课上，教师提出问题后，一名学生迅速站起来作答，可惜回答错误。这时，教师对着这位学生说："×××，你以后不要抢着回答问题，十回有八回是答错的！以后好好思考了再回答。"

有的学生沉稳，有的学生外向，有的学生思维虽慢但缜密严谨，有的学生思维敏捷但有时不够准确……这就是学生的个性差异。教师的教育教学要尊重学生的个性差异，要为每一位学生提供有针对性的指导和帮助，而不是简单的批评和指责。

【案例三】物理课上，一名男生特别活跃，每次教师提出问题他都踊跃举手。可是，大半节课过去了，这名学生却没有获得一次回答问题的机会。后来，他不再举手了，一副被冷落失望的神情，听课也不再那么专注了，有时趴到课桌上。

尊重和保护学生的学习积极性和主动性，是每一位教师都要关注的事情。这名学生回答问题的积极态度教师看不到，是什么让教师如此冷落这名学生？不得而知。请问这位教师，你是否知道班级里的每一名学生都有平等的话语权？

【案例四】一次公开课上，教师让班里一名非常腼腆、内向的女生回答了一个问题。当这名女生回答正确后，教师说："×××同学就是胆子太小，这不回答得很好吗？以后要改掉胆子小的毛病！"

班级里经常会有一些弱势的学生，尊重可以让他们树立自信，产生希望。可是，这位教师的做法是尊重学生的表现吗？能够帮助学生克服弱点吗？恐怕是适得其反吧。

【案例五】化学课上，一名女生和一名男生发生争执，教师在课堂上把两人都狠批了一通，而且言语过激，致使女生情绪波动很大。

教育教学过程中，经常会有学生犯错误，如何对待？我们常常会看到一些教师伤害学生的现象。其实，犯了错误的学生同样需要尊重。对待犯错误的学生，我们在采取惩罚教育时，也要体现出教师对学生的爱心与责任，这既是教育的目的，也是教育的智慧。

教师尊重每一位学生不能仅仅停留在口头上，应该落实到每一个教学细节之中。教师不能把学生当成操纵、控制的工具，要把学生当成和我们自己一样的人来看待，将其看成一个自由、独立、有尊严的人。教师要尊重学生的自尊心、尊重学生的个性、尊重学生的权益、尊重学生的创造性思维活动。每一位教师都需要反思自己的隐性不尊重学生的行为，提高认识，查找原因，寻求对策。只要我们心里装着每一位学生，能够接纳、平视、理解和宽容每一名学生，师生之间就会架起一座心灵的桥梁，就会避免或减少不尊重学生现象的发生。

三、打造生命课堂、活力课堂，激发学生的学习兴趣

有这样两个故事。第一个故事是：有一个小孩特别爱吮手指头，屡禁不止，你越不让他吮，他越吮得来劲。为了不让人看见，他一个人躲在小角落里，吧唧吧唧地吮个不停。为此，父母伤透了脑筋。实在没有办法，父母就跟他说，允许他吮手指头，但要按规定的时间吮，吮不够时间还不行。于是，放学以后，他就在屋子里大大方方、高高兴兴地吮。可是有一天，他吮着吮着，噗嗤一声笑了，从此对吮手指头失去了兴趣。

第二个故事是：有一个小孩非常喜欢划火柴，一盒火柴，一不留心就会被他偷偷拿去划个精光，父母怎么也管不住。后来，他的妈妈就说："好啊，你愿意划火柴就划吧，咱们家所有用得着点火的事都由你来做。"之后，点炉子、点灯等事，妈妈都会叫他来干。不管他是正在家里津津有味地读书，还是正在外边与小朋友一起兴高采烈地玩耍，只要需要点火，妈妈都会打断他正在做的事情把他叫回来。没出两个星期，这个孩子就对划火柴这件事烦透顶了。

两个故事中，为了禁止孩子干某件感兴趣的事，父母都采取了相同的办法：让他们多干，催促他们干，并且在干的时候限制他们自由，直到让他们厌烦。读了这两个故事，我忽然想道：现在的学生讨厌学习，除了复杂的社会原因、教育体制原因之外，还有就是老师的原因。老师讲得过多、过细、过深，学生还没有读课本，老师就已经一条一条把知识列出来了，一股脑儿塞给学生，也不管学生能否理解、能否适应、能否掌握、是否感兴趣。教师可以发表自己的见解，但更应让学生发表他们的见解。当学生遇到困难时，教师可以适当点拨，但这个点拨不是直接把答案告诉学生，而是为他们提供一个思考的角度、一个研究的方法，为学生找到问题的切入点。这样，才能激起学生们探索的欲望、学习的兴趣。

为了不把学生的兴趣教没了，我们不妨做个"懒先生"。把课堂教学任务分解安排给学生，责任到人，让课堂上人人都有事做，把课堂真正还给学生，让学生真正成为课堂的主人。老师只是在引导学生如何把事情做完做好；鼓励学生，充分挖掘学生的潜能，调动学生的积极性和主动性；课堂上时时穿插对学生好的表现、好的习惯的表扬，及时肯定，给学生以积极的评价。善于发现学生的闪光点，在合适的时机加以点燃，促成星星之火，可以燎原之势；尊重每个学生的人格，尊重每个学生的能力和基础，帮助学生找到通往成功的起点。

中国古代军事家在选拔军官时曾把人分成四类：智慧但懒惰的人可以做将军；智慧而勤奋的人可以做参谋；又笨又懒的人可以做士兵；又笨又勤奋的人只会添乱，这样的人最要不得。可见，"懒"得恰到好处也能成为一种才能。

要想成为最好的老师，学会用心做一个"懒先生"，何乐而不为呢？要想做个"懒先生"，自己思想要放开，对自己的学生要放心。现在学生获取知识的途径有许多种，老师课上的言传身教只不过是其中的一部分，过去那种"师傅带徒弟"的方式根本不能适应现代教学，因为，教师在知识总量上和学生相比，占的优势大不了多少。现在课堂教学最需要考虑的是怎样把学习的方法教给学生，让学生懂学习、会学习，一旦学生掌握了学习方法，有了好的学习习惯，就可能在较短的时间里获取大量知识。所以，教师要相信学生，放心大胆让学生充分发挥聪明才智，给学生一片天，你就会看到那里有七色彩虹出现。要想做个"懒先生"，课堂的教学形式要放开，要大胆采用丰富多彩的课堂教学、课堂管理形式。别再让老师讲得口干舌燥，满头大汗，学生听得昏昏欲睡，这样不符合教育规律，也偏离了教学的初衷，这样的"勤老师"只能培养懒学生。

四、发掘学生的想象力、创造力，有时不妨让学生来做教师

在对学科知识的理解和把握上，教师具有明显的优势，可以称之为"专业选手"，学生最多只是"业余选手"。但这并不意味着课堂就是教师的天下，因为学习是学生自己的事情，教师是无法替代的。

【案例】一位教师教学生物品分类。他让孩子们捡了树叶、小草和花朵，回到教室后把树叶分成一堆，小草分成一堆，再把花朵分成一堆，然后问学生："知道我为什么这么分吗？"没有学生回答。深感挫败的老师把物品重新堆在一起，问孩子们是否能将它们分成不同的类别，让老师猜猜他们分类的理由。孩子们把这些物品分成三堆，老师看了半天也找不出分类的特征。孩子们说："这一堆，它们的味道很浓；第二堆，只散发出少许的味道；最后那一堆，一点味道也没有。"老师感到自己不如这些孩子，问他们是否还能变换一种分类的方法。这次，孩子们将物品分成了两堆，说："这一堆，它们在湿季来临时最先生长；那一堆，要到雨季来临时才会开始生长。"

上述案例告诉我们，教师要始终保持一颗敏感的心，不要让思维定式阻碍教学。孩子们在对事物的分类中表现出一种将学习活动和他们的生活经验结合在一起的能力，只要你给学生机会，学生就会表现这种能力，而这正是学习的本质！教师不能墨守成规，而应以新的视野、新的观察角度看待所有事物；应该以开阔的胸怀面对各种可能的情况。教学生涯其实就是一段师生互相搀扶、永无止境的学习和成长的过程。

五、与时俱进，提升教师的文化底蕴，让我们的课堂"大气"起来

思考当今的教学，为什么有那么多的不尽人意？认真反省，我们便可发现：一个重要的原因就是教师文化底蕴比较浅薄。为了激发学生学习兴趣，老师们想尽了办法：讲故事、毫不吝啬的表扬、拍话剧演小品、课内分组竞赛等。对于这些低年级学生倒是很有兴趣，可是到了高年级，这些方法有时就失去了魅力。高年级的学生喜欢老师激情洋溢的神情、满含诗意的教学语言、意味深长的眼神、伸缩得体的动作、恰到好处的激励、画龙点睛的总结。一堂课后学生还念念不忘，因为这样的课能不断开阔学生的学习视野，激发学生对学科领域的兴趣，使学生能够厚积薄发。

什么是教师的文化底蕴？就是分享人类精神成就的广度和深度，就是学识和精神的修养。它需要长时间的积累、沉淀；需要博览群书；需要品味生活；更需要对书籍和生活所涉及的内容进行深入思考。在新课程改革中，教师的主体地位发生了变化，不仅是课堂教学的组织者，还是学生学习的引领者。教师丰厚的文化底蕴将决定教学的生动性、趣味性，也将进一步决定教学的效果。

如何提升自己的文化底蕴呢？最关键的就是阅读。有位老先生几十年都在自家的春联中写下这样的话：黄金无种偏生诗书门第，丹桂有根独长勤俭之家。

教书的人首先应当是一个爱读书的人。只有知识渊博的教师才能更好地理解课程内容。一个教师如果阅读缺失，就难以把握现代教育发展的潮流，无法对学生进行心灵和精神上的引领，其教育教学必然缺乏一种精神上的底气，因为心灵和精神上的东西才是一个人做好一件事情的原动力。缺失文化底蕴的教师，在课程内容深度挖掘、课堂教学策略的选择方面必然会陷入贫乏之中；缺失文化底蕴的教师，能够提供给学生的必然是一种隔靴搔痒的教育，而付出的大量劳动只会停留在很低的层次上。因此，增强阅读的主动性和自觉性，把读书当成一种内在的精神需求，当成专业化发展的有效途径，当成一种生命的享受。这样，教师的形象会因此而平添一些厚重的质感、智慧与亲和雅致的魅力，从而成为一个有品位、有感染力、不言而教的人。你的视野就开阔了，驾驭知识的能力也就游刃有余了，学生很受益，你也很有成就感。

古人说读书是世间最大的快乐。读书之乐乐何如？绿满窗前草不除。读书之乐乐无穷，瑶琴一曲来薰风。读书之乐乐陶陶，起弄明月霜天高。读书之乐何处寻？数点梅花天地心。不读书，让无知者无畏，步入书籍，便走进了"心灵"。

1932年，赫胥黎曾在《美丽新世界》中发出警语：我们虽然没有禁书，却已然没有人愿意读书；我们虽然拥有着汪洋般的信息，却日益变得被动和无助；我们虽然有着真理，然而真理却被淹没在无聊烦琐的世事中；我们虽然有着文化，文化却成为充满感官刺激、欲望和无规则游戏的庸俗文化。

丘成桐被称为数学界的"凯撒大帝"，有感30年求证"庞加莱猜想"，他曾写下这样的诗句：

我曾小立断桥，我曾徘徊湖边，想望着你绝世无比的姿颜；
我曾独上高楼，远眺天涯路，寻觅着你洁白无瑕的脸庞；
柔丝万丈，何曾束缚你的轻盈，圆月千里，何处不是你的影儿；

长空漫漫，流水潺潺，何尝静寂，你的光芒一直触动着我的心……

我很欣赏清代"扬州八怪"之一的郑板桥的一句话：贫者因书而富，富者因书而贵，贵者因书而智，智者因书而乐。以书为伍吧，你会少一份浮躁，多一份沉静；少一份庸俗，多一份儒雅。与圣贤相对而坐聆听教诲，心灵会变得充实丰盈，思想会变得豁然开朗。没有阅读的人生是残缺的人生，学会了读书，就学会了阅读人生。让读书成为生活的一部分，让我们真正地做个快乐的读书人！

六、教师要有积极昂扬的生命姿态

教育是生命影响生命、智慧点燃智慧、思维启迪思维的事业。教师能否拥有一个积极昂扬的生命姿态，对于受教育者来说至关重要。因为，教师的生命姿态直接影响着学生的生命姿态。只有教师的生命姿态积极昂扬起来，学生的生命姿态才有可能变得积极、昂扬、健康、向上、美善、亮丽。我觉得教师积极昂扬的生命姿态最重要的表现莫过于阳光、激情与爱心了。

和学生朝夕相处的教师必须拥有阳光的心态。因为，教师良好的心理状态会显现出良好的师德行为。阳光的心态就是豁达、大度、积极、开朗的心态；就是健康、平和、宽容、自信的心态；就是一种化尴尬为融洽、化压力为动力、化痛苦为愉悦的心态。阳光的代名词是自信、开朗、乐观、积极向上、不怕困难、开拓进取。阳光的人传递给他人的感觉是朝气蓬勃、昂扬向上、精力充沛、活力四射，并让周围的人都感觉到快乐。阳光的心态是透明的心态，是使同事放心、学生倾心的心态。阳光的心态能支撑起教师的精神，使教师始终友善待人，和同事坦诚与共，与学生融洽相处，这样才能达到教育的至高境界。

激情是一种实现理想的积极情感和渴望挑战的精神状态。富有激情的教师表现为始终精力充沛，把自己的工作看作是最快乐、最有意义的事情，能高效率、高质量地完成工作任务。教师的激情是怀着一颗火热的心，认真负责地去对待教育事业，把精力用在教书育人的工作上，全神贯注于学生的健康成长。有了激情，教师才能用自己的生命去拥抱教育；有了激情，教师才能对教育的热爱达到忘我的境界；有了激情，教师才能用自己诚挚而火热的心去呵护学生；有了激情，教师才能用自己的智慧对学生负责；有了激情，教师才能对学校有感情、对学生有亲情、对工作有热情。

爱心是为师者应具备的最基本的素质，没有爱就没有教育，爱心也是教育成功的原动力。教师只有具备一颗真诚的爱心，才能得到学生的理解、信任和爱戴。教师爱的甘露不仅应付出给优秀的学生，更应该浇洒在那些暂时不太优秀的学生身上。如果做到了，那么每一个学生的喜悦、苦恼我们都会感同身受，都会引起我们的关注。以一颗宽容的心去有原则地包容学生，去引导学生改正所犯的错误，去唤醒迷路的心灵。

充满激情的教师是阳光的教师，阳光的教师是有爱心的教师，有爱心的教师是快乐的教师，快乐的教师是幸福的教师，幸福的教师是活得有滋有味、有情趣、有尊严、有价值的教师。

【2015—2016学年第二学期高二教师教学分析会上的讲话，2016年5月】

现代教师应具备的四种品质

在日趋功利的教育背景下，在升学率成为学校生命线的主导中，在高考成绩成为学校和家长衡量教师业绩的标尺上，教师危险地沦为考试的工具。他们是课程表、是教科书、是试卷和标准答案、是高考的上线人数，甚至是地方官员的政绩。周而复始的工作方式使很多教师忘记了自己的立场，过重的负担使教师丧失了创造力，枯燥的生活使教师心境不再坦然。虽然素质教育在应试教育和功利教育面前感到乏力，但作为现代教师，需要进行一次思想与灵魂的再塑造，做一个"古色古香"、平静淡泊、精神高贵的真正知识分子。

要想把学生培养成为和谐发展的人，现代教师除了具备一定的专业知识外，还应该具有科学精神、创新意识、人文素养及读书情怀等方面的品质。德国哲学家康德在《实践理性批判》中说：有两种东西，我们对它们的思考越是深沉和持久，它们在心灵中唤起的惊奇和敬畏就会日新月异，不断增长。这就是我头上的星空与心中的道德定律。我想：我们教师头上的星空就是教育的纯洁与圣土，心中的道德定律就是恪守教育规律，以学生为中心，提高自身的修养，施以博大宽厚的爱。

一、现代历史教师应具有的科学精神

科学精神是指由科学性质所决定并贯穿于科学活动之中的基本的精神状态和思维方式，是体现在科学知识中的思想或理念。科学精神的重要特征是追求认识的真理性，坚持认识的客观性和辩证性；崇尚理性思考，勇于批判；以创新为灵魂，以实践为基础。

作为现代教师应具有的科学精神，尤其是要在科学精神气质方面有所体现。教师的天职是育人，最大的意义在于开启人的智慧、净化人的心灵、陶冶人的情操。教育的本身虽然受到功利色彩的涂抹，但是它绝不是名利场！带着科学精神笑对今天的讲台去重新面对哥白尼、伽利略、爱因斯坦、富兰克林的时候，你就会明白，他们不仅是科学殿堂里的大家名师，关注自然世界，同时也关注人文世界，把科学探索与人文关怀完美地结合在一起；更重要的是他们身上展现出的科学精神的气质。虽然我们难以企及，但心灵总能得到一定程度的洗涤。哥白尼是一位牧师却要违背自己的信仰，推翻"地心说"，建立"日心说"；布鲁诺从容走向罗马鲜花广场的火刑柱；伽利略走向终身监禁的牢笼。今天当我们平静地听这些故事，给学生讲这些故事的时候，如果真能从中听出伟大与神奇，讲出震撼和信仰，这是多么可贵的科学精神啊！

科学精神及其基本内涵从根本上要求我们必须具有怀疑的意识、批判的理性、谦恭的态度。奥地利的理论生物学家贝塔朗菲创立的一般系统论，从最初发表论文，到最终出版、全面阐述，标志着这门新科学的诞生，前后达44年。爱迪生发明电灯，先后采用1600多种耐热材料、6000多种植物纤维，在第7895次试验时才获成功。居里夫人说："我可怜的祖国已经从地图上消失，我要让祖国的芳名永远铭刻在人们的记忆中。"她刻苦努力，发现了钋，又在4年时间内，从8吨矿渣中提炼出0.1克镭。自己却瘦了20磅，特别是她和女儿、女婿因长期被过量放射线辐射而患上严重的恶性贫血症，都过早地离开了人世。我国的"两弹元勋"之一邓稼先在美国获得博士学位后，放弃可能获得诺贝尔奖的机会回国，主持研制了我国第一颗原子弹、氢弹。在一次核事故中，为了保护同事而使自己遭受严重核辐射致癌，去世时年仅62岁。凡此种种，怀疑意识让我们思考、理性批判让我们去明证、谦恭态度让我们踏实进取。如果能将三者豁达地运用到今天的教育教学中，这是多么博大深远的科学意识啊！

科学精神能扩大人们的视野、开阔人们的胸怀、启迪人们的心智。通过名家名言，领略大师风范，特别是其学习、研究、工作思想方法，在与自己的联系对比中，悟到具有普遍意义的方法论上的启示与力量。今天我们读达尔文，不是为了学进化论，而是借鉴其创立进化论的思想方法。今天我们读爱因斯坦，不是研究其相对论，因为他的高深理论，据说当初全世界只有12人能理解。即使到今天，不少物理系的老教授也不甚了了，所以我们要学习他的怀疑态度与独立性，以及他凭直觉、逆向思维思考问题的方法。以科学是时代发展的标志观点看，名家大师们以自己的科学研究成就造福人类、奉献社会，成为推动历史前进的人，能给我们无穷的科学动力。

爱因斯坦说：学校的目标始终应当是：青年人在离开学校时，是作为一个和谐的人，而不是作为一个专家……发展独立思考和独立判断的一般能力，应当始终放在首位，而不应当把获得专业知识放在首位。如果一个人掌握了他所学学科的理论基础，并且学会了独立思考和工作，他必定会找到他自己的道路，而且比起那种主要以获得细节知识为其培训内容的人，他一定会更好地适应进步和变化。所以，作为现代教师不仅自身要有科学精神，还要培养学生有科学的意识，把学生培养成和谐发展的人。

二、现代历史教师应具有的人文素养

如果从作为人的学生的全面发展角度思考，当今教育界最大的潜在危机是什么？也许答案莫衷一是。但我们从中应该意识到，现在教师队伍的综合素养是最令人担忧的。"有什么样的教师，就会有什么样的学生。"时代前进的步伐对教师提出了很高的要求，而教师的工作被应试教育所禁锢、浪费。教育是振兴民族的希望之所在，而汹涌澎湃的应试教育正在侵蚀这一希望的底线，教师的素养就不可避免地下降。教师提高自身的专业技能，对教育的发展至关重要，但比这更重要的是教师人文素养的提高。教师人文素养应该包括以下4个方面。

（一）教师要有独立精神与人格理想

罗素说："自尊，迄今为止一直是少数人所必备的一种德行。"教师应该属于这少数人的一部分。古时就有"即使衣食不继，不受嗟来之食；宁可隐居山林，也不为五斗米折腰"的高贵灵魂。教师是知识分子，知识分子的地位，需要知识分子通过自身的奋斗去确立、去争取，而不是等待社会或权力的恩赐。从物理大师爱因斯坦的一个小故事，我们可透视其独立精神和人格魅力。有一本叫作《反对爱因斯坦的100位科学家》出版了，爱因斯坦的回答却是：为什么要100位呢？如果我真的错了，只要有一位能证明我错了就可以了。知识分子只有具有独立的精神，才能走进真理，才能不为外物所蛊惑，不会为了一点个人利益抛弃信仰，也不会为了名利而放弃自己的追求。知识分子这四个字不是学历文凭的同义语，而是同时具备思想、人格与知识的有修养的人。只有具备独立的人格，才具备作为知识分子的立场。400多年前，被天主教视为异端的布鲁诺毅然走向刑场；史学大师陈寅恪坚决捍卫"独立之精神，自由之思想，历千万祀，与天壤而同久，共三光而永光"；人口学家马寅初因为写《新人口论》而遭到批判，年近八十，但毅然公开宣布："明知寡不敌众，自当单身匹马，出来应战，直至战死为止，决不向专以力压服，不以真理说服的那种批判者们投降。"他们的独立精神与人格理想，使他们成为不落的星辰，与日月同辉。他们高昂的头颅和勃发的英气，将永远激荡青史，烛照天地。鲁迅曾说过："我们从古以来，就有埋头苦干的人，有拼命硬干的人，有为民请命的人，有舍身求法的人，……虽是等同于为帝王将相作家谱的所谓'正史'，也往往掩不住他们的光芒，这就是中国知识分子的脊梁。"他们就是知识分子的优秀代表，也证明了人的品格是不可磨灭的。

（二）教师应当是思想者，具有怀疑精神与批判意识

法国科学家、思想家帕斯卡说："思想形成人的伟大，人的全部尊严就在于思想。"教育要教会人思想，教育者首先应当是思想者。教师如果不能成为思想者，只能靠别人的思想指导自己的行动，他就丧失了教育的资格，他的教学行为就不可能具有创造性；同时也就不可能有所发现，更不可能从中获得愉悦。真正的知识分子需要有彻底的怀疑精神和批判意识，怀疑，意味着我们要开始思考；怀疑，意味着我们要开始探求。古往今来真正成就一番事业的知识分子，无一不具备怀疑和批判精神。例如，伽利略在《地球在转动》中批判亚里士多德的信徒们，说："给亚里士多德戴上权威的王冠的，是他的那些信徒。（亚里士多德）自己并没有窃取这种权威地位，或者据为己有。由于披着别人的外衣藏起来比公开出头露面方便得多，所以他们就变得非常怯懦，不敢越出亚里士多德一步，不肯动亚里士多德的天界一根毫毛。"以此来宣传地球在转动的真理。教师要站直了教书，如果教师是跪着的，他的学生就只能匍匐在地上。教师应该有自己的思想，有自己的思想又是多么重要。

（三）教师的责任与操守

朱自清早在1924年就指出："教育者须对于教育有信仰心，如宗教徒对于他的上帝一样；教育者须有健全的人格，尤须有深广的爱；教育者须能牺牲自己，任劳任怨。我斥责那班以教育为手段的人！我劝勉那班以教育为功利的人！我愿我们都努力，努力做到那以教育为信仰的人！"责任与操守在字里行间阐发得非常透彻了。教师是知识分子，除了要建立新的人生观、养成道德勇气外，还要担负起知识的责任与操守。"焚膏油以继晷，恒兀兀以穷年"，知识分子不断劳苦、不断求知的过程，其实也是恪守自我责任与操守的过程。在此过程中，以事实为依据，加以严密逻辑审定，最后孕育出伟大的思想结晶，达到知识分子真我的境界。从哥白尼最先提出日心说，到布鲁诺继续研究与极力传播，再到伽利略以物理实验作明证和阐释，虽然有的人因此而牺牲，但是科学上的真理却因为牺牲得以确定。这种对于思想负责任的精神，才是推动人类文化进步的伟大动力，才彰显知识分子脊梁的伟岸。人类的进步，需要知识分子坚守良知，需要知识分子担负责任。作为社会的中坚，知识分子没有任何特权，却要承担比民众更重大的社会责任。如果知识分子漠视自己的社会责任，奔走于名利场，追逐浮华喧嚣，或者沉迷于风流情致中，那么他们的生存价值和社会价值就没有意义。鲁迅曾这样说过："肩住了黑暗的闸门，放他们到宽阔光明的地方去……是一件极困苦艰难的事。"鲁迅用全部生命去实践，给人间留下了一串坚定的脚印，这就是中国知识分子的路标。虽然社会分配有不公平的地方，虽然社会有无处不在的金钱诱惑，虽然教

育领地不再是一片净土，但是这一切不能腐蚀有灵魂的教师，因为教师是有信仰的人，是站直了做人的人。学者徐复观说："中国知识分子的责任，乃在求得各种正确知识，冒悲剧性的危险，不逃避、不诡随，把自己所认为正确而为现实所需要的知识，影响到社会上去，在与社会的干涉中来考验自己。考验自己所求的知识的性能，以进一步建立、发展我们国家、人类所需要的知识。"

（四）教师精神生命的内核在于追求

生命的意义在于能够获得精神的愉快，也在于人对社会的作用。知识分子当有超越一般人的精神追求。屈原沉吟泽畔，九死不悔；陶潜悠然采菊，东篱山气佳；戊戌君子喋血，横刀仰天笑……诸凡种种，是因为他们心中的信仰与追求，甚至愿意付出生命的代价。法国大文豪雨果说："追随真理，这就是我的一切，我只感到雄伟壮丽而崇高的目标在将我召唤。"我们从事教育事业，如果把它认为是谋生的手段，那么也就枉谈什么精神追求了。重要的是能从工作中获得身心愉快，能从工作中发现自我的生命价值。作为教育的守望者，要能懂得生命的意义，努力使生命升华，这才是对生命的珍视与真爱。有句诗写得虽悲凉，但很让人深思——"卑鄙是卑鄙者的通行证，高尚是高尚者的墓志铭。"

三、现代历史教师应具有的创新意识

杨振宁博士把中国学生与美国学生比较后认为：美国学生思维活跃，敢想敢干，富有创新思想；中国学生成绩优秀，胆子小，缺乏主见和创见，解决问题的能力相对较差。其原因很大程度上是应试教育的产物。在应试教育下，教师不是围着试题转就是围着课本转，基本处在被动、机械、封闭状态，何来创新呢？在应试教育下，一分定终身，一分压倒上千人，哪敢冒险创新？在这种状况下，教师更新教育观念，实施创新教育乃当务之急。这就需要树立新的历史教育观，彻底改变课程实施过程中过于强调接受学习、死记硬背、机械训练的现状，倡导学生主动参与、乐于探究、勤于动手，培养学生搜集和处理信息的能力、获取新知识的能力、分析问题和解决问题能力及交流与合作的能力，把培养创新意识、创新精神、创新思维作为历史教学的核心。创新教育的具体方法多种多样，主要从以下5个方面阐述：

（一）树立以学生发展为本的教育理念

教育改革提倡以学生发展为本，就是在教育活动中必须以学生的身心发展特点和成长规律作为出发点，采取有效的方式或手段，把沉睡在每个学生身上的潜能都唤醒起来、激活起来。我们的中学历史教学应在传授知识的同时，教给学生学会思考分析问题的科学方法，从而把自学引入过程，把教学实践从原来重视"教"转变为在教师指导下以学生为主体的"学"，从原来单纯传授知识转变为重视智力、能力、技巧的培养。认真研究如何使自己从讲台上的"圣人"转向学生学习的促进者，使学生克服死记硬背现象，生动活泼地学习，让历史课真正"活"起来。为此需要认真地研究和构建体现学生主体地位、促进学生发展的历史教学模式。

（二）改革教学方法，构建适合创新教育的教学模式

加深对教材的研究，过去讲过的教学内容，今天再进行深入研究，就会有不同理解和看法，在原来理解的基础上又有新的认识；历史研究不断取得新成果，教师可以将新的科研成果渗入教学之中，及时把新的知识传递给学生；设计灵活多样的教学方式和方法，以多媒体技术为载体，创造性地运用各种方法，如讨论、问答、模拟、竞赛、游戏、角色扮演等等，从而推动历史教学向前发展。

（三）积极探索和实践研究性学习的教学模式

所谓研究性学习，就是让学生在学科领域、现实生活的情境中，通过发现问题、调查研究、动手操作、表达与交流等探索性的活动，获得知识、技能的学习方式和学习过程。研究性学习的基本步骤是：提出问题—确定研究方向及计划—搜集资料及整理资料—得出结论。研究性学习使学生对学习充满兴趣，极大地满足他们的求知欲、成功欲和表现欲。通过研究性学习过程，学生从中获得大量有用的信息，为自己的学习打通道路。读书之乐自然而生，读书就会成为一种爱好、一种生活需要，这样就不是一种负担了。

（四）创设历史教学情境

教师在教学中适当补充资料，整合教学内容，运用各种教学手段使历史教学情境化，再现具体时间和空间条件下活动着的历史人物和历史事件；再现人类社会的生活方式、风俗习惯、心理特征。创设历史情境的方法很多：教师可以用语言文字叙述和描述，也可以用图片、图画、幻灯、投影、录像等多媒体，或者通过角色扮演、戏剧表演、形象模拟等方法再现。方法无所谓孰优孰劣，关键是恰当运用。

（五）探索隐含知识

近几年来，随着历史教学改革的日益深化和历史教学水平的不断提高，显性问题的价值急剧下降，隐性问题的价值迅猛增长。在教学中不断挖掘隐性问题，对于提高教学质量显得越来越重要。这是因为：①培养时代需要的智能型人才非隐性问题不可。教学实践告诉我们，只有在隐性问题的发掘和解答过程中，教师和学生的智力才能得到充分的开发，发现问题、分析问题和解决问题的能力才会提高。②确立新的历史教

学模式非隐性问题不可。因为只有确立研究隐性问题的教学模式，才能摆脱旧模式给历史教学带来的空前危机，才能比较圆满地完成时代赋予我们的培养智能型建设人才的伟大使命。

尽管现状堪忧，但如果结合实际，求真务实地搞好创新改革，那么课堂就变成了：师生互动、心灵对话的舞台，而不是教师只展示授课技巧的表演场所；师生共同创造奇迹、唤醒各自沉睡潜能的时空，而不是死气沉沉、亦步亦趋的僵化营垒；向着未知方向挺进的旅程，随时都有可能发现意外的通道和美丽的图景，而不是一切都必须遵循固定线路而没有激情的行程；向在场的每一颗心灵都敞开温情怀抱的场所，学生享受着平等、民主、安全和愉悦，而不是被无情打击，甚至会遭到"法庭"式的审判；点燃学生智慧的火把，给予火把、火种的是一个个具有挑战性的问题，让学生走出教室的时候仍然面对问号，怀抱好奇……

四、现代历史教师应具有的读书情怀

现代教师所处的时代，瞬息万变，扑面而来的、充盈耳际的、眼花缭乱的不可胜数，但真正能够陶冶情操、净化灵魂、充实思想的还是捧起书本，从中享受书韵的流香，体味书本的醇香。

更多的教师习惯于应试教学，整天穿梭于教材之间，没有时间和精力广泛地阅读，使得教师的知识陈旧，落后于时代的要求，难怪有的教师无奈地说："教了十几年学，现在又回到中学生的水平了！"言外之意，慨叹自己的知识不能及时更新，阅读面狭小。也难怪呀，应试教育下，只要死抠课本、"填鸭式教学"，照样能取得好分数，为什么要读书呢？有一位校长更是大言不惭地说："老师不需要有什么本事，只要把学生盯住，把分数提高就算是有最大的本事。"可是，不读书让无知者无畏呀！有的老师讲商鞅被"车裂"而死时，竟然说"车裂"就是让车轧死，而不是车祸，是特意让车轧死的；讲王充的《论衡》含义时，竟然解释为"论自然界的平衡"；讲顾恺之的名画《女史箴图》时，竟然把此画说成是顾恺之为几个美女画的图像；讲隋唐时期"药王"孙思邈的《千金方》时，竟然说成孙思邈开一个处方就能赚千两黄金，因为他医术高明；讲宋应星的《天工开物》时，竟然把此书的含义说成是"鬼斧神工，开辟天地"，不胜枚举。这是些知识性的错误，更不要说一些理论性的错误了。之所以出错，就是因为高考时这些知识点不会深究得那么透彻。其实我们只要读读书，就不难理解其中的真实含义，也不会在学生面前信口开河，随意发挥了。

我们步入书籍，在各种大师的书桌间随意穿行，可听到古圣先哲忧国忧民的叹息，

可看到他们为理想在风雨中奔波；与才华横溢的诗词大家们在山水间徜徉，时而和他们踏歌而行，时而听他们浅唱低吟。书籍将各种信念注入我们脑海，使我们的脑海中充满崇高欢乐的思想，从而使我们摆脱悲哀与痛苦的羁绊，注入快乐幸福，我们入神忘情，灵魂升华，进行着一次次芬芳的思想之旅。

书籍是人类精神文明的主要载体，是人类进步的阶梯。"书中自有黄金屋，书中自有颜如玉"虽然不足为训，但"读万卷书，行万里路"却是被古往今来无数仁人志士奉为圭臬的至理名言，读书使他们获得了高远的人生境界，步入了理想的成功之路。古代著名教育家孔子以"学而不厌，诲人不倦"为乐，终使"仁政"的思想得以传承；孟子以"君子之所以教者五"为原则，因材施教；荀子推崇"青，取之于蓝，而青于蓝"的理念，学以致用，锲而不舍；韩愈以"业精于勤""师其意，不师其辞"为宗旨，著《师说》，驳"道统"；亚里士多德从"理论理性"的学说出发，提出了"文雅"之说；夸美纽斯的《大教学论》更是内容丰富，高瞻远瞩；而杜威的学说"教育即生活""学校即社会"更加超前；苏霍姆林斯基的《育人三部曲》更是心灵的艺术。还有陶行知、朱永新、李镇西、魏书生等等。这些教育家，无不是通过大量的阅读而成就自己的事业的。

与书为伴，能使我们顿悟教育是什么。教育天然需要教师具有一种博大而高远的精神、一种充实而圣洁的灵魂、一种虔诚而温馨的情怀和追求完美人生的信念，而书籍可以给予我们这一切。读书促使我质疑和思考我的教学，思考什么样的教学是理想的教学，什么样的教师是理想的教师……也有人试图通过博览群书，力求寻找出一个"放之四海而皆准"的模式，当在起点与终点之间兜了一个大圈，最后才明白完全错了。正像德国教育家第斯多惠所说的："教育在任何时候和任何地方都不是什么已经完成的和完善的东西。"所有的教育、教学，所有的课程，其本身就是一个独特的过程，一种伴随着求索、努力和期许的过程。它本身就存在于教师的生命体验、学生的知识结构和教学内容相融合的动态发展的过程之中，体现在教师和学生对教学内容进行独特的感知、感悟和发现之中。读书让我们明白世上没有两片相同的树叶，地上没有两条相同的河流，每堂课都是独一无二的存在，每堂课都应该是教师和学生生命中一段不再重复于过去的里程！

我们常说要给学生一杯水，老师得有一桶水。尤其是现代社会，各种知识信息浩如烟海，更新迅速，教师更要有活水。"问渠那得清如许？为有源头活水来。"如果教师不读书，少读书，懒于读书，知识的源头被封堵，还哪来的活水呢？我想只能任凭自己的想象瞎编乱造。

总之，科学精神成人睿智、人文素养赋人高贵、创新意识励人进取、读书情怀润人富有，这四种品质代表着对现代教师职业的重新认识，是对现代教师精神的重新塑造，也是教师的精神家园的谷物。在这些品质的滋养下，教师就会成为一个视野开阔、兴趣广泛、知识渊博、充满情趣、富有教养、气质高贵的人。苏联伟大作家高尔基眼中理想的人是这样的："我看见他高傲的前额、豪放而深邃的眼睛，眸子里闪耀着大无畏的思想光辉，展现着雄伟的力的光辉。这力量能在人们疲惫颓唐的时候创造神灵，又能在人们精神振奋的时候把神灵推翻。"现代教师应该有这样的精神美丽，因为，灵魂的博大使人敬畏，精神的伟美使人追慕，品位的丰满使人沉醉。"一个人赚得了整个世界，却丧失了自我，又有何益？"虽然我不是基督教徒，但从中能感受到深刻的精神启迪。

【此文系北京市学科带头人和骨干教师研修成果，被收录在《新课程新实践新业绩》的研修丛书中】

立足小讲台，争做"大先生"
——说说我的师父刘东兴老师

北京市第二十中学名师工作室学员　朱伟明

在教育的浩瀚星空中，每颗星星都散发着它独特的光芒。在我教育工作的这片天幕上，有一颗光芒耀眼的星星，它温暖深邃，照亮了我前行的道路。这颗星，就是我的师父——刘东兴老师，他不仅是我职业生涯的引路人，更是我人生道路上的重要导师。

我与师父

一、刘老师是有着36年教龄的"四有"型情怀教师

在拜刘老师为师的8年里，我深刻感受到了他对教育的执着和热爱。他常说："教育是一项神圣的事业，我们不仅要传授知识，更要培养学生的品格和能力。"他用自己的行动诠释着这句话的深刻内涵。每天走进办公室总能见到他静静地坐在办公桌前仔细研读教材，思考教学方法。他不断更新自己的知识体系，关注历史研究的最新动态，

将其融入教学中。每当学生遇到困难时,他总是耐心倾听,给予指导和鼓励。他的敬业精神和对学生的关爱,让我深受感动,也始终激励着我不断努力,追求卓越。绛帐春风培国本,杏坛花雨铸民魂。这是我的崇敬和钦佩。

刘老师所获的荣誉证书

二、刘老师是有着20年北京市中学学科带头人和骨干教师称号的引领型教师

以文学的语言把历史生动化,以哲学思维把历史的本真哲理化,以地理的触角把历史时空化,这是刘老师的教学风格。刘老师的课堂是有生命力的课堂,是能激发学生无限潜能的课堂,在他的课堂上师生互动、心灵对话,共同创造奇迹,唤醒沉睡的时空;他的课堂是向未知方向挺进的旅程,随时都有可能发现意外的通道和美丽的图景;他的课堂让在场的每一颗心灵都敞开温情的怀抱,平等、民主、安全、愉悦是重要的标志;他的课堂是点燃学生智慧的火把,让学生走出教室,走入社会的时候,仍然面对问号,怀抱好奇。从刘老师的课堂上我深刻理解了教学艺术不在于传授,而在于激励、唤醒与鞭策。让课堂活起来、学生动起来,打造优质课堂、反思课堂,构建和谐课堂、智慧课堂,依然是我的工作目标和追求。

三、刘老师是有着30年班主任工作经验的智慧型教师

他所带的班级(年级)看着"形"散,其实"神"不散,总能以不同的载体联结起班级的凝聚力,画出满满的同心圆。以"我向往!我奋斗!我成功!"为班训,使学生将其入耳、入脑、入心,并转化成自觉的行动,激发起班级拼搏向上的蓬勃斗志;以"3A精神放光芒,德智体美我最棒"为班级誓言,凝聚起班级强大的向心力和精神信仰,并为之不懈昂扬进取。在重要重大的教育时间节点,选取积极的教育主题,以

主题班会为平台，会前有策划，会中有主题，会后有总结反思，使教育效果达到最大化。刘老师所带的班级多次获得优秀班集体管理奖或文明班集体称号，并被评为海淀区先进班集体。让我印象最为深刻的是，刘老师多年来，以学生姓名写藏头诗或励志语，深陷其中并乐此不疲。师爱希声润桃李，师德有情育栋梁。这样的一直坚持，使我深深感悟到：以诗意的语言把学生的姓名表达出来，将情感交流融入藏头诗中，育人效果虽不能立竿见影，但对学生的学习与成长就有了特殊的意义。师情诗意，笔底春风，或许这就是文化和信仰的力量。我的追求是：不仅要做一个好的班主任，还要做一个明白的班主任，一个创造型、品位型的班主任，建设具有生命活力的班集体。班主任工作是琐碎和复杂的，我秉持着刘老师经常告诉我的理念：复杂的事情简单做，简单的事情认真做，认真的事情重复做，重复的事情创造性做。把自己的班主任工作推向新高度。

学生们对刘老师的爱

四、刘老师是有着 3 部著作和文章等身的科研型教师

刘老师一直站在高中历史教学讲台上，实践、反思、总结、提升，循环往复而不是简单地重复，笔耕不辍。先后主编了《高中历史导学与解疑》《高中历史复习总教程》两本高考辅导书籍；个人两部专著《守望教育的花开Ⅰ—Ⅱ》由光明日报出版社出版。在《中学文科》《历史学习》《高中历史报》《中学历史教学参考》《班主任之友》《北京教育》等国家或省级刊物上发表教育教学文章 40 多篇。从中我更加感受到了新时代教育对研究型教师的呼唤，教师不仅要有奉献精神与使命感、责任感，还要具备一定的科研能力与水平。

在刘老师的身边，我见证了教育的力量和美好。他用自己的智慧和热情点燃了学生的梦想之火，让他们在知识的海洋中畅游，在人生的道路上勇敢前行。在跟随刘老师学习的过程中，我不仅收获了知识和技能，更收获了人生的智慧和力量。他用自己的实际行动告诉我：教育是一项伟大的事业，它需要我们用心去投入，用爱去呵护，用智慧去引领。只有这样，我们才能真正实现教育的价值，让每一个学生都能在我们的关爱和引导下茁壮成长。

刘老师的专著

如今，我已经成长为海淀区骨干教师，在我心中，刘老师永远是那颗闪亮的星。每当我在教学上遇到困惑时，总会想起他的教诲；每当我在生活中遇到挫折时，总会想起他的鼓励。在未来的日子里，我将继续秉承刘老师的教育理念和精神，用自己的热情和智慧去影响每一个学生。我相信，在教育的道路上，只要我们用心去付出，用爱去呵护，就一定能够收获满满的幸福和成就。

跋 文

有教育思想的引领者

一位36年教龄的老教师,依然站在教育教学第一线,在10年前,他的两部教育教学专著《守望教育的花开——行走在教育教学前线的实践与思考》《岁月·滋味·印痕——守望教育的花开Ⅱ》由光明日报出版社出版,今年《教育教学智慧拾零》与广大读者见面了,这不能不说是一件非常了不起的事情。然而,这对于刘东兴老师来说,却又看似是件很平常的事情。记得英国唯美主义作家王尔德曾说:"世界上有两种人、两种信仰、两种生命:一种人生活的根本是有所为;另一种人生活的根本是有所思。"我所认识的刘东兴老师则是这两者兼而有之。

刘东兴老师由一名普通的历史教师,成长为北京市中学市级学科教学带头人和骨干教师、北京市优秀德育工作者、北京市紫禁杯优秀班主任、北京市育人榜样、海淀区"四有"教师标兵和优秀班主任。我想,三部专著记录着他付出的点点滴滴,记载着他对教育事业的执着坚守,他在用智慧用行动,践行着自己心中那一份一直坚持的教育理想。正像他自己感言的那样:"怀揣着虔诚、敬畏做人做事;离功利最远、离孩子最近;桃李园中勤耕耘,愿将碧血化丹心。"

有人说:人能走多远,这话不是要问两脚,而是要问志向;人能攀多高,这事不是要问双手,而是要问意志。还有人说:人能走多远,不仅要问志向,更要看双脚走了多远;人能攀多高,不仅要问意志,更要看双手有多少力量。我眼中的刘东兴老师就是一个既有志向,又有意志,既能走得更远,又能使自己更有力量的人。他曾这样评价自己:"有教育信仰和情怀、有教育理想和追求;守望教育,有乐教的境界、善教的智慧、仁教的情怀;淡泊名利,有知识分子的清高与执着;一辈子做老师,一辈子学着做老师,一如既往地在教育的田地上默默耕耘,贡献自己的微薄之力。"读时,我为之感动，为之振奋，不由得产生一种强烈的共鸣，我认为他说到做到了。美国人类学家玛格丽特·米德说得好：不用怀疑一小群有想法有决心的人可以改变世界，因为历史证明这些人曾做到过。

山不在高，有仙则灵。教育之振兴，学校之希望，系于教师。因为，把学生培养成什么样的人，在很大程度上取决于教师的教育理想和终极目标。相传古希腊有这样一则神话故事：说的是有一天，国王要将阿尔卑斯山春天里最美的一束桃花奖给贡献最大的人。于是伟大的诗人来了，杰出的画家来了，卓越的医生来了，一位满头银发的教师也来了……这时，国王将那束春天最美的桃花恭敬地送给了那位满头银发的老人，并深情地说："没有您，也就没有诗人、画家和医生。"是的，教师是办好一所学校的"工作母机"，是成就一所名校的关键所在。真的希望有更多的教育工作者能够像刘东兴老师那样，一直守望教育，守望孩子们的梦想和希望，永不放弃。

把教育作为一种职业，其价值在于谋职和生存；把教育作为一种事业，其价值在于情感和奉献；把教育作为一种科学，其价值在于探索和研究；把教育作为一种艺术，其价值在于推陈和出新。奉献、探索、创新时刻都在激励着每一位名师在教书育人中不断反思，日新月异。捧读《教育教学智慧拾零》，刘东兴老师真的做到了。

北京市第二十中学副校长　特级教师　正高级教师　李久昌

2025 年 4 月

后　记

风正扬帆一路歌，砥砺奋进向未来

我钟情老子的"天下难事，必作于易；天下大事，必作于细"这句话。因为，教育是大事，是难事，教育和管理学生必须从细微处入手，从易于操控层面着眼。一次次家长学生会，传递的是激情；一张张光荣榜，表达的是赏识；一份份奖状和奖品，激发的是斗志；一次次考试分析，反思的是不足……

斗转星移，光阴荏苒，36年弹指一挥间，回头望一望，走过的路，脚印个个好清楚。

36年，只是长河奔流中的浪花一朵，但印刻着沧桑；

36年，只是苍穹深邃间的星空一抹，但承载着期望；

36年，只是历史长卷里的沧海一粟，但凝聚着心血。

这是仰望星空、脚踏实地的36年；这是砥砺奋进、一路高歌的36年；也是留下很多遗憾的36年。是否真的应了这句话："对于人而言，生活就像山涧的野草，溪畔的小花，曾经那样的繁茂，当风吹过又吹远，只有大地知道，一切都已改变。"

凝望窗外，楼中斜阳，心绪纷飞，感慨颇多，浮想联翩，仿佛有个声音从历史的旷野里传来："士不可以不弘毅，任重而道远。"原来，这是担当与使命、责任与尊严的恒久回音。

我是教师，也是管理者。教师、管理者应当是思想者与践行者，应当是文化人，应当是有教育情怀的人，应当是一个心胸宽广且具有大爱的人。36年里，对自己心灵的一次次叩问：你在学校的每一天干了些什么？你做对或做错了什么？你最紧迫需要解决的问题是什么？你曾立下的教育理想是否正在思路缜密地践行着？

都说，花的事业是美丽的，果实的事业是丰硕的，我愿做一抔朴实的泥土，为花的美丽、果实的丰硕默默地提供养料。因为我一直坚信，只要以敬业精神点燃执着的火把，平凡的人生就能闪烁出美丽的灵光；因为我从没怀疑过，教育事业一旦成为挚爱，溶解于整个的生命，为之奋斗便如同生存一样自然；因为我愿意付出，所以真正的满足便不再是对成功确有把握，而是以自己的力量和勇气为学生做一切能做的事；因为我愿意做老师，所以一生一世情，一世一守望，守望着教育，守望着孩子们的梦想和希望。

说实话，一钩已足明天下，何必清辉满十分。但与自己心里过不去的是苛求过程的完美，结果的丰盈。不是抱怨，也不是叫苦，教师这个活是什么滋味呢？

这活太操心——"穷则独善其身，达则兼济天下"，我有这样的胸怀能使心之所至吗？

这活太重大——我得有怎样的"好"，才能无愧学校、学生和家长的期待？

这活太辛苦——因为对学校有爱，对老师有爱，对学生有爱，对家庭有爱，往往最后没有一点儿留给自己，真是爱得辛苦。

这活太寂寞——高处不胜寒，知我者，谓我心忧；不知我者，谓我何求？永远要在理想与现实之间坚守信念。

这活太多情——激情、热情、亲情……感性的人每每要感动其中，不能自拔。因为"情"使自己越陷越深，对学校、对学生、对教育有那么多的依恋与爱恋。

这活太艰难——家长期望把孩子交给优秀的老师，学校期望每一位老师都能优秀，于是发展自己，茁壮自己，如长征般执着不懈。

这活太验证自尊——做好，是一个人全部的自尊。你可以有1000条理由说明你没完成某事，但是却只有一个结果来证实你人生的自尊。

欣慰的是，做教师的日子每一天都是新的，常用"新"的阳光心态去迎接每一天的挑战。

虽然我不是宗教徒，但很喜欢纪伯伦写的《先知》这首诗，多少次在心里默默地背念。在物欲横流的时代劝慰自己，在道德缺失的时代警醒自己，在良知麻木的时代救赎自己，坚守着内心的信仰。

生活的确是黑暗的，除非有了渴望／所有渴望都是盲目的，除非有了知识／一切知识都是徒然的，除非有了工作／所有工作都是空虚的，除非有了爱／当你们带着爱工作时，你们就与自己、与他人合为一体。

什么是带着爱去工作／是将你心中的丝线织成布衣，仿佛你的挚爱将穿上这衣衫

/是带着热情建房筑屋，仿佛你的挚爱将居住其中/是带着深情播种，带着喜悦收获，仿佛你的挚爱将品尝果实/是将你灵魂的气息注入你的所有制品……

风一更、雨一更，36年曾风雨兼程；日一轮、月一轮，36年曾日月同辉；拼一路、搏一路，36年拼搏前行；情一腔、爱一腔，36年情爱无疆。学生的事大过天，我倾注了全部的热情、心血和精力。对学校恳恳以自励、对老师谦谦以自省、对学生及家长兢兢以自勉。

教育的日历又翻开新的一页，虽然已经出发了很久，但我没有忘记当时为什么要出发。岁月可追忆，滋味可回想，追梦的印痕中有鲜花为伴、有掌声作歌，继续往前走，沿着前进的路，拥抱次第开放的鲜花。

师道荣光

卅三年杏坛守望　芝兰四季吐芬芳

卅六载史海耕耘　桃李三千承雨露

师道荣光

北京市教育系统教书育人先锋
（2024 年）

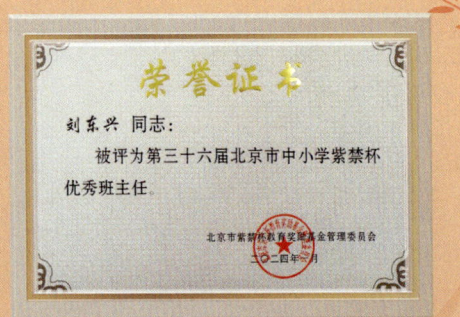

第三十六届北京市中小学紫金杯优秀班主任
（2024 年）

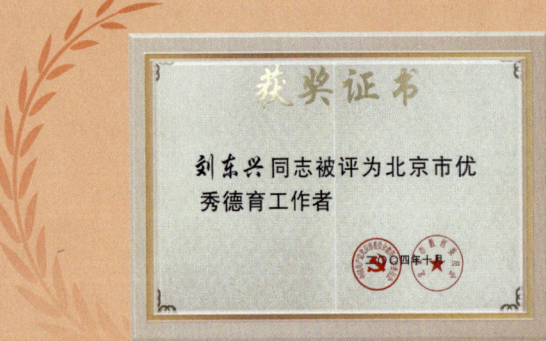

北京市优秀德育工作者
（2004 年）

北京市中学市级学科教学带头人
（2013 年）

北京市中学市级学科教学带头人
（2010 年）

北京市中学市级学科教学带头人
（2007 年）

师道荣光

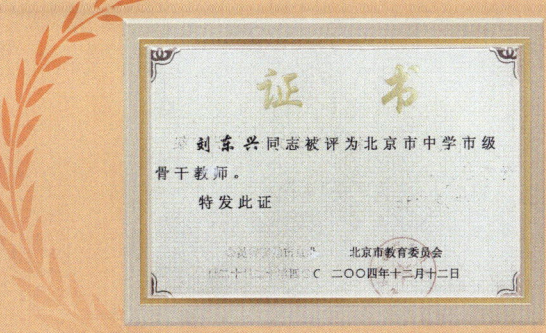

北京市中学市级骨干教师
（2004 年）

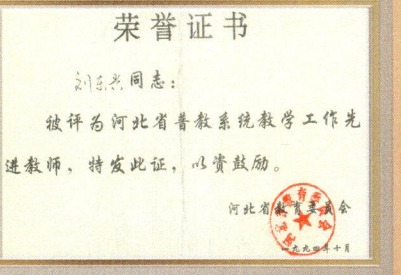

河北省普教系统教学工作先进教师
（1994 年）

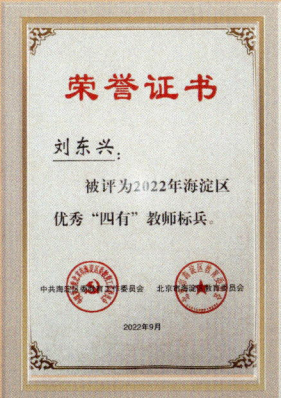

海淀区优秀"四有"教师标兵
（2022 年）

海淀区优秀班主任
（2024 年）

海淀区先进班集体
（2024 年）

海淀区区级学科带头人
（2019 年）

师道荣光

北京市平谷区有突出贡献的引进人才
（2005年）

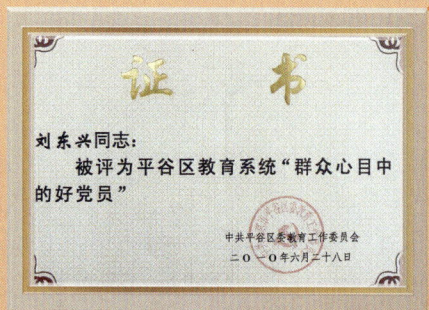

平谷区教育系统"群众心目中好党员"
（2010年）

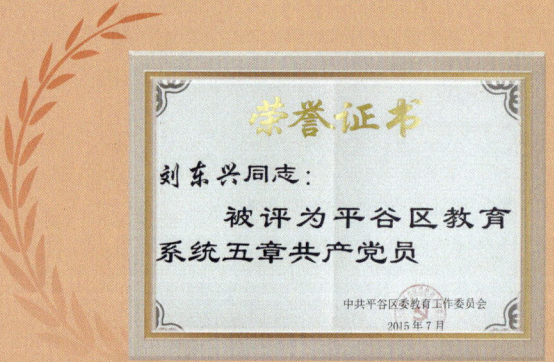

平谷区教育系统五章共产党员
（2015年）

平谷区2008-2009学年度标兵教师
（2009年）

平谷区教育系统优秀共产党员
（2016年）

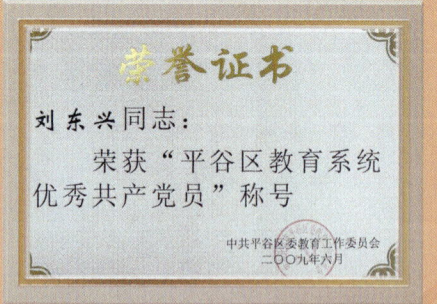

平谷区教育系优秀共产党员
（2009年）